〈新しい人間〉の設計図

ドイツ文学・哲学から読む

香田芳樹 編著

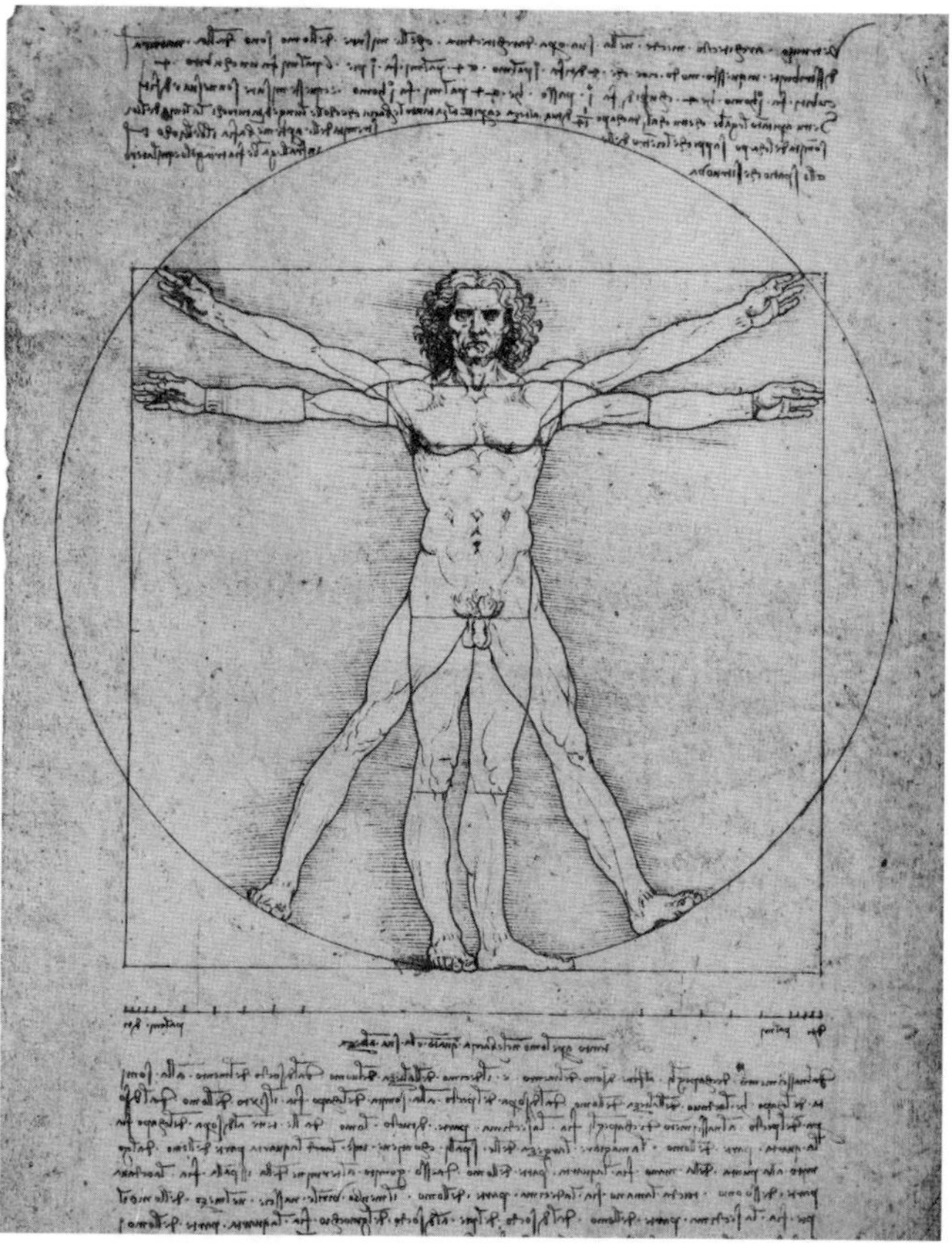

青灯社

〈新しい人間〉の設計図

ドイツ文学・哲学から読む

装丁　眞島和馬

目次

カバー装画：レオナルド・ダ・ヴィンチ『ウィトルウィウス的人体図（Uomo vitruviano）』

序――〈超〉人化する人間の未来

香田芳樹

「再生可能エネルギー」や「再生医療」や「地域の再生・復興」といった言葉がメディアを通して盛んに取りあげられるが、再生が時の言葉となる背景には、われわれの時代がある種の転換点にたっているという認識があるように思える。ゴミを分別して資源へとリサイクル（recycle）するのも、古民家をリフォーム（reform）して再び住めるようにすることも、リハビリ（rehabilitation）を通して身体機能を取り戻すのも、すでに体の部位へと特殊化した体細胞を、受精卵の状態にリプログラミング（reprograming）する・iPS細胞も、新しいものを求めて先に進み続けることへの漠然とした不安と、精神や物質が本来もっている根源的なエネルギーを呼び覚ますことへの期待が、社会に満ちていることを示している。

それは消費社会への警鐘でもあるし、人間らしい生き方と死に方への提案でもある。re- という接頭辞は、reflection の re-、すなわち反省を促す re- である。それは、前を見続けた精神が、「ふり返って」出発点を今一度見直すことを意味する。反省は批判的精神を生み、resistance、「対して立つ」ことへとつながる。re- は抵抗の徴でもあるのだ。批判的な re- は「初めに戻る」よう促しもする。resource「資源」はラテン語の resurgere「甦る」に由来するが、資源や富は初めから与えられているものを reactivate 再び甦らせられることで初めて、利に供される。re- にはそうして与えられたものを「徹底的に何度でも」有効利用するという意味もある。取りだされた原油を raffinieren、つまり丹念に純化 refine するように、re- は過去に手に入れたものを繰り返し、初めに戻って、新しくすることを要求する接頭辞なのだ。

このように「再生」は今や現代と未来を言いあらわすキーワードとなったが、もちろん古代から、いや人類の歴史の始まった瞬間から、「生まれかわり」「甦り」「輪廻」「復活」は世界のあらゆる民族に共通する思考であった。古代ギリシアでは、若くして亡くなった妻を冥界まで連れ戻しにいくオルフェウスの物語は有名だ。彼の必死の懇願に心打たれたのは、冥界の王ハデスではなく、彼の妻ペルセポネであったが、それは彼女自身ハデスに誘拐され無理矢理地獄での生活を強いられていたからかもしれない。連れ去られたペルセポネを探して旅に出た母デーメーテルは、ようやく娘の居所を突き止め、ハデスと交渉して、一年の三分の二を地上で暮らすことに同意させる。ペルセポネの里帰りは、草木の実りをもたらす貴重なエネルギーを大地に与えた。しかし穀物神が地上と冥界を行き来する神話は、たんに植物生育の秘密を物語るのではない。それは人間の復活、死からの再生の証明でもある。冥府から取り戻された穀物の粒ペルセポネは、同時に人間の魂を意味した。

魂の甦りは神話や宗教だけではなく、哲学や政治学の前提をなす重要な出来事だった。プラトンが『国家』において延々とこの世における正義について論じた後で、最後に冥府から甦った「エルの物語」で著作を閉じたのは一見すると奇妙なことだが、それは、「もしこの命がこの世かぎりのもので、その世界もそのうちなくなるのなら、いったいいままで論じてきた真理や正義を求める意味がどこにあるのか」という問いが、生まれかわりを信じるには十分な根拠だったからだ。この世が善たるべき理由は、生命の永遠性にある。

再生思想が古代人の樹木信仰と結びついていたことは疑いがない。民俗学者フレーザーの研究を待つまでもなく、人々は聖木には精霊が宿り、それが女たちに子種を恵み、病人や老人に生命力を与え、家畜を多産にし、年の豊作を約束すると考えてきた。年々歳々あらたに若芽を芽吹かせる樹木は、若返りと再生の象徴であった。しかしそうした汎神論的世界観はキリスト教にとっては許しがたいものである。それゆえキリスト教の宣教師たちは、異教徒たちが先祖代々の地母神信仰を捨てた証しに、まず村のご神木を伐採させたのである。ドイツ中部の都市エルフルトの市庁舎広間の壁画には、この地を八世紀に宣教した聖ボニファチウスが神木として崇められていた樫の木を切り倒し、その切株に十字架を掲げる勇姿が描かれている。プラハの宣教師ヒエロニムスも、リトアニアで聖なる森を切り倒すよう命じ、そこに晴天と雨を恵む神が住むと信じていた村人を激怒させた。罪の贖いと神の恩寵によって初めて千年王国が樹立されると考えた宣教師たちにとって、自然崇拝の効能で世界が蘇生することなどありえない迷信に過ぎなかった。

このキリスト教の勝利によって人々はすべてを天なる父に委ね、復活を最後の審判まで待つことにしたかというと、問題はそれほど単純ではない。地の恵み、森の恵みによって生きる人々には地母神も、森の精霊もイエスに劣らず大事な守護神だったからである。南フランスの小さな村ロカマドールはそこに安置されている聖母子像を見ようと、一年中参拝者が絶えない。切り立った断崖に建つ教会の門外不出の像は、母も子も全身真っ黒である。ヨーロッパが徐々にキリスト教化されていった九世紀の作であることからも、このマリア像に地母神が重ね合わされていることは明らかである。先に見た植物神の母デーメーテルはデー・メーテル、すなわち「黒い母」で、それがイエスを産んだ母マリアの顔を黒く塗りつぶしたのは、いわば当然であった。土着信仰が生んだ「黒い聖母」は、それどころかフランスで最も美しいゴチック建築とされるシャルトルの大聖堂の地下にも一体安置されている。さらに、このキリスト教の大本山の地下にはケルト人たちが使った聖なる泉まである。ということは、ゴチック建築をおおう絢爛たる葉紋は、死者の再生復活を信じた先住民の泉の水で色づいているということだ。そうした例は、シャルトルだけではなく、カンタベリーにも、ヨークにも、アーヘンにも、ヴュルツブルクにも、エヒターバハにもある。キリスト教が忌み嫌い、追い払おうとした邪教の死者復活思想は地下深くから教会に流れ込んでいたのである。そうした血流は、人々に聖書には書かれていない別の復活物語を信じさせた。たとえば中世には多くのキリスト教徒は、イエスが十字架に架けられた灰の金曜日から復活する日曜日まで、地獄に下って死者たちを見舞い、罪なく地獄に堕ちたものたちを天国に連れ戻したと信じていた。オルフェウスの秘教はキリストをヘルメス的智者にまでしてしまったのである。永遠に朽ちない石積みの神の家にまるで蔦がからまるように、キリスト教を柔らかい植物的思考は覆っていったのである。**香田芳樹**はこの異教的な「柔らかい」再生思想が、中世ヨーロッパにキリスト教の「硬い」復活思想と競合しながら、独特の神秘思想を作りあげていったことを論じている。そこでは原罪の重石から解放され、神の似姿であることを讃え、愛によって神性と合一することの喜びが高らかに謳われているのである。

「暗黒の中世」という表現を使う歴史家はいまはもういないが、キリスト教の厳しい思想統制のもとで、文化や科学が停滞を余儀なくされたのは事実である。重い軛を脱した時代をルネサンスと呼ぶのは、これがまさに古典文芸の「再誕生」だったからである。人々は「世界の発見、人間の発見」(ミシュレ)に胸躍らせたが、そのためには過去の遺産を呼び戻さなければならなかった。一二世紀の人文主義の草分けとされる、ソールズベリのジョンが自らを、「巨人の肩にのった倭人」と名づけたように、ギリシア・ローマという名の巨人の肩を借りなければこの先何も見えないことは自明だったのだ。革新と再興は二駆動の運動であった。そのことは一六世紀の宗教改革にもいえる。

ルターの「九五カ条の提言」によってはじまった「宗教改革」は「リフォーム」という言葉と同じである。これも腐敗したカトリック教会をいったん解体して、もう一度作りなおす運動だったが、ここにもまた植物的再生への希望が流れている。それを証明するのが一七世紀の神秘思想家ヤーコプ・ベーメである。新教国と旧教国が入り乱れて争う、一大宗教戦争となった三十年戦争を生きたベーメはプロテスタントの立場から、堅い石組みの神学を植物的な神智学で解体しようとする。彼の神智学がよって立つ「カバラ」は、セフィラートと呼ばれる一〇の神的な力がまるで枝を伸ばすように相互にからみ合うユダヤ神秘思想の世界観であるが、それはセム系の一神教とは明らかに異なる思考をもつ。世界は、始原にある「無底」を意味するエンソーフと呼ばれる第一のセフィラートから流れ出、まるで葉脈や血脈のように肉を造っていく。神の肉としての世界はセフィラートを往き来する血流によって永遠にとどまることなく更新されるので、人間もその肉の一部となれば、原罪によってアダムが穢したものを再び浄化して手に入れることができる。これが聖書の言う「新しい人を着なさい」の意味だとベーメは考える。**富田 裕**は、人が最後の審判を待つのではなく、個人として神を体験して、それによって復活と再生を果たすことをベーメ神智学の本質と位置づけ、それが敬虔主義を経てドイツでは一九世紀後半の信仰覚醒運動へとつながっていく過程を描写している。

ベーメの神智学は一八世紀の自然神秘思想の系譜をたどって、ドイツ観念論へと流れ込んだ。ヘーゲルやシェリングがベーメの熱心な読者であったことはよく知られているし、ドイツ・ロマン派の作家ノヴァーリスも彼の魔術的神秘主義に傾倒した。興味深いのは、こうした思想家たちがベーメを読んだ時代は、一方で啓蒙主義が理性の勝利を祝い、フランス革命がアンシャン・レジームを打ち砕き、産業革命が技術による自然の克服を可能にした時代に当たることである。自然＝ネイチャーは人間に制御できない生の素材であるがゆえに、西欧語では同時に「本能」のことでもある。一八世紀はこれを理性と技術の力で押さえこみ、自在に操ることで、精神的にも肉体的にも自然から「自由」になれると確信した。しかし自然神秘思想はそれとは真っ向から対立し、人間の本質を理性ではなく、霊（ガイスト）に、世界の本質を調和にではなく、カオスに見、自然のエネルギーを感じ取ることで、神の戯れとしての世界を理解しようとした。自然の霊との感応から詩作の霊感を得ようとしたドイツ・ロマン派は、ドイツ古典主義、とりわけゲーテの均整のとれた人間像に強く反発したように思われるが、ゲーテ自身も多分に反理性、反技術主義の道を歩んでいた。彼の『ファウスト』第二部には二つの有名な再生物語が登場する。その一つが、ファウストの弟子ヴァーグナーがつくる人造人間ホムンクルスである。一六世紀の最先端科学であった錬金術によって試験管の中でつくられたホムンクルスは、「自然の神秘を人間の知恵」で乗り越える最も大胆な試みだった。もちろんこうした科学の不遜な思い上がりにゲーテは批判的である。干からびた科学主義の産物であり、精神しかもたない「半人間」ホムンクルスには、すべての学問を修めてもなお満足できず、生命溢れる世界に飛び出そうとするファウスト自身の姿が投影されている。それゆえ**今泉文子**は、真の生命は冷たい知性の中ではなく、「始原の水の中」、「エーロスの宰領する宇宙開闢のカオスの中」で誕生すると言う。ゲーテがファウストの救済を「永遠に女性的なもの」との出会いに求めたことはよく知られているが、新しい人間の誕生に女性的エロスは欠かせない。ダンテもベアトリーチェを求めて、地獄と煉獄を彷徨い、ようやく天国で彼女の眼差しに射貫かれて救済を得たことが思い出される。ゲーテが『ファウスト』第二部で描いた二つ目の再生物語は、ヘレナを求める冥府行である。ヘレナは言うまでもなくトロイア戦争の引き金となった美女だが、数々の男を誘惑した悪女としていまは冥界でひっそりと暮らしている。ファウストはオルフェウスよろしく地下に下り、彼女に求婚するが、これは先の人造人間の実験製造とは正反対の、神話的再生である。めでたく二人は結ばれて子供までできるが、生まれたオイフォリオンは元気なあまり、宙に舞ったまではよいが落下して死んでしまい、二人の婚姻もまた夢と消える。科学でもエロスでも到達できない再生をどのようにして達成するのかがファウストに課された第三番目の課題となる。

「夢の若返り」という言葉がＳＴＡＰ細胞をめぐって一時期メディアを賑わせたが、同じことが一八世紀にもヒドラの発見を通して起きていた。腔腸動物のヒドラは出芽という無性生殖によって増えるばかりではなく、体のどの部分を切っても、切断面から再生し、元の姿を取りもどす。個体として自然死することがないこの生物の発見に自然科学者だけではなく、文学者や哲学者も色めきたった。下等な生物が永遠に再生を繰り返すことは少々興ざめだったかもしれないが、反面、部分と全体が唱和しているヒドラの姿に、不完全ながらも神の似姿として生まれ、神の一部として世界を分けもつ人間のあり方が重なったからである。それは中世の神秘家たちのイメージした、「頭がイエス・キリスト、四肢が人間」といった上下に分裂した世界観ではなく、人間の一個体は全体である世界と同じ形成体だという自信だったのである。**坂本貴志**はシラーが『美的教育書簡』の中で、このヒドラ・ポリプの再生能力に人間形成の原動力を見、またその群体能力を、フランス革命がなしえなかった倫理的共同体形成の可能性として捉えたことを論じている。もちろん人間＝ヒドラとはなりえないが、少なくとも自然の中に個と類が唱和する「存在の連鎖」があることの証左とはなる。問題はそれが単なる同じものの再録ではなく、前代の造物を改訂して新しい版を作るメカニズムだということであろう。一八世紀の知識人は、世界構築の特権が神の手を離れ、徐々に人間に移りはじめていることを確実に実感していた。それが不遜な確信でないのは、いうまでもなく人間は神の似姿だったからだが、その人間も実は適者生存の試練を免れない存在だったことに彼らが気づくまで、ダーウィンを待たなければならなかった。

一九世紀のダーウィンによる進化論は、人間を万物の尺度とするプロタゴラス的世界観を一蹴し、人間存在を偶然の産物におとしめた。われわれは神の似姿として生物界の頂点に君臨するのではなく、たまたま環境に一番順応できた「最適者」にすぎない。生きることの究極目的は生き残ることである。そのために邪魔になるのであれば、モラルや善意でさえも切り捨てる。それでは人類とは最も厚かましく、最もしぶとい種であるに過ぎないのか。このダーウィニズムの問いにニーチェは『ツァラトゥストラはこう語った』の中で、綱渡り芸人の比喩を使って答えた。「人間は動物と超人のあいだに張られた綱だ。奈落の上に架かる綱だ。進むも地獄、行くも地獄、振り向くも地獄、怖じけるも地獄、止まるも地獄。人の偉大さは、目的ではなく、それが橋だということだ。」一歩足を踏みだした綱渡り芸人は、常に先に進まなければならない。彼はもはや引き返すことができない、「彼岸に向けて放たれた矢」であり、「橋」である。それ自体として何の意味ももたない、ただの過渡的存在であるということは、人類という種にとって進化が悲劇的な必然であることをいみじくも伝えている。後から来た道化師に凌駕され、転落する大道芸人に実存的な意味を見いだすか、宿命論的な無意味を見いだすかは、スローターダイクの用語を借りれば、超人間化(Überhumanisierung)思想への二つの評価によっている。

清水真木は、『道徳の系譜学』でニーチェが図らずも、ダーウィンが「系統学」で生物の進化を理解したのと同じ道筋で、道徳の進化を考えたことを論じている。ダーウィンは『種の起源』の着想を育種家(ブリーダー)の手法から得た。ただ彼は、商業目的で売れ筋の種を人為的に選択するブリーダーは自然界には存在せず、まったく意図も目的もなく、偶然に取捨選択がおこなわれることを見抜いた。それによればヒトは進化の頂点に立つわけではなく、無限に枝分かれしていく分岐点の一つに過ぎなくなる。ニーチェはダーウィンの進化論を正確には理解していなかったが、この神なき自然選択が道徳の系譜学にも当てはまることを確信した。究極の「正しさ」は存在せず、風習の倫理が常に動揺し、解体し、再生して枝分かれして、その場しのぎの善き世界をつくっているに過ぎない。道徳は転落の危険と背中合わせに、奈落の上を渡っていく芸人と同じである。だがこれが単なるニヒリズムとは違うのは、道徳は必ず滅び、それを信奉する人も必ず転落するが、それが滅びるのは次のより適した道徳が現れるからであり、それが人間を有無をいわさず品種改良へと強いるという不思議なパラドックスの上にあるからである。

ニヒリズムを受け入れることこそ、人間を固定物ととらえる、悪しき社会的ダーウィニズムと対決する唯一の手段だとすれば、超人は徹底して非社会的存在であるはずである。この進化論と超人思想の特異な関係を、**石田雄一**は国家有機体説の側面から考察する。ヨーロッパ史の中で、国家が大きな人（マクロ・アントロポス）としてイメージされたことはよく知られている。専制主義のもとでは、手足である臣民はこれに仕えるだけで、巨人にまで肥大することなど思いもよらなかった。しかし一九世紀の自由主義的風潮は、個人の自由選択の可能性を最大限に追求することを謳い、その結果ヴィルヘルム・フォン・フンボルトのように、「教養ある市民」にとっては国家は有害なものでしかない、と断言する思想家も多く登場した。彼の信じる「教養」とは先のダーウィンの「育種」と同義であり、これによって個人は国家による選別の軛から解放され、自由選択の大海に飛び込むことができる。ニーチェの「超人」もそうした思想史的な水脈の延長線上にあると、公法学者ハンス・ケルゼンは考える。なぜなら超人は、ダーウィン流の「育種」の思想に立脚しつつ、国家を否定するフンボルト的な非政治性を体現しているからである。しかし一九世紀の進化論はある種のパラドクスを抱えている。顕微鏡の発達により人間を形成する細胞のメカニズムが明らかにされ、進化がマクロレベルで論じられるのと平行して、国家の最小構成単位としての人間の進化は、より良い国家への発展段階として捉えられ、議論は再び国家へと逆戻りするからである。こうした傾向を代表するものとしてケルゼンは生物学者オスカー・ヘルトヴィヒの進化思想に注目している。ヘルトヴィヒは、社会という超有機的な結集は、より高等なものへ上昇しようとすることで、ある種の超人の領域に到達するのだと考える。

「再生」が宗教的言説から進んで、政治と科学技術の対象になったことは二〇世紀の著しい特徴であろう。しかしそれは西欧を覆った危機感と融合し、狭隘なイデオロギーになる危険性にも直面した。全体主義的な「民族の再生」や「西欧の再生」は時代風潮とマッチしたし、技術革新による人体の改良といった生命科学的再生に道を拓くのだ。

イエス・キリストの再臨によって千年間、神が支配する王国が現れるという千年王国神話は、その内に暗い破滅の黙示録と希望のユートピア思想を内包している。二〇世紀に入ってもヨーロッパは、キリスト教が黙示録とユートピアを縦糸横糸に使って織り上げたこの歴史のタペストリーの上にいた。再生への希望は、没落感覚が強まるとき、一層強く意識され、民族国家抗争の世紀を用意したのである。第一次大戦と第二次大戦を自ら経験した作家ローベルト・ムージルは、西欧全体をおおった没落と再生の予感を敏感に感じ取り、それを「可能的感覚」として『特性のない男』に描き出そうとした。そこでは宗教的熱狂と民族国家主義が一体となって、千年王国建設につき進むさまが描かれているが、これは第一次大戦前夜のオーストリア・ハンガリー帝国の縮図である。宗教国家的狂乱の中で人々がユートピアを夢見るのとは対照的に、『特性のない男』の主人公ウルリヒは実妹アガーテとの愛の中に千年王国の建設を夢見る。それは広い意味での西欧神秘主義の「神的合一」(ウニオ・ミュスティカ)を下敷きにした愛のあり方であるが、**北島玲子**はムージルが禁断の兄妹愛に、「非暴力」の愛の実現の想いをこめたとする。それは、個人が愛国主義的全体へと呑みこまれていくのではなく、個人の愛から共同体をつくりだそうとする試みであり、父権国家を支える好戦的な異性支配ではなく、性を超越した兄妹愛の実現なのである。二〇世紀初頭、統一的価値を失って迷走するヨーロッパが、いたずらに千年王国のイデオロギーを増殖させる中、兄と妹の静かな愛のユートピアの中に「共同体の再生」を見たムージルの問題意識は、「文明の衝突」や宗教紛争が一層深刻となった、われわれの世界に今日的な意味をもっている。

人間を生まれかわらせる重要な動因となるのが「労働」であることを、わたしたちは経験から知っている。就活を経て社会人に生まれかわった人間は、一週間という時間のほとんどを職場で消費し、それどころかそこでの仕事の質によって人間としての評価を受ける。わたしたち日本人は、ドイツ人とならんで「最も勤勉な民族」と呼ばれることも、仕事にある程度の生きがいを見出していることの証しであろう。しかし労働にあたるドイツ語のアルバイト（Arbeit）は元来「苦役」を意味し、できればやらずに済ませたい仕事であった。それは古代ギリシアでも同様で、エルゴンとは奴隷にまかせる仕事を意味したし、『旧約聖書』でも神の戒めを破ったアダムが、楽園から追放されるときに科されたのが「労働」であったことが思い出される。罰であったはずの労働が、自己実現の手段として人格の重要な一部と考えられるようになったのは、資本主義が誕生し、生産が余剰を生むことで、生活（命）にあらたな付加価値が与えられるようになってからである。そのためには、カトリックのように余剰と所有を悪とみなす生活観から脱し、祈り同様労働による蓄財も神への奉仕であるとするプロテスタント的な割り切りが必要であった。人間を変える動因として、労働は確かに大きな意味をもっているが、それが単に労働資本の投資と回収の間にある過程としてしか理解されなければ、手落ちということになろう。なぜなら労働は人を活かしも殺しもするものであるがゆえに、人間存在の一部といってもよいからである。**大宮勘一郎**は、二つの大戦を経験した現代ドイツの思想家エルンスト・ユンガーの大作『労働者』を使って、技術と生の接点を論じている。人は生身のままでは勝ち目のない自然を、道具を使うことによって克服できるようになった。技術は人間の友であり、機械のおかげで不安なく過ごすことができる。しかし技術との蜜月は、それが武器に転用されるとき壊れる。究極の機械とは戦闘兵器である。それは人間と境界面で接するとき、「有機的構成」という新しい人間を生み出す。ユンガーのいう有機物でありながら無機物であるという人間の無気味なあり方は、兵士を想像してみればある程度は想像がつく。彼は自律的に戦闘道具を手にして働く人ではなく、ゲシュタルトと呼ばれる総体的な力の中で自意識を失い、無機化するからこそ兵士なのである。しかしこの無気味なあり方は、「戦時」という特殊な状況においてより見えやすくなるだけで、「労働」に本質的に付随する存在様式なのかもしれない。道具がいつか武器に姿を変えるように、労働も必然的に戦闘に変質するのかもしれない。そしてこの究極の労働を通して人は、「人間とは別の何か」に生まれかわるとすれば、技術社会のもつ悲しい生まれかわりの姿が見えてくるのではないだろうか。

このように古代から現代にいたるまで、「アルプス以北の民」は自分たちが歴史の流れにすんなりと呑みこまれない、ずいぶん矛盾した力をかかえていることを自覚し、これらを克服して、統一的な人間像を描こうとしてきた。その生真面目さは現代においても衰えることを知らない。EUの盟主として、統一ヨーロッパの理想と現実に苦しみ、技術大国でありながらも、エコロジー国家を掲げて、脱原発の旗手をつとめる姿は、進化と再生を巧みに継ぎ合わせて、新しい国家、新しい人間をつくりだそうという挑戦なのだ。「新しい人間の設計図」を描こうという、彼らの試行錯誤の足どりを、わたしたちドイツ文学と哲学を専門にする八人がいま解き明かそうとしている。

I

中世とバロック：神話から救済へ

「わたしは若木のような新たな姿となって星々にのぼっていく」

――古代から中世にいたる「死と再生」の形象について

香田芳樹

はじめに

再生とは「新たに生まれること」であるが、その新しさが何を意味するのかはそう簡単ではない。わたしたちは、「決意を新たにし」たり、「新しい車を買った」りする。それらはもちろん古い決意や古い車を前提にしているが、それらが意味する古さは同じではない。なぜなら、古い車は買えても、古い決意はできないからである。そもそも「古い決意」という言葉自体、何かぎこちない。それは「新しい決意」という言葉がぎこちないのと同じで、「あらたな決意」と言うべきであろう。ではなぜ決意には、車と違い、新しい・古いという形容詞が馴染まないのか。その逆に「あらたな車」となぜ言わないのか。わたしたちは「新しさ」と「あらたさ」をどのように使い分けているのか。何かを新しいと認識するのは実はとても難しいことなのだ。そして新しさをめぐる同様の難しさを西欧人たちも感じている。古代人や中世人が新しさと古さに与えた実にさまざまなニュアンスを、現代語の new と old ではほとんどすくい取れないことを彼らは感じている。こうした彼らの視野狭窄は一七世紀に始まったものなのである。

「新しさ」の到来がどのように意識化されるかを考えるために、中世の終わりを考察することは意味のあることである。政治的にも、経済的にも、宗教的にも比較的均質な状況を中央ヨーロッパ全土に保ちながら千年近い時間を経てきた中世は、一般的には一六世紀の宗教改革で終わったと考えられる。しかし一人の宗教的カリスマによって一時代に終止符が打たれたとは考えにくく、実際はヨーロッパは一四世紀ころから徐々に政治、経済、宗教、芸術の分野で変質し始めていた。（ここでは一二世紀ルネサンスの存在は措く。）文芸分野にのみ限れば、中世を終わらせたのはイタリア・ルネサンスだとされる。ギリシア・ローマに範をとり、古典芸術の復興を目指した運動は、名実ともに老いた文明に別れを告げ、新しい文明を「再誕生」させるものであった。ここで気をつけなければならないのは、ルネサンス人は新しい時代の到来を予感しつつも、背後をふり返って、西欧文明の出発点に立ち戻ろうとした点である。新時代の到来が原点復帰を意味しているのは、宗教改革も同じである。ルターは中世後期から続いてきた教会改革運動の末端に位置する宗教家であるが、彼の「聖書のみ」（sola scripta）という標語は、中世盛期以来の教会改革運動のスローガン「使徒的生活（vita apostolica）の回復」の一ヴァリエーションである。堕落したカトリック教会をイエスの僕《しもべ》に引き戻すことが、プロテスタントの使命であった。

このように、前進しながら後退し、未来に過去を透視する「新しさ」の感覚は、一四－一六世紀のヨーロッパ人たちの時間意識が、再生思想にまだ深く刻印されていたことに由来する。歴史とは世界の初めから決められている物語の変奏《ヴァリエーション》であり、「純粋に新しい」ものは存在しなかった。この時間意識にまず風穴を開けたのが、一四九二年のコロンブスによる新大陸の発見であろう。一五〇七年に探検家の名をとってアメリカと名づけられるまで、名前もなかったこの土地はヨーロッパ人にとってまったく前例のない新奇な空間だったのである。しかし記憶のどこにもない土地も、一七世紀に入ると入植者たちによって「新しい土地」として意識されるようになる。主としてアングロサクソンたちによる、ニューヨークやニュージャージャやニューイングランドやニューハンプシャーといった「新しい」都市の建設によってそれは古いヨーロッパ大陸の延長に組み込まれていった。しかしより重要なのは、一七世紀こそ、旧大陸での本当の中世の終焉といえることである。そのことはこの世紀に出版されたおびただしい量の、新しい科学を標榜する出版物に現れている。[1] 光学機器の進歩によって新星の発見が相次ぎ、天文学は一気に時代の寵児となる。ヨハネス・ケプラーは『新天文学。火星の運動について』（一六〇九年）を、ガリレイは『新科学対話』（一六三八年）を発表した。自然観察の精度が向上することにより、アリストテレスやスコラの自然学が斥けられる。ロバート・ボイルは有名なボイルの法則を、『空気のバネとその効果に関する自然学・機械学的な新実験』（一六六〇年）で発表した。フランシス・ベーコンは『ノヴム・オルガヌム』（一六二〇年）で、従来の哲学者が事物と実例にわずかに目を向けるだけで、すぐに「託宣を示して貰うために自己の霊を呼び出した」ことを批判し、新しい科学は「浄らかにいつまでも事物と交わりつつ」その本質を探るべきだとする。[2] タイトルだけをあげても、『新解剖学演習』、『幾何学における新発見』、『月における新世界の発見』、『人間本性に関する新哲学』など枚挙にいとまないが、「新しさは一七世紀の人間がもっとも意識したもの」（前掲書、五九八頁）とソーンダイクが言うように、科学者はこれまでに聞いたこともない「前代未聞」のものの存在をこの時代に確信したのである。

このように、一七世紀の科学主義が先導した「新しい新しさ」は、その後西欧人の世界観を決定的に変え、「古い新しさ」を駆逐してしまった。中世まで確かに存在し、その後駆逐された「古い新しさ」とはどのようなものだったのであろう。

一　ネオスとカイノス「あたら」と「あらた」

先に西欧人の新しさの意識について言及したが、古代からギリシア人が二つの新しさがあると考えていたことは知られている。特に本論との関連では、新約聖書の書き手がネオス（neos）とカイノス（kainos）を使い分けていることが重要である。ネオスの示す新しさが一回性のオリジナリティーと関係しているのに対して、カイノスは時間の持続を伴った新しさである。それは次のような箇所にはっきり現れている。イエスの処刑の後、アリマタヤ出身の金持ちでイエスの弟子でもあったヨセフがピラトのもとに出向き、イエスの遺体を引き取りたいと申し出る。（図1）

図1 ロジャー・ファン・デル・ヴァイデン（Rogier van der Weyden）『キリストの埋葬』。
ヴァイデンは15世紀にオランダで活躍した画家。聖母とマグダラのマリアの背後でイエスを支えるのが左のアリマタヤのヨセフと、右のニコデモ。こちらを正視するニコデモは、絵の依頼者コシモ・デ・メディチだと言われる。ルカでは「まだだれも葬られたことのない、岩に掘った墓」とあり、岩屋が別目的で用意されていたことを暗示している。

「ヨセフはイエスの遺体を受けとると、きれいな亜麻布に包み、岩に掘った自分の新しい墓(mnemeion kainon)に納め」(マタイ福音書二七：五九)た。

ここでイエスの墓にカイノスが使われるのは、これが「新調された墓」だからではなく、すでに岩に長らく掘られていた墓を師のために新たに提供したからである。カイノスが単純な新しさではなく、時間の持続の上に準備された新しさであることがわかる。そしてこの準備は、イエスが十字架に架けられ人の罪を贖って死ぬという救済史上の準備でもある。福音書の書き手は、この記念碑(mnemeion)を、古い人間の罪と、復活による救済の接続する新たな境界面に描いたのである[3]。これこそイエスの生涯が新約(カイネー・ディアテケー kaine diatheke)、すなわち新しい約束と呼ばれるゆえんである。

二つの新しさはパウロ神学にもはっきり現れている。「キリストと結ばれる人はだれでも、新しく創造されたものなのです。古いものは過ぎ去り、新しいものが生じた」(コリント信徒への手紙二、五：一七)。新しい創造は、「キリストと一体になっている」ことによって実現する。またユダヤ教とキリスト教の区別を述べる箇所では、「割礼の有無は問題ではなく、大切なのは、新しく創造されること」(ガラテア信徒への手紙六：一五)とする。割礼は肉の契約であり、大切なのはイエスの十字架を背負って彼と一体になり、新しく創造されることなのである。「造り主の姿に倣う新しい人(kainos anthropos)を身に着け、日々新たにされて(anakainoo)、真の知識に達する」（コロサイ信徒への手紙三：一〇）。時間の持続の中でも「朽ちず、損なわれない」ものが、再び生まれてくることをこの語が意味していることは明らかであろう。

　実は先ほどの日本語の「新し」と「あらたし」の違いも、このネオスとカイノスの違いに対応する。わたしたちの祖先はもともと「あらたし」という語しかもたなかった。「新し」はその音便訛である。それでは「あらた」は元来何を意味していたのだろう。「あらた」は下二段活用の動詞「ある（生る）」、すなわち「生まれる」に由来する。辞書には「生《あ》れましし神のことごと」（『万葉集』一・二九・人麿）が見いだせる。[4] それゆえ「あらた」は「今まさに生まれた」ことを意味していた。辞書には、「あらたしき年の始めの初春の」（『万葉集』二〇・四五一六・家持）、「年月はあらたなれども人は旧《ふ》りゆく」（同一〇・一八八四）、「今宵のあらたなる月の色には」（源氏鈴虫）があげられているが、それらに共通するのは、この形容詞が年や月や太陽や季節といった、死して再び巡りくるものしか形容しなかったという事実である。これはまた「あらたまの」という枕詞の機能にも名残をとどめている。「あらた」なものは、かつて存在し、それが大きな生命体と接続することで再びこの世に現れたものである。それゆえ、出直しを誓って決意をあらたにすることはできても、車はあらたにできないのである。消耗品にかこまれて生きる現代のわたしたちが、限定的にしか変化を経験していないことが、この言葉の用法から明らかになる。

二　宇宙的回帰

古典ギリシア語のアナモルフォウン（anamorphoun）には、質的変化（改善）の意味はなく、「原初の完成への回帰」を意味していた。それゆえプラトンは普遍イデアである善が進歩することを否定し、人間の最終目的は善への回帰だとしたのである。[5] 個人の新生や再生を信じないプラトンに対し、新訳聖書の時代にはメタモルフォウスタイ（metamorphousthai）という語が登場し、ウルガタ聖書ではレ・フォルマーレ（reformare）、トランス・フォルマーレ（transformare）など数多くの訳語が当てられた。前綴りの多様化が、形態の変化への関心を表しているが、とはいえ変化は「原初への回帰」を経て初めて可能となることに変わりはなかった。例えばストアの代表的哲学者セネカは、バビロニアの預言者ベロッソスが彼の文明論の中で使った、エクピロシス（ecpyrosis）と呼ばれる「火の没落」を紹介している。ベロッソスは、地上の歴史が宇宙の星座の位置によって破滅すると考えた。[6] 火の没落は洪水と並んで、文明と世界に定期的に終わりをもたらすが、しかし同時に新たな時代の始まりをも促す歴史的な転機ともなる。エクピロシスは宇宙を原初の火の状態に戻すことで、再起動させる。この再起動はアポカタスタシス（apokatastasis）と呼ばれ、同様に天文現象であったが、ストア派を経て、新ピタゴラス学派や、アレクサンドリアの教師バシリドス（紀元二世紀頃）によって、魂の能力とされた。新約聖書にも「イエスが……万物が新しくなるその時まで、必ず天にとどまる」（使三：二一）に用例が認められるが、アポカタスタシスは天文学的な意味合いを残しつつ、オリゲネスやニュッサのグレゴリウスによって終末論的に読み替えられていった。[7]

三　植物的再生

さて、ヘレニズムの宇宙的な永劫回帰説が西欧における再生思想の一極だとすると、もう一つの極は生気論的（vitalistic）な植物的再生である。これは農作物の豊饒を願う祭礼の中にいまも生き続けている。ニーダー・バイエルンでは、聖霊降臨祭（四・五月）に、体中、葉と花でつつまれた少年が町をねり歩く。町の人々は、彼に水をかけてずぶ濡れにする。行列が川まで来ると少年は、腰のあたりまで水につかり、もう一人の少年が彼の首を切り落とすまねをすると、祭りは最高潮に達する。[8] こうした祭りが象徴的に示すのは、大地の生産力と豊饒と再生力への賛歌である。こうしたヨーロッパ各地に残っている「緑の男」の殺害の祭礼は、地母神信仰と密接に結びついている。[9]（図2）たとえば、中世のアーサー王物語の中でもっとも知られた『ガヴェイン卿と緑の騎士』の物語はこの地母神信仰の文学化だと考えられる。今まさに年があらたまろうとする大晦日の夜に現れ、自分の首を切らせて立ち去る、全身緑の男は、誕生と死と再生をくり返す樹木の象徴なのである。

地母神信仰は農耕文化の基礎をなしていたが、中世の恋愛詩人ミンネゼンガーたちによって、愛の豊饒と多産を願う叙情詩の重要なモチーフともなる。たとえばデア・カンツラーと呼ばれた詩人にとって、大地に実りをもたらす夏と、恋を成就させる愛の女神は同一人物である。

図2 ウィリアム・アンダーソン『グリーンマン　ヨーロッパ史を生きぬいた森のシンボル』より。
「ブドウの木という表象はキリスト教美術に広く見受けられる図像で、とりわけビザンティウムとその影響下にあった地域では数が多かった。おそらく、ディオニュソス信仰のシンボリズムをキリスト教が受け入れ、それを仲立ちにグリーンマンがキリスト教美術に吸収されたのだろう」(同 78頁)

「夏は力強く、愛を新しくする（minne widerniuwen）。愛を目覚めさせる夏に感謝。深い森と美しい野原を装わせてくれる夏に感謝。夏は喜ばせ、高貴なご婦人たちは、恋い焦がれる男の心を癒し、慰める。愛の女神よ、男でも女でも言いなりにできるのなら、あなたのしもべに慰めを与え、枯れさせないでください。時がくれば、彼らに喜びを与えてください。ご奉公がご褒美で報いられるように。[10]」

これは単なるレトリックではなく、中世人の心性が自然回帰思想に深く根ざしていたことを示している。恋愛歌謡で数多く登場する「魅惑の場所」（locus amoenus）は恋人たちが密かに愛を楽しむ場所であると同時に、新緑が目を楽しませ、鳥のさえずりが耳に心地よい庭園なのである。[11]

四　ダンテ

西欧思想において、樹木を死と再生の象徴とした最もポピュラーな物語は聖書であろう。旧約聖書の知恵の木と、新約聖書の十字架は、それぞれ人間の思い上がりと罪の贖いを表す、まったく正反対の植物的シンボルであるが、「生命の木」として融合する。（図3）ベアトリーチェに導かれて煉獄を脱するダンテは彼女から、死すべき現世の生者に「知恵の木」について伝えるよう命じられる。神が自分のためだけに植えたこの木は、「これまでに二度」荒らされたが、今は立

「わたしは若木のような新たな姿となって星々にのぼっていく」

図３　生命の木：サン＝ナゼール大聖堂（カルカッソンヌ）身廊ステンドグラス。アダムとエバの手もとから伸びる生命の木はイエス・キリストの贖罪の十字架となり、さらに天上の神の国で父なる神とつながっている。

派に梢を高く聳えさせている。木は「神の正義」を表すものなのである。この木のことを煉獄を出ても覚えているように、ベアトリーチェはダンテに記憶の泉エウノエを飲ませる。地獄の硝煙と汚濁を洗い流した詩人は、「緑の葉を新たにつけた、若木のように生まれかわって、聖なる波から戻って、星々をさして昇ろう」(『煉獄篇』第三十三歌一四五－七)とする。ここにはもちろんバプテスマによる生まれ変わりがあるが、ダンテの新生が神話的再生、すなわち植物と宇宙の再生によっても成就することは注目すべきである。このことは彼の救い主がイエスではなくベアトリーチェであり、救済が信仰ではなく愛によって導かれ、恩寵によってではなく、個人の意志によって成就することに対応している。これをうながすベアトリーチェはコスモロジックな恋人でもあり、植物的な慈母でもある。

ダンテのヘルメス的ヴィジョンでは、正義の木が十字架であることが『天国篇』で証される。ダンテは、祖先のカッチャグイダに促されて一本の木を見る。

「この樹は頂から生気を吸い、常に実が熟し、葉も散ることがない。その第五の天(火星)にいる祝福された魂たちは、天上へ昇る以前は、大いに名声に浴し、詩の女神たちも歌うことができた者たちだ。だから十字架の肩のところを見ていてくれ。名を呼ばれた者が、雲を引き裂く稲妻のように、十字架の上を走るだろう。」(『天国篇』第一八歌二八以下)

樹は宇宙樹のように葉を広げ、根からではなく、天頂から養分を得ている。しかし、それが神話的形象と違うのは、正義の木であり、カッチャグイダが名を呼ぶと、シャルルマーニュやロランやエルサレムを解放したゴドフロワ・ド・ブイヨンなど、信仰のために闘った勇士たちがその上を稲妻のように走ることである。彼らのよりどころはもちろんキリスト教であり、その樹は十字架となる。

五　アウグスティヌス

つとめて敬虔なキリスト教徒であったダンテが、新生をヘルメス的幻視の中で見ていたことは注目すべきである。これは最後の審判を経てキリストとともに復活するという新約の教えと反する。しかしそれにもかかわらず反復ではなく革新に中世後期の人たちが心惹かれたのは、ひとつは、復活するときに肉体はどうなっているのだろうという素朴な不安であり、もうひとつは、この地上でのこの命の有難味を終末論の暗いヴィジョンに譲り渡したくないという強い意志である。これが彼らに、かつての肉体を取り戻すのではなく、根本的に新しい人間へと生まれ変わることを夢見させた。先に見たようにパウロは「新しい人を着なさい」と命じたが、これは楽園を追われるアダムとイヴに神が着せた「獣の古い皮」（創世記三：二一）を脱ぐことを意味している。二人が追放されることになった罪はいうまでもなく、楽園の知恵の実を食べ、肉欲に目覚めたことなので、古い皮は知恵とも肉体とも考えられる。新しい人間への第一歩は、知恵と肉体を投げ捨てることなのである。しかしその一方、古い皮を脱ぎ捨てた人間にはもう一つの選択肢があるようにも思える。恥じらうこともなく、楽園に戻ってもう一度無垢の始祖になることである。そこにはもう一つの再生である不死が存在するからである。復活ではなく、先述の復旧（アポカタスタシス）の立場をニュッサのグレゴリウスは支持する。彼は単純に人間が来た道を戻ることで、原初の状態に戻ることは可能であり、そのためには、結婚を断念し、農作業から離れることを勧める。多分に修道的視点で書かれたこの教えが具体的に肉の知を捨て、衣を脱ぐことであり、これによって恥じることのなくなった人間は霊的に復旧すると考えたのである。[12]

たしかにアダムとイヴへの回帰と楽園の復旧によって、魂は再び不死を手にするだろうが、これがイエスの十字架上での死と人類の罪の贖いを軽視することは明らかである。鞭打たれ辱められたイエスの体を身にまとい、キリストに倣うことで天国に入ろうとするキリスト者にとって、始祖の無垢の肉体はあまりに清潔すぎた。この点でグレゴリウスに反論したのがアウグスティヌスである。アダムはもともと土塊からつくられた人形《ひとがた》であり、アウグスティヌスはそれには霊性はないとする。イエスの十字架上の死はただの無垢の人形に還るのではなく、アダムを越えたその先にある霊的身体を身に着けるためにある。そのためには歴史上一回的な十字架を何度でも背負い続けることが必要となる。彼はパウロの『ローマ人への手紙』の、「わたしたちの古い自分がキリストとともに十字架につけられたのは、罪に支配された体が滅ぼされ、もはや罪の奴隷にならないためである」（六：六）という言葉を引いて、イエスの贖いの死と自分をシンクロナイズさせることで、古い自分は死に、新しい人間が生まれると主張した[13]。彼にとってもっと大きな関心事は罪からの解放であり、そのために「悔い改め」がもっとも重要な課題となる。

世界は一度きり創造されただけのただのモノなのではなく、何度でも更新される形式（フォーム）である。それゆえアウグスティヌスは、世界の始まりを創造（クリエーション）だけではなく、形成（フォーメーション）でもあったとする。形成であるがゆえに世界は人間の主体的な悔い改めによって何度でも再生（リフォーメーション）されうる。アウグスティヌスの『告白』のきわめて難解な最終章の結びは、神と人間の存在論的共時性を頭において読むとき、ようやくその意味が理解される[14]。

「あなた（神）が隠れたものを明らかにし、わたしたちのカオスに秩序を与えるために、定められた計画を時間のなかに展げようとしたとき、罪はわたしたちの上にあり、わたしたちはあなたから離れて〈暗黒の深淵〉に沈んでいたが、あなたの善き〈霊〉が〈しかるべきとき〉に助けに行けるように、〈その上を漂っていた〉。」（『告白』第一三巻三四章四九）

アウグスティヌスは創世記の冒頭を下敷きにして、原初に水面を漂った霊が、人間を救済するために罪の上を漂う霊であるとする。同様に、神は天空をつくった力でまた聖書もつくり、それゆえ「天空にある光」は「生命の言葉」をもつ聖者のことだとする。秘蹟や奇蹟や声や言葉は物質にはちがいないが、それが異教徒を教え導く聖なる力をもつのは、土塊からつくられたアダムに命が宿ったのと同じである。さらに信徒の「生きた魂」は、「自らを中庸に保つ秩序の情」によって形成され、彼らの心は「神の像と似姿」によって次々と更新（リニューアル）され、神の奉仕者に受け継がれていく。アウグスティヌスが自伝的『告白』の最終章に託したのは、創造から形成（フィギュレーション）に展開する世界観を受け入れることで『創世記』をまったく新しい、再生の物語として読むべきだというメッセージであった。

六　マイスター・エックハルト

アウグスティヌスの再生論を座右の命としたのが中世後期の神秘思想家マイスター・エックハルト（一二六〇頃－一三二八年）である。「神秘思想」と聞くと何か胡散臭そうだが、中世においてこれは思想史的にはスコラ神学の対抗馬として登場し、社会史的には教会改革運動のひとつであり、言語的には俗語、つまりラテン語以外の言葉で書かれた思想を指す。エックハルトが托鉢修道会のドミニコ会の修道士であったことは、再生思想に決定的な陰影を与えている。ドミニコ会は中世ヨーロッパの大学教育の中枢をになったエリート集団であり、特に人間の理性活動に重点をおいた主知主義（intellectualism）の立場をとっていた。それゆえ彼らの思想は思弁神秘主義と呼ばれ、人間の言葉に神のロゴスの反映を読み解こうとするものだった。神の似姿である人間は、神の実子イエスの福音を通して神へと向けられるが、その究極の目的は自身の「似姿性」を越えて、イエスと、さらには神自身と一体化することである。似姿は人が神と遠い血縁にある庶子である保証だが、それは理性として人の精神のなかに埋め込まれている。「像」(Bild) と「似姿」(Ebenbild) はそれゆえ、「認識像」なのである。

神秘的認識の本質はと問われれば、直観であると答えるべきであろう。なぜなら、それは言語による意味づけなしに、事物をそのありのままの姿で捉えるがゆえに、より純粋な認識手段たりうるからである。これに対して論理的思考には認識像が不可欠であるとしたのが、アリストテレスである。「像なくして認識は不可能である」と彼が考えるのは、感覚に与えられた刺激が像(印象)となって認識に取り込まれ、さらに概念として論理的推論に供されるからである。観察から第一原因を探り出す形而上学者にとって、像がもっとも重要な思考の道具であったのは当然である。これに対して、第一原因を神とし、それを人智を越えるものとする神学者にとって像とは必ずしも有益なものではない。それどころか唯一絶対な者を型にはめ、偶像化し、概念で規定しようとすることは瀆神行為ですらあった。スコラ神学が膨大な言説を弄して神を語ろうとすることの目的は、矛盾するようだが、神の意志は量りがたく、その恩寵は人智を越えて偉大だということである。しかし完全な無定形 (inform) である父なる神が実子イエスに托身 (incarnation) し、また人間を自身に似せて造ったということは、身体や形が神とはまったく無縁でありながら、それが世界が神とつながる唯一の接点でもあることを示している。エックハルトの神秘思想はまさにこの像を境に対峙する二つの世界をどのように往き来するかという問題を提示したのである。

像に目もくれず世俗の塵芥にまみれて日々を過ごすことはもちろん許されないが、像を飛び越えて直接神的世界にアクセスし、これに呆然と陶酔することはさらに大きな罪である。たとえばそれは宗教学者のルードルフ・オットーが神秘思想の二つの道の一つにあげた「内観神秘思想」に当たる。[15] そこで人は隠者のように外的世界から退き、自己の魂の奥深くに沈潜し、そこで無限の神と遭遇する。宗教的法悦（raptus）や静観神秘思想（quietism）と呼ばれる神認識である。それに対して、オットーがあげたもう一つの道「合一神秘思想」（unio mystica）は究極的な神との合一を目指しつつも、外的世界とコンタクトを切ることなく、自己を相対化ながら、神に接近し続ける。そのための道標ともいえるのが「像」なのである。エックハルトの神秘思想において像がもっとも重要な概念の一つであるのは、これが無神論にも、宗教的ファナティズムにも陥らないための健全な宗教性を約束するからである。しかしエックハルトは一方で像のもつ危険性についても述べている。「もし神を善と言ってしまえば、それは太陽を黒いと言うようなものだ」（ドイツ語説教集『第九番』）。形式は保持されたまま、越えられなければならない。その跳躍がどのようなものなのか見てみよう。

エックハルトは著作の多くの箇所でbildenという動詞を使っている。これは現代英語のbuild同様、「造る」という意味だが、英語と違うのはその中にBild（像）を含んだ、神との関係性を表す点である。そしてそれは関係を表すがゆえにさまざまな変化形をもつ。一例を見てみよう。先に述べたように、エックハルトは主知主義の立場から理性を神の似姿と考える。

「魂の最高の力は、本性においても働きにおいても、肉とは混じらず、魂の純正にあり、時間からも場所からも断ち切れている。」（『神の慰めの書』DW V, p. 11, 6f.『エックハルト論述集』［川﨑幸夫訳　創文社］収録、六頁）

ここでいう魂の力とは理性や意志といった知性能力のことである。それは身体的なものと違い、時空を越えて推論し思考できるがゆえに、より純粋な存在である。このおかげで人は「神の似姿」であり「神の一族、血縁」であるとされる。だが魂の力はそれで満足してはならない。「類似」を越えて「合一」へと向かわなければならないのである。

「だがしかし、魂の力が神自身でないなら、魂の中で魂とともに造られているだけなら、それはおのれ自身の姿を脱し（ir selbes entbildet werden）、ただ神だけの中へと姿を移し（in got aleine überbildet）、神の中で神から生まれなければならない（in gote und ûz gote geborn werden）」（同 DW V, p. 11, 10f.　同川﨑訳、七頁）。

ここに描かれる、まるで生物の脱皮か不死鳥の再生を思わせる一連の過程によって、魂とその力は人間（「造られたもの」）を脱して、神的なものへ変身していく。だがそれは神秘的な法悦のなかでの神との一体感ではない。多くの神秘体験において、体験者は知的思考を止めて「自らに死し」、自己の全存在を絶対者の手に委ねる。しかしエックハルトがここで言うのは単純な忘我ではなく、あくまで像を媒介とした言葉による知的活動によって、神の中でのみならず、神から生まれ出る体験である。「神の中へ姿を移す」という表現には、「神と姿を重ねる」という意味もある。それはまるで型紙に合わせて布地を切り取るように、神と同じ自分を産み出すことなのである。ここにおいて創造（クリエーション）と誕生（ジェネレーション）が接近する。

「私は、私を自らの姿に似せて造り、自らの中で産んでくれる（nâch im und in sich glîche bildet und gebirt）あらゆる者の御子だからである」（同 DW V, p. 11, 14. 同川崎訳、七頁）。

アダムは神が土塊から自分に似せてつくった人形であり、人間もあくまで似姿に過ぎないというアウグスティヌスやスコラ神学の理解をエックハルトは軽々と乗り越え、造ったことは産んだことであり、ゆえに人は神の「実子」だと主張する。神の似姿を思念することによって、人間はその存在においても神と等しいものに生まれかわるという主張は、単純な神人同一説や汎神論とは一線を画しているが、当然のことながら誤解を生む危険性も多く含んでおり、それゆえ先にあげた箇所はエックハルトの晩年にもちあがった異端裁判で審問官たちも問題視することとなり、結果的に彼の有罪判決につながった。

七　ビンゲンのヒルデガルト

一二世紀のドイツで活躍した女性神秘家ビンゲンのヒルデガルト（一〇九八－一一七九年）は、ダンテやエックハルト同様、その卓越した自然観察で、当時のキリスト教的人間観を大きく踏み越えた。それを可能にしたのは、独特の神秘的幻視（ヴィジョン）と、古代からの伝統的シンボリズムの融合である。『書簡集』でヒルデガルトは、世界創造の救済史的意味を論じる。

「神はまず最初に、すべての被造物を造ろうと見そなわしました。さらに処女マリアの中に父の言葉を。人はこの若枝から生まれました。この若枝は、聖なる、あらゆる力あるものの材料です。そこから、ああ敬虔な者たちよ、あなたたちも生まれたのです。確かにイヴが人類を生みました。しかし、この若枝はその緑の力において人類を再び修復したのです。その胎から神の子が出たときに。[16]」

天使を創造した神は、ルシフェルが堕落するのを見て、人間と世界の創造が急務の課題であることに気づく。楽園の意義は、そこで彼の創造物が等しく憩うことであったが、それがアダムとエヴァの過ちによって破られ、世界が苦悩に満ちるのを見て、神は再び救世主を世界に送る。神の言葉であるイエス・キリストは、調和を失った世界を根源的な始まりへと引き戻し、そこで人間が再び神を観ることができるようにする。ヒルデガルトは、神と人間と世界を繋ぐものを、御言（Verbum）、処女（Virgo）、枝（virga）、緑の力（viriditas）、子宮（venter）と呼ぶが、ｖを頭文字にもつ語は生産力の象徴である。[17] ここにヒルデガルトのマクロコスモスとミクロコスモスの原点がある。（図４）人間精神が宇宙とアナロジー的関係をもっているという思想は、その起源を古代の神話（例えばペルシア）に有する。プラトンは『ティマイオス』で宇宙を精神によって動かされる生き物として描いたし、アリストテレスは精神への天上界からの影響を信じていた。古代ローマの建築家ウィトルウィウスをへて、ダヴィンチにまでもたらされる人間精神の宇宙的構図は西欧思想に現在に至るまで脈々と息づいている。その中で再生との関連で注目したいのは、「緑の力」（viriditas）である。[18]

「人の肉体はすべて頭部に繋がっている。それは大地がたくさんの釣り金で天蓋に付いているのと同じである。人が頭部の感覚で統御されているのと同様に、大地の営みは天蓋によって満たされている。そのように、天と地の経験は魂にある。天と地を感じる知性は魂に刻印されている。神の御言が、すべてのものを創造しながら貫いたように、魂もすべての肉体を動かしながら貫くのだ。魂は肉体にとって緑の力であり、人の肉体はそれによって成長し大きくなる。そのように、大地も湿り気によって豊饒になる。雨が大地を潤すように、魂は肉体を湿らせ、決して干涸らびさせない、肉体にとっての湿り気である。[19]」

図４　ヒルデガルト・フォン・ビンゲン『スキヴィアース』より

先の救済史の中の神と人間も、「マクロコスモス—ミクロコスモス」のシンボルも、ともに緑の力に動かされている。宇宙の比率を正確に反映する人間には、宇宙的な力が働く。これと同様に、宇宙は地球の活動にも影響を及ぼしている。ヒルデガルトの思い描く世界図では、大地は四つの圏域に分けられていて、第一の圏は、火の層からくる火炎で灼かれ干上がっており、第二の層は、同じく火の層からくる暗雲に覆われ作物が育たない。第三の層は、晴天の空から降ってくる霧で人間も家畜も病に倒れている。ペストの霧である。大地のただ四分の一だけが健全で、人々が実りを楽しむことができる地域である。ここには柔らかい大気の層から湿り気が降り、これが大地の緑の力を呼び覚まし、実りをもたらす。緑の力は第一義に大地のもつ豊饒力である。

ヒルデガルトの説く緑の力は植物の中に存在し、受け継がれていく固有の力であった。彼女は薬草学にも通じていたが、これは緑の力を基軸にして、植物のもつ再生力を人間の健康の回復に役立てるものであった。そこには人間が自然という大きなシステムの一部であり、同一の原理によって動いているという信念がある。そして、この人間にも世界にも宇宙にも等しく生命を与え動かす共通の原理は、究極的に神しかあり得ないとヒルデガルトは考えるのである。緑の力はヒルデガルトにとって植物学の専門用語であると同時に、神秘的霊感であり、それゆえ神の恩寵と呼ばれる。神と人間と世界の間に有機的な連関があるがゆえに、この緑の力は神学的にも人間学的にも意味を有する。

「魂が自分の肉体が、あらゆる緑の力で青々としていたのに、乾いてしまっていると感じ、悲嘆に暮れた結果、その肉体を分別と反省の気持ちで、改悛と涙に変えようとしても、そうした行いは間違っていることに気づく。魂は自分の乾いた肉体を、神の恩寵の湿り気によって緑にするのである。[20]」

「というのも、人間が神から逸れて、忘れてしまえば、心はすぐに不安に揺れる。そこから生命力に満ちた人の体は、別の道に動かされる。それは神が崇められるべきもので、恐れられるべきものではないからである。それ（魂）が水差しの前に罪の後悔と恥辱を置いて、神を乞い願わせれば、溜息は涙を催させる。その溜息と涙から、改悛の緑化が起こる。[21]」

緑の力の再生力は木々を緑にするだけではなく、宇宙と人間を繋ぎ、人の肉体ばかりか、精神をも養い、さらには罪を清める涙となり、世界の再生と復活をも約束する。ヒルデガルトがキリスト教の正統ドグマを大きく超えた復活論を展開できたのは、女性特有の「生」への洞察があったからだ。

植物的な再生と宇宙論的な回帰を融合させたこうした世界観は、人類の意識の古い層に由来するといえる。死と再生を論じたミルチャ・エリアーデは未開民族のさまざまなイニシエーションの儀式を紹介しているが、共通するのは成人を迎えようとする若者が象徴的な死を経験し、別の存在となって生まれかわることが、共同体の若返りをも意味したことである。これは旧約聖書のヨナの物語にもその反映を残している。ヨナは神に逆らったせいで三日三晩魚の腹に呑みこまれていたが、悔い改めて出ることができた。「苦難の中で、わたしが叫ぶと／主は答えてくださった。／陰府《よみ》の底から、助けを求めると／わたしの声を聞いてくださった」(ヨナ書二：三)。魚の腹は死者の国であり、神の命令に従うことでヨナは復活をとげる。こうした「怪物の腹に入って出てくる」再生は、多くの未開民族で成人式の小屋にシンボル化されている。エリアーデは言う。「この成人式用の小屋は、ただ貪欲な怪物の腹をあらわすだけではなく、また、母胎をもあらわしている。修練者の死とは胎児の状態に帰ることを意味する。〔……〕つまりたんなる母親の最初の妊娠と誕生といった生理的反復だけではなく、〈世界の創造〉に相応するような再生をともなうところの、実質的には前宇宙的様相(夜と闇によって象徴される)に一時的に復帰することである。[22]」エリアーデは、こうした宇宙開闢のシーンと周期的につながりをもつことによって、個人が偉大な存在の一部に組み込まれていることを意識させられるとする。そしてこの組み込みは当然「浄め」によって「再生」が果たされることの前提である。

西欧における輪廻思想で最も有名な逸話は、殴られて犬が悲鳴をあげているのを聞いたピタゴラスが、「その声はわたしの友人の声だ」と言ったというものであろう。[23]ただしこれを報告したクセノファネス自身はこの思想を嘲弄している。ピタゴラスとほぼ同時代に生きたヘロドトスも

『歴史』の中でエジプト人の輪廻観を次のように紹介している。

「エジプト人の説によれば、冥界の主はデーメーテルとディオニソスである。[……]肉体が死ぬと、魂は別の、いままさに生まれた生物のなかに入る。そしてそれは、陸上の生物や水中の生物や鳥を輪廻して、再び生まれた子供の体に戻る。この周期に三千年かかる。[24]」

ヘロドトスはこうした思想の信奉者がギリシア人にもいるとする。もちろんピタゴラスのことであろうが、名前をあげないところをみると、彼自身はこの説をやはり信じていなかったらしい。しかしそのあとに生まれたプラトンが相変わらず熱心に魂の不死について論じているので、問題はそう簡単でもなさそうである。古代ギリシア人たちが異教徒の信仰を問題視したのは、魂の不死を信じつつも、冥界のハデスに十分な敬意をはらわなかったからである。オルフェウスの神話にも明らかなように、人間の魂は死後冥界に下り、ハデスとペルセポネの裁きを受けると考えられていた。魂が冥界に下ることなく、そのまま動物に入り輪廻するのであれば、魂には浄化も神的世界への登攀《とうはん》も必要なくなる。[25]

八　『トリスタンとイゾルデ』

一三世紀にゴットフリート・フォン・シュトラースブルクが書いた『トリスタンとイゾルデ』

は、循環する時間の物語である。リヒャルト・ワーグナーの楽劇として有名なこの物語は、もともと、老王に嫁いだ美しい姫と若い騎士が恋に落ち、やがて手に手をとって宮廷を脱出する、ケルト神話の「駆け落ち譚」の流れを組む。ワーグナーがこの作品に、ショーペンハウアーの輪廻思想を見出したことは、けだし理に適っている。物語は因果律に従わず、「生」と「愛」と「死」は道ならぬ恋に翻弄される二人の恋人を巻き込んで、物語の上を行きつ戻りつ反復する。トリスタンは何度も生死の境をさまよい、甦り、最後に力尽きて息絶え、しかし再び生まれかわる。彼の愛も何度も破綻し、また成就する。これは古い文学に特徴的な「物語の筋の錯綜」(entrelacement du multiples intrigues) とも捉えられようが、ゴットフリートは意図的にこれを使って物語にまるで「茂み」のような生命力ある構造を与えている。部分をみれば刹那的でしかない二人の恋が、破滅と再生の循環をへて永遠の愛へと浄化されていくのはこの繁茂構造のおかげである。ここには、ユダヤ―キリスト教的な原罪―裁き―復活を直線上に結ぶ救済史観とは別の力が働いている。そして素材自体異教的なトリスタン伝説には、植物的や天体的な再生観があちこちに現れている。

天体の運行が鉱物を造るという考えは中世には一般的であったが、ゴットフリートは鉱物の永遠性と植物の生命力を「愛の洞窟」で融合しようとした。媚薬を飲んで、道ならぬ恋に落ちたトリスタンとイゾルデは、人目を忍んで逢瀬を重ねるが、やがて宮廷中の知るところとなり、廷臣たちやマルケ王の追跡を逃れて森の奥深くへ逃げこむ。野獣のえじきとなるか、餓死するか、命がけの逃避行のはずだったが、二人はそこで偶然洞窟を見つける。それはこの世のものとも思えない、理想的な愛の形を体現する水晶や宝石や黄金でできていた。純白の岩をくりぬいて造られた広い内部は滑らかな壁に囲まれ、丸天井には黄金や宝石で飾られた要石があり、貞節を表す「緑の大理石」の床の上には、透明に輝く水晶の寝台があった。それらはすべて愛の純粋さと高貴さを象徴する究極の隠れ家であったが、しかし同時に鉱物的な生気のない空間の中で、二人がどのようにして命を養ったのか、ゴットフリート自身も説明する必要性を感じている。[26] 愛さえあればそれ以上の食物は必要ない、と言いつつも、作者は洞窟を神秘的な緑地に変えてしまう。彼は自分でそこを訪ねてみて、報告する。

「しかしその床は、たいへん硬い大理石でできていたのだが、わたし（ゴットフリート）はその上を歩いて踏み荒らした。もし、たいへんな力を具えていて、床をどんどん成長させていく緑（diu grüene）が、床に養分を与えていなければ、きっと部屋の中は愛の足跡だらけになったところだろう。[27]」

多くの恋人たちが訪ねてきても、洞窟が決して踏み荒らされないのは、それがまるで草原のように成長しているからである。大理石の床は緑の力で再生し、永遠に恋人たちを受け入れ続ける。[28] 石でも植物でもある不思議な床に作者がこめた想いは、二人の恋人の愛の死において達成される。果樹園で添い寝しているところをマルケ王に発見された二人は最後の別れを交わす。

「一度イゾルデがトリスタンと一つ心、一つの愛になったのでしたら、それは常に新しく(iemer niuwe)、いつまでも変わりない(iemer staete)はずです。[29]」

イゾルデのこの言葉が何を意味するかを、作者のゴットフリートは書ききれなかった。未完に終わったこの物語を書き継いだウルリヒ・フォン・テュールハイム(Ulrich von Türheim 一一九五頃–一二五〇年頃)はしかし、二人の愛が「常に新しい」ことを証明して見せた。宮廷を出て放浪した後、傷心のまま別の女性と結婚したトリスタンは、満たされぬ日々を送り、やがて戦闘で致命傷を負い、死の床でイゾルデを待つが、彼女の到着を待たず息を引きとる。駆けつけたイゾルデも息絶える。心も体も愛も一つになったトリスタンとイゾルデには、死もやはり一つであった。二人はともに息絶え、一緒に埋葬されるが、奇跡が起こる。(図5)

「マルケは、死神が来て彼から命を奪う日のことを思い、恐れた。彼はたびたび断食をし、祈り、この世から去るときに、恩寵に与れるようつとめた。自分にも彼らにも永遠の生を望んだ。人は墓の上に薔薇と葡萄の木が絡まりあうのを見た。二つはこれ以上ないくらいに、しっかりと相手に絡まっていた。亡くなった後も二人がお互いをこんなにも愛し合っている

「わたしは若木のような新たな姿となって星々にのぼっていく」

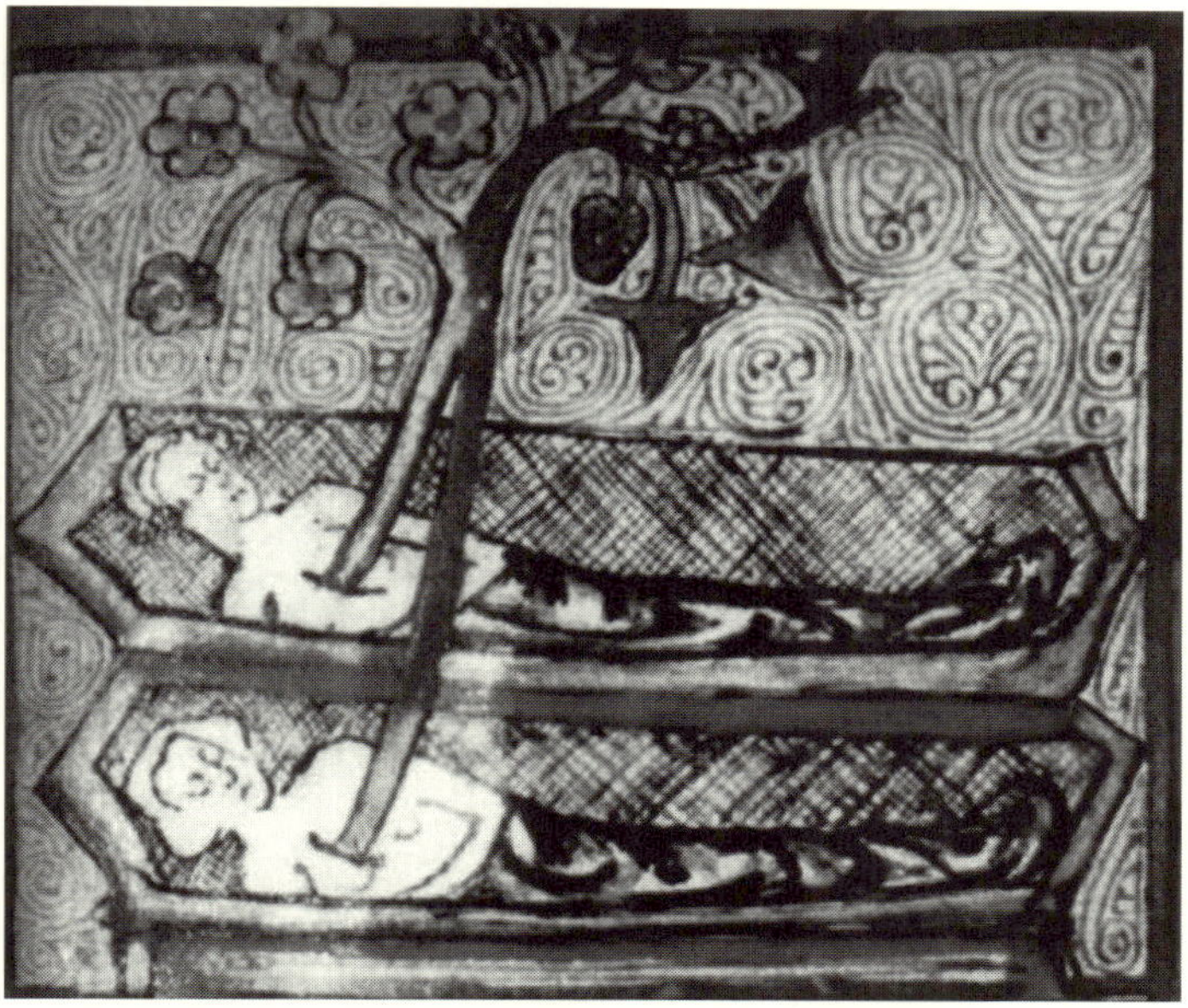

図５　心臓から薔薇と葡萄の木が生い出るトリスタンとイゾルデ（14 世紀のウィーン写本の挿絵）。
「私はまことのぶどうの木」（ヨハネ福音書 15:1）とあるように、葡萄はイエスと永遠の生命の象徴である。薔薇はこれに対して、恋人を探す魂の情熱的な愛のメタファーであり、ふたつの樹木のからみ合いは、西欧神秘主義の神的合一（ウニオ・ミュスティカ）を暗示しているともとれる。

など、天地開闢《かいびゃく》以来、だれも聞いたことがなかった。[30]」
二人は植物の生を得て、無限の絡み合いの中で愛を紡ぐのである。

結び

ダンテ、ヒルデガルト・フォン・ビンゲン、ゴットフリートの世界観に端的に表れているように、中世人もルネサンス人も意識の上では、古代ギリシア・ローマ人と変わらず、自分たちが大きな生命とつながっていて、そこへ遡行することを通して、再び生まれかわると信じていた。この「個と全体」の紐帯《ちゅうたい》を象徴的に示すものが植物の蘇生であり、宇宙の永劫回帰であり、それらは現世的な男女の愛や、超越的な神の愛を通して成就されるべきものだったのである。こうした意識が「絆」であるのは、それが彼岸への強い憧れに支えられつつも、キリスト教のように此岸を一方的に放棄するように、命じるわけではないからである。「彼岸を目指す存在論」は、アーサー・ラブジョイが『存在の大いなる連鎖』で述べたように、本来この世の「含蓄と構成力のある特徴」から出発するものである。[31] この世とは、彼岸を目指す道徳家や宗教家から見れば、「邪悪で無意味な」ものであり、「世界の運動は全体としてみれば、関連を欠き、退屈なだけの見せ物であり、そこでは無意味な喧噪と野卑に満ちている。――それは同じものの無意味な繰り返しか、始めも終わりもない無限の変転」でしかないかもしれない。しかし古代と中世の人々の「再生」への願いは、それを不完全で乗り越えられるべき世界の構造とはしなかった。「真の彼岸志向はこれらのすべてを包みこみ、それぞれの争点を裁こうとするものである」(ラブジョイ同書)。無限の流れに漕ぎ出た舟は最終的な繋留地に憩うことなく、再び此岸へと戻り、そこから再びあらたな彼岸への志向をいだいて旅立つ。それは決して老いることのない、長い旅なのである。

［註］

1 Lynn Thorndike: Newness and Craving for Novelty in Seventeenth-Century Science and Medicine, in: *Journal of the History of Ideas 12* (1951), p. 584-598.

2 ベーコン『ノヴム・オルガヌム　新機関』（桂寿一訳）岩波書店　二〇〇五年、二九頁。

3 そのほかの例として、新約「カイネー・ディアテーケー」（Καινή Διαθήκη）。

4 明解古語辞典第二版、三省堂　一九八九年。

5 W・イェーガーは、進歩を是とするキリスト教的世界観が異端という無限に枝分かれする「重苦しいペシミズム」に陥っていたことを指摘し、プラトンの「善のイデア」をこの「悲観的流れに抗して立つ岩」にたとえた。すべての存在に「善の種子」を見出すことが、世界の堕落に対抗する哲学的救済なのである。ウェルナー・イェーガー『初期キリスト教とパイデイア』（野町啓訳）筑摩書房　一九六四年、七七頁以下。

6 Naturales questiones III, 29. ゼノンを創始者とする前期のストア派がコスモロジックな「宇宙有機説」を唱えたことは知られている。ここにはマクロコスモスとミクロコスモスの理念も見られ、宇宙の原理は自然学的には「火」、神話的には「ゼウス」、哲学的には「ロゴス」、神学的には「神」としていた。大貫隆『一神教への挑戦―初期ユダヤ教とキリスト教の異端者たち』、『一神教文明からの問いかけ』講談社　九六－一一四頁。世界が焼尽し没落するという思想は、北欧のラグナレク（Ragnarök）にも現れている。

7 Gerhart Ladner: *The Idea of Reform. Its Impact on Christian Thought and action in the age of the fathers*, Harvard Univ. Press, 1959, p. 43. 新約聖書でのその他の用例:「エリヤが来て、すべてを元どおりにする」（マタ一七：一一）、（マル九：一二）、「イスラエルのために国を建て直してくださる」（使一：六）。

8 フレーザー『金枝篇』（Vol.II, p60-61）。

9 フレーザー、前掲書 Vol.II, p.75-76; 緑の男については次の書を参照。ウィリアム・アンダーソン『グリーンマン―ヨーロッパ史を生きぬいた森のシンボル』（板倉克子訳）河出書房新社　一九九八年、四一頁以下。

10 Der Kanzler, in: *Deutsche Liederdichter des 13. Jahrhunderts*, hrsg. von Carl von Kraus, Bd. 1 (Texte), Tübingen 1978, p. 198, 32C - p. 199, 33C.

11 locus amoenus については：田中一嘉『中世ドイツ文学における恋愛指南書―文学ジャンルとしての「ミンネの教訓詩」の成立・発展』風間書房　二〇一四年、一三三頁以下参照。

12 Ladner, p. 75,

13 アウグスティヌス『詩篇註解』第三七章二七節。Ladner, p. 155 から引用。

14 Ladner, p. 171f.

15 ルードルフ・オットー『西と東の神秘主義―エックハルトとシャンカラ』（華園聰麿他訳）人文書院　一九九三年、第一部四章参照。

16 Hildegard von Bingen, *Epistolarum Liber*, PL 197, 377 C.

17 その他にもヒルデガルトが使う頭文字Vの術語は多い。virescere（緑になる）、vigere（生気を得る）、vivere（生きる）、vir（男）、vis（力）、virilitas（男らしさ）、virtus（徳・力）。

18 Heinrich Schipperges: Menschenkunde und Heilkunst bei Hildegard von Bingen, in: *Hildegard von Bingen 1179-1979*, ed. by Anton Ph. Brück, Mainz 1998, pp. 295-310, here p. 301f.

19 Hildegard von Bingen, Liber Divinorum Operum, PL 197, 818 C

20 Hildegard von Bingen, 前掲書、846B.

21 Hildegard von Bingen, 前掲書、830B.

22 ミルチャ・エリアーデ『死と再生　イニシエーションの宗教的意義』（堀一郎訳）東京大学出版会　一九八五年、七六頁以下。

23 クセノファネス『断片』Ｂ7。

24 ヘロドトス『歴史』第二巻一二三節。

25 Karin Alt, Einige Fragen zu den ‚Katharmoi' des Empedokles, in: *Hermes*, 115 (1987), pp. 385-411.

26 「多くの者は不当にもこう主張する。このような営みにはほかの食物も必要であると。果たしてそうであるかどうか、よくは知らないが、わたしにはこれ（愛）だけで十分のように思われる。しかし、このような生活にこれに勝る食物があることを知っている人がいるなら、知っているとおり言ってもらいたいものだ。ゴットフリート・フォン・シュトラースブルク『トリスタンとイゾルデ』（石川敬三訳）郁文堂　一九九二年、一六九〇九行以下。

27 同、一七一一七－一七一二四行。

28 植物のメタファーについては以下の研究を参照。Jan-Dirk Müller: Zeit im "Tristan", in *Der "Tristan" Gottfrieds von Straßburg*, ed. by Christoph Huber/ Victor Millet, Tübingen 2002, pp. 379-397, here p. 388.

29 ゴットフリート前掲書、一八三三〇－一八三三四行。

30 Ulrich von Türheim: *Tristan-Fortsetzung*, ed. by Friedrich Heinrich von der Hagen, Breslau 1823, 3686-3701, p. 321.

31 アーサー・ラブジョイ『存在の大いなる連鎖』（内藤健二訳）筑摩書房　二〇一三年、四三頁。ただし引用した翻訳は原典から直接おこなった。

ヤーコプ・ベーメにおける「再生」思想

——光と闇とを分解する聖霊の働きを中心に

富田　裕

十六世紀ドイツの思想家ヤーコプ・ベーメ（一五七五－一六二四年）の名前は、我が国ではプロテスタント神学者の征矢野晃雄《そやのてるお》（一八八九－一九二二年）による『黎明』翻訳の試み[1]や、南原実（一九三〇－二〇一三年）、岡村康夫（一九五一年－）らによる研究紹介[2]などによって、キリスト教神秘思想に関心のある人々や専門の研究者の間でかろうじて知られているに過ぎない。ドイツ文学の研究者の間でさえ、彼の名前は聞いたことがあるにせよ、読みにくい、古いドイツ語で書かれたそのテクストを直接に読んだことがある者は少ないのが現状である。この現実はドイツ本国でもそれほど変わりはない。

　ベーメの思想に対する、一般の人々のみならず、ドイツ文学研究者のなかにさえも見受けられる、そうした無関心、ないしは距離感は、おそらくは高等教育を受けなかった靴職人である彼のドイツ語の、時として稚拙で難解な表現のためだけでなく、三位一体を核とするキリスト教的な神の永遠性と超越性を、敢えて無常で不完全な人間の心身問題に収斂して語ろうとしたことで、かえって本来は関心を抱いてもよいであろうキリスト教の信徒や学者から敬遠されたせいもあるかもしれない。

それではなぜ今ここでベーメについて触れようとするのかということであるが、彼の思想に含まれている「再生」というイメージについて考えるとき、この「再生」こそが人間の生命観の礎であり、さらに言えば、人間の生命をかたちづくっている身体の呼吸そのものであると彼が考えていたからに他ならないからである。本稿では、この「再生」の思想がベーメによって、どのように形成されてきたかを見てゆきたいと思う。

一　ベーメ思想の背景

彼の生まれたシレジア地方は、三十年戦争（一六一八－四八年）の前後から、マルティン・ルター（一四八三－一五四六年）により口火を切った宗教改革運動の余波を受けただけでなく、様々な神秘思想の温床でもあった。それは一六世紀末のニコラス・コペルニクス（一四七三－一五四三年）による宇宙観の転回や、パラケルスス（本名：Ph・A・Th・ボンバストゥス・フォン・ホーエンハイム。一四九三－一五四一年）の医学的世界観から、それまでの中世期からの学問と信仰との調和が崩壊して、「神はいったいどこにおられるのか」という絶望的な問いかけから出てきた人々の内面的不安に由来するものであった。科学と宗教との対立が始まったわけである。[3] さらに大航海時代や人文主義の拡大によって、様々な芸術や学問が驚異的に発展・促進してきたことも、神の像をこの進歩のただなかで、いったいどこに認めればよいのか、という懐疑によって、中世期以来の根本的な宗教観が揺るがされてきたことも要因であろう[4]。

またそれ以外の要因としては、アウグスブルク宗教和議（一五五五年）の後に、教派間の争いが激化し、封建領主の信奉する教派に左右される庶民たちは、政治とは別の次元で自らの信仰を根底から問い直すことを余儀なくされたということもある。宗教改革は、それまでの教会の権威や伝承に重点を置くローマ・カトリック教会の教えとは異なり、まずは聖書に立ち返って、自分の内面を見つめ直し、神の言葉を改めて自らの心で読み直すという行為へと人々を駆り立てた。そこで生まれた問題性が、ではどのようにして聖書の中から神の言葉を聴き取るのか、ということであった。それが最も先鋭化したのが、信仰生活の緩慢であった。「信仰により義とされる」（ローマ人への手紙四章五節）という聖書の教えをはき違えて、信仰さえあれば、日常生活は罪深いものであっても神はおゆるしくださるだろう、という自分に都合のよい、勝手な解釈を聖書に施した結果、日曜日に教会の礼拝に几帳面に出席するという外見的なことを金科玉条にして、それ以外の日常はとてもキリスト信徒とは言えないような日々を送る人間が多くなったことも事実であった。これはルターの協力者でありルター神学の後継者でもあったフィリップ・メランヒトン（一四九七－一五六〇年）の名前から由来する、当時のフィリップ主義がシレジアにも大きな影響を与えており、人間が自由意思で善に自ら向かうことはなく、悪にのみ運命づけられているのか否かを問う当時のルター教会内の論争からくる緊張感が原因であったことも否定できない。[5]

これらの諸要因から、神を外界ではなく、逆に人間の内面に求めようとする動きがベーメの生きたシレジアにも強く起こったわけである。人間の内面に住まう神には、いかなる外的な教会制度も社会的状況も影響を与えることができず、神の像はこの内面にこそ誕生し、生成する。神の像の生成を培うのは、人間がいかにしてこの神を意識し、自らの心身の滋養として神の生命を受容するか、ということにかかっている、というのがベーメの考えたことであった。

当時のシレジアに浸透していたカスパー・フォン・シュヴェンクフェルト（一四八九－一五六一年）の神秘思想は、あたかもベーメに先鞭をつけるかのように、神と人とをひとつの宇宙として捉え、古いアダムを捨てて新生する、ということを説いていたが、この考え方がベーメに大きな刺激を与えたことは間違いないだろう。[6] さらにヴァレンティン・ヴァイゲル（一五三三－八八年）がヨハンネス・タウラー（一三〇〇頃－一三六一年）らの中世ドイツ神秘主義を援用して、真理への認識は「内面から来るのであって、外面からではない」と主張したこともベーメには影響を与えているだろう。[7]

まず「神と人とがひとつの宇宙である」という思想自体が、中世期の教会の教えを脱却して、新たな信仰へと踏み出そうとしていた人々にも、甚だ異端的な印象を与えるものだった。永遠なる神が目に見えない絶対者としてこの人間世界を支配しているということを宗教改革運動のあとも変わらず信じていた人々にとって、有限であるだけでなく、原罪の汚れから解放されることなく苦しみ続けるこの世界の住人が、完全なる神と一体であり、しかも神がご自分の存在を示すために、人間の心身を拠り所としている、などということは到底想像の枠を超えていたからである。

さらに「古いアダムから第二の新しいアダムが生まれる」ということについても、この考え方自体には、神学的にも異論はなかったはずだが、それでも、どのようにして「第二のアダム」が罪深い自分の心身に誕生するのか、という疑問が溢れていたわけである。

ベーメは、まずこうした人々だけでなく、自らの真摯な問いかけでもある「どのようにして神は人間と関わるのか?」について、思考を巡らし始めたのである。そこで自らの備忘録として靴職人の労働の合間に書き溜めたのが処女作『黎明』であった。この書はあくまでも自分のためであったが、これが同じ精神を持つ友人たちによって書写されて出回ることになり、それが結局、靴職人が神学者でもないのに教理に反する怪しげなものを書いている、と考えた当時の教会側からの非難をもたらすことになった。

彼の『黎明』のなかでベーメは次のように書いている。

「どのような霊も肉体においてでなければ、完全さを全うできない。なぜなら、霊は肉体を離れた途端に、その支配する場を失うからである。肉体は霊の母だからである。この母の中で霊は誕生し、霊はその強さと力とを得る。」(『黎明』、二十六章五十節)[8]

この意見は、肉体はもっぱら罪に囚われていて、肉体を離れた霊こそが神の救済に与《あずか》ることができる、という教会側の教義とは相容れないものだった。

しかしベーメはここで異端を覚悟で書いたわけではない。むしろ彼の書いた内容は聖書的な方向性と一致するものだったのである。なぜなら「霊と肉体」との不可分性について言えば、キリストは聖霊によって乙女マリアから生まれたが、聖霊は神の子を宿すために、どうしてもマリアの母胎が必要だったのである。聖霊はキリストとしてマリアの肉体のなかで誕生し、そのためにキリストであるイエスは「知恵が増し、背丈も伸び、神と人とに愛された。」（ルカによる福音書二章五十二節）[9]と書かれている通りである。ここには神のイメージとして理想的な人間像が描き出されているともいえるだろう。

もしも肉体が神とはまったく縁のないものであれば、乙女マリアがどれほど清らかな女性であったとしても、聖霊が、原罪のなかにいる人間の一人でもある彼女の母胎に宿ることは考えられないことだったであろう。[10]そしてそこから生まれたイエスが「神と人とに愛された」少年に育つことも無理だったのである。

福音書の記述が、神の子であり、また人間であった「イエス」を描き出した、ひとつの神の「身体」であるとすれば、ベーメは彼なりの方法で、キリスト教における人間観を聖書に照らして描き出したと言えないだろうか。

ベーメはドイツ精神史において初めて人間を「全人格的に」理解しようとした思想家であると言われる。[11] それは天地創造で神によって神の姿に似せて創られた人間が、原罪により、その賦与されていた神の像から転落し、キリストという「第二のアダム」によって、再び神の像を身体のなかに完全に復元するという過程を、ベーメほど生命観との繋がりから総合的に考察した思想家はいないからである。その全人格的な視点から、ベーメの神と人との接点について、彼がどのように考えていたのかを見てみよう。

二　ベーメにおける「キリストへの道」

ベーメは宗教改革以降のルター派教会に連なる信徒として、信仰生活を送っていたが、ルターによって、力強く、しかも美しいドイツ語に訳された聖書を愛読していた。勿論彼はヘブライ語やギリシャ語で原典を読むような人文主義的教養はなく、ひたすらルター訳聖書から測り知れない信仰上の慰めや励ましを得ていたに違いないが、それでもなおベーメには、上記で述べたような神と人との関わり合いが依然として不可解なままであった。

聖書を読めば読むほどに、彼は神がどこにおられるのか、そしてその神は人間にどのような連続性をもっているのか、という疑問が湧いてきたのである。言うまでもなく、聖書は彼にとって唯一の信仰上の根拠であることは確かであったが、それでも聖書の文字の中に、生きて働く神、人間に語りかける神の声を聴くことができていないと感じていた。

「文字は殺し、霊は生かす」（コリントの信徒への手紙第二、三章六節）という箇所を聖書の中に見つけたベーメにとって、聖書の文字で書かれた言葉は、そのままでは死をもたらす文字、言い換えれば、人間の心身に直接には訴えかけてこない文字の羅列に過ぎなかった。聖書の神の言葉としての権威は認めるが、その文字から神は人間にどのようにして語りかけてくれるのか、それについて聖書から人間はいかなる方法で神の声を聴き取ることができるのだろうか、ということである。

そこでベーメは、聖書の文字の背後に広がる無限の地平を見渡そうとした。つまり聖書は文字という音符を演奏するための「楽器」であり、この楽器によって奏でられる音楽を聴き取ることが、聖書のなかに響き渡る神の声に耳を傾けることである、というのがベーメの考えであった。彼は生前に唯一出版された著書『キリストへの道』（一六二四年）において次のように言う。

「書かれた聖書の言葉は聖霊の単なる道具に過ぎない。教えを伝えようとする言葉は文字という言葉の中で生き生きとしたものでなければならない。神の霊はこの文字という言葉の中で響きとならなければならない。[12]」

さらにベーメは、彼の旧約聖書の創世記の注解書『大いなる神秘』ではこうも言っている。

「彼らは、書かれた言葉がキリストの声であると言う。もちろんそれは器であるが、言葉の形式に過ぎない。しかしながら声は生きていなければならない。この声が器を時計の様に機能させるのである。文字は楽器であり、ラッパのようなものである。このラッパから音がきちんと出れば、それは文字のなかで響き渡る音楽となる。[13]」

ここで触れられている「聖霊」または「神の霊」は、三位一体の位置を表していることは確かだが、ベーメはこの表現によっていったい何を言いたいのだろうか。これは言い換えれば、聖書を読む人間は、そのままでは意味のない音符の羅列である聖書のページの間から、「聖霊」という助け手によって、その音符から音楽が演奏されるのを聴くことができるのだ、ということである。ここでは「聖霊」は、音符を組み合わせて、調和した音階を生み出させる指揮者のような存在であろう。

ではこの「聖霊」とはいったいベーメにとってどのような「助け手」だったのであろうか。前章で既に述べたように、ベーメは当時のルター教会の弛緩した信仰生活に危機感を抱いていた。それは次のような彼の厳しい表現に認められる。

「教会に行き、説教を一時間ほども聴くだけで、そのあとで罪の生活を続けるのであれば、それは神への礼拝とは言えない。説教において、心の中でキリストを聴き取ることがなけれ

ば彼らの益にはまったくならない。」（『キリストの契約について』序文）[14]

「心の中でキリストを聴き取る」ということに注目すれば、それは先ほども触れたシュヴェンクフェルトやヴァイゲルの説く、内面こそが信仰の核心であるという考え方の影響があることは否定できず、この時代の世紀末的な緊張感の中で、「心から悔い改めなければ人間は救済されない」という、シレジア地方の独特な終末待望の雰囲気が手伝っていたこともあるだろう。[15] またさらに精神と物質とは不可分で、パラケルスス主義でも感覚的なものと超越的なものとが統一された総体として理解される、当時のバロック時代の考え方も手伝っている。[16] しかしながらさらに言えば、ベーメはこうした精神的背景をもちながらも、「心の中でキリストを聴き取る」ということに、彼の独自の聖書観を発展させたことも併せて注目する必要がある。なぜならば彼の求めていた神は、決してこの世界や自然界の中にとどまる汎神論的なものではなく、この世界や自然界を軸に展開する、キリストという神であり人間である存在から見えてくる神だったのである。[17]

つまり内面で神の声を聴き取るためには、まず人間が自らの「肉」（心身）のなかに「キリスト」（神の子）を誕生させなければならない、とベーメは言う。「肉」が「キリスト」になるのではなく、「肉」の中に「キリスト」が受肉（誕生）する、言い換えれば「キリストを自分の身体、肉と血の上から着る」（『イエス・キリストの受肉について』第一部、第十二章十七節）ということである。[18]

これは聖書の中の、人間は「聖霊が宿ってくださる神殿」（コリントの信徒への手紙、第一、三章十六節）である、という箇所を連想させるが、ベーメはさらにこうした聖霊の神殿を身体の中に建ててあげる働き手を「分解者」[19]としての聖霊に帰属させる。「分解者」とは、錬金術的な表現であるが、別名「メルクリウス」とも言われる。[20]こうしたベーメの語彙をここでは詳説しないが、いずれにしても彼はこの表現によって以下のようなことを考えていたようである。つまり「分解者」は聖霊であるが、神が天地創造を意図した際に、聖霊が天と地とを分け、光と闇とを分けたのであり、ここでは聖霊は、すべてのものを包括していた神が、自己を啓示する（神が神であることを自分で認識する）ために、自分の中にある聖霊という、闇から光へ、無から有へという動きを進める「分解者」をもって、この世界を創造したことを意味している。言い換えれば聖霊は、生命を与える息吹であり、ベーメによれば、すべてを満たしていた神が自己を知るために、「無底」[21]という、初めも終わりもなく、誰にもまったく把握することのできないような「永遠の静けさ」から、自己の意志をもって、「光あれ」（創世記一章三節）と語り出した、神の燃えるような心の動きを認めるのである。

この風景は創世記冒頭の「地は混沌であって、闇が深淵の面にあり、神の霊が水の面を動いていた。」（一章一節－二節）という箇所から連想することができよう。神そのものである捉えどころのない闇（或いは無ともいえる）の中で、神の霊（聖霊）が、光（有）へと向かおうとする意志をベーメは神の「愛」として理解する。[22]そこではヨハンネス・ロイヒリン（一四五五－一五二二二年）以来のキリスト教的カバラー研究の結実として、おそらくはベーメにも間接的に受容されていたであろう絶対的な神の流出の思想が垣間見えるということもできるだろう。[23]超越者が自己の内で完成しているにもかかわらず、自己の内から何かを生み出そうとする動きに、ベーメは、神の生みの苦しみ、或いは、自己犠牲のはじまりを認めるからである。「分解者」である聖霊がここではある意味では「痛み」を伴うのではないかとも思われる。なぜなら聖霊が闇から光へと分解するときに、そこにはベーメによれば神の内には「稲妻のような大きな衝撃[24]」が起こるということから、神がその永遠の静けさから出て、この世界を創造しようとした意志の動きそのものに痛みを重ね合わせることも考えられるからである。

さらにこの「分解者」である聖霊は「火」としてもベーメによって描き出される。彼は次のように述べている。

「光の中では、愛の国として、神の国が理解される。いっぽうで火の中では神の権威と全能が理解される。」（『恩寵の選びについて』三章十八節）[25]

神の三位一体の内にある聖霊は、「火」としてまず神の力を発信する。それは例えば使徒言行録の第二章において語られる聖霊降臨の場面からも想像できる。「炎」のような舌が使徒たちの上に下ったことからも、復活したキリストの代理人としての聖霊が、同じく使徒言行録の第一章三節‐五節に書かれた約束通りに降臨したこと自体が、神の権威と全能を示しているからである。ここにも神が聖霊によって天地創造をはじめとする行為に向かおうとする意志の強さ、自己充足から抜け出て、新たな対象を創造しようとする神の自己への挑戦、言い換えれば一種の痛みの感覚を読み取ることができる。[26]

ベーメは神の霊が闇から光へと向かう際に、そこに「火」の衝撃が起こり、その激しい音が反響音として鳴り渡り、その響きから愛という次元を生み出す根源としての「光」が生まれると考えた。[27]

『イエス・キリストの受肉について』でベーメはこのように語る。

「火なしには霊も存在しない。霊は火から出て、光に入り、そこで火は愛の根源を得ることになった。火はその結果、愛の根源の要因に過ぎなくなった。火の怒りの要素は光の中の愛によって消されてしまった。[28]」

「光」とはここでは「子」(イエス・キリスト)の出現を意味している。「父」は天地創造以前の、「地は混沌であって、闇が深淵の面にあり、神の霊が水の上を動いていた」(創世記一章二節)という状態の中で、誰にも理解も、把握もされず、生命を暗示する水の面を漂っていたが、そこから神の霊である「聖霊」によって、稲妻のような激しく厳しい意志をもって、「光あれ」と語り出すことで、「子」という「愛」が生み出された。これで怒りのような誕生への激しく厳しい様相の、意志の放つ「火」は、「子」という愛の光によって消されてしまうのである。

こうしたベーメ特有の、比喩的なあまりに難解な表現を、わかりやすく言い換えれば次のようになるだろう。

天地創造を行った父なる神は全宇宙を充満している存在であったので、自らを認識するために愛の対象として人間を中心とする世界を創った。その際に父なる神は「光あれ」という言葉を発するが、その言葉の姿が、愛の対象である人間世界に向けられた光の本質である子なる神キリストの姿である。すでに父なる神はここで子なる神を世界に向けて送り出すことで、ひとつの自己犠牲を捧げているのである。さらに子なる神キリストがナザレのイエスとして人間界に生まれて、受肉して、十字架に架けられるのも、愛の対象である人間世界のアダムの原罪によって堕落した状態を回復しようとする、父なる神の言葉の発声である。この十字架の事件も、ベーメによって「衝撃」または「稲妻」[29]として描き出される。

天地創造を起こした言葉によって光と闇とは分解されたのだが、この分解は先ほども述べたように、父なる神の、人間には理解できず、近寄ることもできない姿に、人間が目を開くために必要な出来事である。さらに折角の愛の対象として創造された人間界が原罪によって堕落したために、それを回復しようとする神の意志が、神の言葉の発信源である分解者の聖霊を通して、十字架のむごたらしい死という「稲妻」の衝撃としてもたらされたのである。ベーメによれば、十字架という恐るべき稲妻の衝撃音によって、愛されるべきこの人間世界は再び父なる神の自己表現の場、つまり神の言葉が正しく認識される世界として癒されるのである。ベーメはこのように言う。

「そしてこの分解の中で稲妻は十字架をつくりだす。〈…〉その結果、火のもっている憤怒の形相は十字架の上で消されてしまう[30]」

生命を与える言葉の「分解者」、つまり「助け手」としての聖霊の存在は、こうして見てくると、父なる神の人間世界に対する「憤怒」のような激しい創造の意志をもたらす、愛の発信、つまり子なる神キリストの受肉へと収斂する出来事の核心となる働き手であるということがわかる。「憤怒」の形相のままでは父なる神は「焼き尽くす火」（申命記四章二四節）であるので、人間はそのままの神には出会うことができない。神の姿は、その燃える火から、優しい光へと移行しないといけない。その移行を助ける聖霊が人間の「再生」へと貢献するのである。

では再生が、光であり、愛である子なる神キリストへと辿り着くことで、どのように人間の内で完成されるのか、聖霊との関わりにおいて次節では見てゆこう。

三　再生への道程

火が光へと移行することで、人間の内面が再生するということは、どういうことだろうか。ベーメによれば、それは蝋燭の譬えで理解できることである。

つまり蝋燭は火が暗闇を照らして、解放されることで部屋を暖め、暗闇を照らし出すことができるが、一方で、火が籠って収縮してしまうと、蝋燭は焼き尽くす炎として燃え上がることになる。[31]

ここでの蝋燭は、父なる神の姿であり、その言葉が発せられることで部屋が暖まる、つまり柔和な光として神を人間は受容することができる。それを可能にする子なる神キリストの光としての姿がここに顕れるのである。ところが反対に、蝋燭が収縮することになれば、神の厳しさのみが表面に出て、人間は恐怖と破滅しか体験できなくなる。この後者の状態に人間が留まるのを望むのが、ベーメによれば、悪魔である。それは分裂の中に留まろうとする悪魔の姿であり、神は分裂ではなく、調和へと展開（分解）してゆくことを望むからである。[32]

すでに序章でも述べたように、のちの敬虔主義に間接的にも影響を与えたベーメの思想は、心の一新をはかろうとする、彼の内面主義にあったわけだが、それは言うまでもなく、社会的・教会制度的な革新だけでなく、自分の心を目に見える実践をもって変えていこうとする強靭な意志の力からもたらされた考え方であった。おそらくはそうした意志をもって自分を神に従わせようとするベーメの姿勢には、使徒パウロの言うような「あなたがたはこの世に倣ってはなりません。

むしろ、心を新たにして自分を変えていただき、何が神の御心であるか、何が善いことで、神に喜ばれ、また完全なことであるかをわきまえるようになりなさい。」（ローマの信徒への手紙一二章二節）を意識した、ある意味で原理主義的とまでは言わないまでも、聖書に従順な生活をすることこそ神の望むことである、という確信があったのだろう。

もちろんこの姿勢はプロテスタントの敬虔主義に限らず、トマス・ア・ケンピス（一三八〇－一四七一年）による『イミタチオ・クリスティ』（キリストに倣いて。一四一八年）やイグナチオ・デ・ロヨラ（一四九一－一五五六年）の『霊操』（一五四八年）などのような古典的な信仰書に認められるような、あらゆる教派において重視されることではあるが、ベーメにおいては、受肉した神の姿が、人間の心身の元型である、という貫徹した考えから由来していることにおいて、かなり独特な思想である。そしてこの神の姿を人間の心身問題として理解しようとするのが、先ほども述べた聖霊という助け手による、極めて聖霊主義的な思想である。[33]

聖霊論において核心となるのは、すでに述べた「聖霊が宿ってくださる神殿」（コリントの信徒への手紙第一、六章一九節）とあるように、人間の心身である。ベーメが当時、戦争の災禍や信仰の危機に陥った時に、神が天上のどこかに玉座を持っていて、そこから哀れな人間世界を見おろしている、というように考えたとしたら、彼は絶望してしまったに違いない。当然ながら、ベーメはそうした危機を克服するためにも、聖書の言葉を貪るように熟読したが、文字そのものには何の慰めも見出さなかった。しかしながら、三位一体の神の内にある聖霊の存在に注意を向けた時に、彼は次のような認識に至った。

「魂が聖霊によって点火されることで、魂は肉体の中で勝利して、大いなる火のように昇っていく。すると心臓も腎臓も喜悦のあまりに震える。」(『黎明』序言)[34]

「点火」とは、魂(人間の心身)が、復活し、昇天したキリストの代理人である聖霊(「しかし、弁護者、すなわち、父がわたしの名によってお遣わしになる聖霊が、あなたがたにすべてのことを教え、わたしが話したことをことごとく思い起こさせてくださる。」(ヨハネによる福音書一四章二六節)を受け入れることで、心身という「土の器」全体(心臓も腎臓も)が聖霊で充満し、神の愛に満たされる、ということである。

しかしこうしたことは、一見してあまりに抽象的で、どのようにして可能なのだろうか、という疑問が読者には湧くのである。

ベーメは心身問題を、同時に、神の「身体性」として理解していた。それはまず何よりも神の子キリストが「受肉」したという歴史に明確化している。ここからベーメのキリスト中心主義が読み取れるわけだが、それは神がわざわざナザレのイエスという人間として生まれなければならなかった、という事実に注目したことから来る。[35]

ベーメはこのように言う。

「我々は神の肉と血とに入る。そして神の内に生きる。なぜなら、言葉は人間となったからであり、神は言葉だからである。」(『イエス・キリストの受肉について』第一部八章八節)[36]

ここでいう「我々」とは、いまこうして生きている人間すべてのことであると考えて良いだろう。「神の肉と血」とは、清純さの象徴である処女マリアの胎内に聖霊が住んだことから生み出された人間としてのナザレのイエスのことである。このイエスは天地創造の原初の言葉「光あれ」を発声した、同じ神の言葉から生まれたのである。つまり人間がキリストを信じて、キリストの言葉(聖書)を自分の心身に受容するならば、神の言葉は人間の心身において表現され、その内側から光が輝き出るだろうという内容である。

キリストの言葉を自分のものとすること、これがベーメが理解していた「受肉」の思想である。受肉とはこの場合、キリストが人となったことを受容する人間は、自分もそのキリストの心身に自己を重ね合わせて、キリストの様に生きることを努めるという意味なのである。

すると「神の肉と血」は、そうした人間の内側で成長して、聖霊が乙女マリアに宿ったように、イエスという少年が神と人とに愛されたのと同じく、神の身体として展開してゆくのである。聖書の言葉を信じて、自分の生きてゆく現実の灯火としてその言葉を反芻していくことこそが、ベーメの理解したイエス・キリストの受肉であったと言える。これは誰でも出来る非常にわかりやすく、また具体的なことでありながらも、やはり「心の一新」による決断を必要とする行為である。

神秘思想には二種類あると言われる。第一には「後退的神秘思想」であり、これは仏教の涅槃に至るような、極めて収縮的な、自己充足的な思想である。第二には「成長的神秘思想」であり、これは常に前進することを前提とした、ある一定の将来的目標を目指した志向の思想である。後者の思想はキリスト教的な終末世界を予感したものであると言えよう。[37]

ベーメの思想はこの関係性では、言うまでもなく後者の「成長的」な神秘思想のカテゴリーに属するだろう。つまり「永遠の愛に自己を浸透させることで、改めて自己を再発見する」[38]ということからも、自己啓発ではなく、むしろ「永遠の愛」というとおり、超越的な神という存在に身を任せながらも、決して充足することなく、絶え間なく導かれ続ける羊のような考え方である。それはキリストが「わたしは良い羊飼いである。」（ヨハネによる福音書一〇章一四節）と語っているように、自分の名前を呼んでくれる牧者に牧場の草へと案内され、飲み水を与えられ、常に安全な場所へと導かれてゆく羊の姿である。

そこには自らの内に引き籠る自己満足ではなく、牧者の言葉によって先導され、より良い牧草地へと案内される羊の信頼と、これから来るべきものに対する開かれた期待感とがある。[39]

ベーメはルター派教会の忠実な信徒であり、教会の存在価値そのものに対する何らの反抗心もなく、ただひたすら自らの心の内に起こりゆく不安の克服や信仰の確証を得たいと考えていただけであった。それが結果として、教会制度の中に安住する信徒の怠惰な姿が目に付くようになり、ベーメに「果たしてこれでキリスト信徒はよいのだろうか」という疑問が湧き出したということはすでに前章で述べたとおりである。「わたしは良い羊飼いである」というキリストがさらに、「わたしの羊はわたしの声を聞き分ける。わたしは彼らを知っており、彼らはわたしに従う。わたしは彼らに永遠の命を与える。」（ヨハネによる福音書十章二十七節－二十八節）と語る福音書の言葉を読んだベーメは、おそらくは彼に直接に語りかける神の言葉として聞き入ったことだろう。そしてその体験は、羊が牧者の声に聞き従うように、ベーメもまた、その言葉を彼自身の臓物を貫通するような、強烈な光の輝きをそこに見ようとしたことがあるに違いない[40]。

直接に聖書の言葉を神からの語りかけとして受容するベーメの姿は、使徒パウロが言うように「聖霊によらなければ、だれも〈イエスは主である〉とは言えないのです。」（コリントの信徒への手紙第一、十二章三節）ということを身をもって体験した人間の記録でもある。聖霊によるマリアの母胎からの神の子の誕生は、ベーメにとっては、神に創造された人間が、神のイメージとして創造されているがゆえに、自らの心身においても追体験できることであったのである。聖霊によって、マリアの胎内にイエスが宿ったように、神の言葉は聖書の文字の中から浮き彫りになり、その言葉を信じる者のうちに、神の子を孕むのである。その浮き彫りになった言葉は、その証に、「イエス」という名前として音楽のように人間の心に響き渡り、人間は神の身体を自らの内に再現することになる。

こうした直接的な聖霊体験こそがベーメの神秘思想を貫いているものである。[41] ベーメの三位一体の思想において、「父」なる神の身体の中で、生命を維持するための血液を循環させる心臓を「子」なるイエスであるとして、その循環の助け手を「聖霊」になぞらえているのは、ベーメが、人間の身体全体で神を体験することで、初めて神は人間に宿り、そこから神の言葉である子なるキリストが聖霊によって成長し、大きな枝を茂らせるようになる、と考えていたことから来るのである。[42]

このように神の身体を自分のものとすることで、人間は新たにキリストという着物を身に着けて、神の目に正しい者として認められ、救いに与ることになる。つまり、この世界では原罪は消えることがないが、その原罪を神から見えなくするための着物がキリストだということである。使徒パウロが「主イエス・キリストを身にまといなさい。」（ローマの信徒への手紙、十三章十四節）と言うとおりである。

ベーメはすでに述べたように「全人格的に」神と人間とを把握しようとしたが、それはあくまでも両者の関わり合いが、人間の離れることのできない心身（肉体）という軸を無視しては、いかなる神学や哲学も人間の再生へと繋げてはくれないだろうと考えた結果であった。

結び

聖霊の助けを得て、神の肉と血とに入ることで、人間はキリストという衣を身に着けて、新たな「第二のアダム」へと再生、回復されることになる。ベーメによれば、天地創造の初めの原罪に染まってしまった「アダムが失ったものすべてを回復すること」(『すべての本質の誕生としるしについて』七章三七節)こそが、人間の心身を満たしてくれる第二のアダムの到来、つまり再生であった。[43]

ベーメの影響を受けたシュヴァーベン敬虔主義の思想家であるルター派の神学者フリードリヒ・クリストフ・エーティンガー(一七〇二—一七八二年)は「肉体こそは神のわざの完成である」[44]という有名な言葉を残しているが、これは肉体なしには再生はありえないという、ベーメの聖霊論的な神秘思想の核心を突いたものであった。マリアから生まれ、成人し、十字架に架けられ、死んで葬られたイエスというナザレ人は、人間として生きた。しかしながら、そこでイエスは、聖霊によって誕生し、復活したのちに、自らの代理人である聖霊を弟子たちに送った、ということを注視しなければならない。つまり復活する人間の初めての例として、「しかし、実際、キリストは死者の中から復活し、眠りについた人たちの初穂となられました。」(コリントの信徒への手紙第一、十五章二十節)とあるように、聖霊を派遣するための準備を、その誕生と死と復活とによって整えたのである。このキリストの生涯の経過に目を留めて、深化させることで、人間は、人となった神の子という、「神の肉と血」における成長と発展と成熟とを認めることができるのであり、同時にその成熟を自分の心身にも反射させて、我がものとして受容することができるのだ、とベーメは考え、望んだのである。

敬虔主義を経て、一九世紀後半からドイツを中心に活発になったいわゆる信仰覚醒運動の目指したものは、人間が個人として神を体験して、そこから新生、或いは再生がはじまる、というものであった。[45] 個々の人間が自らの信仰の成長に責任をもって、また罪人である人間に対する神の憐れみの眼差しを身体に感じながら、キリストの身体、言い換えれば、教会の礼拝においてだけでなく、自らの普段の生活の中にも直接的にキリストを感じながら生きるという、ひとつの身体を建てあげようとするベーメの神秘思想は、ここでも直接的・間接的にこの運動のなかで息づいているようである。こうした覚悟は、ベーメに限らず、それぞれの思想的特徴の違いはあるにせよ、教派間の軋轢や科学の進歩に伴って変遷するバロック時代の国家観や政治体制の、緊張に満ちた、激しい波紋のただなかでは、すべての思想家にとって共通したものであり、さらに、その覚悟はもっぱら、自らのキリスト教信仰を守護し、確固としたものにしようとする強い意識からもたらされたものでもあった。[46] そのひとりがベーメであったわけである。

例えばベーメと同時代人であったルター派牧師であり、賛美歌の作詞・作曲家としても有名なフィリップ・ニコライ（一五五六－一六〇八年）のキリストの公現を祝う「なんと暁の星は美しく輝くのか」（一五九九年）の歌詞を見てみると、[47] キリストに対する飽くなき愛の歌が認められる。「あなたの甘美な福音」によって「乳と蜜の溢れる」ような「天のマナ」を食べて、「あなたの言葉、あなたの霊、あなたの肉と血、それらが私を内側から慰めてくださる」ことで、天使の軍勢と共に「甘美な音楽を奏で」ながら「いとも麗しい花婿イエスとともに」「いつまでも愛の中に生きたい」という、イエスに対する神秘的婚姻を思わせる歌の調子から、やはりベーメ的な神の身体性に対する激しい感情移入が読み取られるが、それはベーメが求めていた、自らの生き方のただなかにキリストを迎え入れて、キリストと寝食を共にして、キリストの身体の中で再生を願うという姿勢の明確な表現であったわけである。

現代フランスの思想家ミシェル・アンリ（一九二二―二〇〇二年）のキリスト教的現象学は、図らずもベーメの聖霊論的な言葉のプロセスを再構築するようなものであった。神が自らを見出すために発声された言葉は、キリスト自身であるが、その言葉が神から発せられた瞬間に、言葉は神の内で反響して、その音を聴く者を聖霊によって、神へと引きつけてしまう。なぜなら神の言葉は生命を与える力そのものであり、それを聴く者をすべて自分に引き寄せて、彼らに神の生命を与え、その神の命の中で人間は神の心臓の鼓動を聴くことになる。その鼓動は神の心臓であるキリストの声であり、その響きによって人間は育てられ、成長し、甘い実を結ぶ神の葡萄の木へと繋がってゆくことになる。まさにベーメの生きていたバロック時代の特徴でもある、肉体というものへの飽くなき関心がアンリにも流れており、ここにもアンリの極めてベーメ的な身体性への深い考察によって、現代思想界への絶え間ない暗示が今もなお与え続けられている。[48]

再生のテーマは、ベーメにおいては、人間の不完全で善と悪とに分裂した身体そのものを軸にしながらも、その分裂を、「分解」して、音楽的な調和へと導こうとする、心身の回復のプロセスであったのではないだろうか。

［註］

1 征矢野晃雄『黎明（アウロラ）』牧神社、昭和五十一年。

2 南原実『ヤーコプ・ベーメ―開けゆく次元』牧神社、一九七六年。これは征矢野『黎明（アウロラ）』と二冊合本で刊行された。Cf．岡村康夫『無底と戯れ―ヤーコプ・ベーメ研究』昭和堂、二〇一二年刊。

3 Gerhard Wehr: *Jakob Böhme* (=Wehr), Reinbek bei Hamburg 1971 1991, pp.7-8.

4 Ferdinand van Ingen: *Jacob Böhme und die Natursprache. Eine Idee und ihre Wirkung* (=Ingen), In: *Erkenntnis und Wissenschaft. Jacob Böhme (1575-1624)*, Internationales Jacob-Böhme-Symposium 2000 (=*EW*), Oettel 2001, p.124.

5 „Melanchton“, In: *Die Religion in Geschichte und Gegenwart*, 3.Auflage (=*RGG*), Tübingen 1986, vol.4, pp.834-841; *Die Religion in Geschichte und Gegenwart*, 4.Auflage, Tübingen 2002, pp.1007-1009. Cf. „Melanchton“ In: *Theologische Realenzyklopädie*, Berlin, New York 1992, vol.22, p.390-393.

6 Martin Brecht (ed.): *Der Pietismus vom 17. bis zum frühen 18. Jahrhundert, Geschichte des Pietismus*, vol.1, pp.208, 211-212. Göttingen 1993.

7 „Weigel“, In: *RGG*, vol.6, pp.1560 - 1561.

8 Jakob Böhme: *Aurora, oder Morgenröthe im Aufgang* (=*Ar*), vol.1, 26,50, In: *Jakob Böhme Sämtliche Schriften*, Faksimile-Neudruck der Ausgabe von 1730 in 11 Bänden (=*SS*), Frommann-Holzboog 1986.

9 本稿における聖書からの引用は新共同訳聖書（日本聖書協会、二〇〇二年）を用いる。

10 マリアが原罪なくして生まれたという教義「無原罪の御宿り」がカトリック教会の思想の中にはある。『新カトリック大事典』（研究社、二〇〇九年）第四巻、九二九－九三〇頁「無原罪の御宿り」の項目を参照。

11 Ernst Benz: *Der vollkommene Mensch nach Jacob Böhme*, VII, Stuttgart 1937.

12 *Christosophia, oder Der Weg zu Christo* (=*WChr*), *SS*, vol.4, *Das 4. Büchlein: De regeneratione oder von der Neuen*

Wiedergeburt, 8, 6.

13 *Mysterium Magnum* (=*MM*), *SS*, vol. 7, 28, 56.

14 *De testamentis Christi*, oder *Von Christi Testamenten*, *SS*, vol.6, Vorrede 16.

15 Wehr, p.18.

16 Burkhard Dohm: *Poetische Alchemie. Öffnung zur Sinnlichkeit in der Hohelied- und Bibeldichtung von der protestantischen Barockmystik bis zum Pietismus*, Tübingen 2000, p.4, Anm.6.

17 Ingen, p.118.

18 *De incarnatione Verbi*, oder *Von der Menschwerdung Jesu Christi* (=*Mw*), *SS*, vol.4, I,12,17.

19 *De signatura rerum*, oder *Von der Geburt und Bezeichnung aller Wesen* (=*SR*), *SS*, vol.6, 4,8; 8,10; 10,8.

20 *Clavis*, oder *Erklärung der vornehmsten Puncten und Wörter*, *SS*, vol.9, 67.

21 *Mw*, II,1,8.

22 *Quaestiones theosophicae*, oder *Betrachtung Göttlicher Offenbarung* (=*BgO*), *SS*, vol.9, Fr.3, 21.

23 Gershom Scholem: *Die jüdische Mystik in ihren Hauptströmungen*, Frankfurt am Main 1980, pp.259-260; 285-290.

24 *MM*, *SS*, vol.7, 3,25.

25 *De electione gratiae*, oder *Von der Gnaden-Wahl* (=*GW*), *SS*, vol.6, 3,18.

26 プロテスタント神学者である北森嘉蔵（一九一六－一九九八年）の『神の痛みの神学』（講談社、一九八六、一九九〇年）におけるように、神が自らを犠牲にして痛みを感じるということに注目される。アブラハム・J・ヘシェル（一九〇七－一九七二年）のユダヤ神学においてもこの側面は強調される。

27 *Ar*, 10, 35-39.

28 *Mw*, II, 3,10.

29 *De triplici vita hominis, oder Vom Dreyfachen Leben des Menschen*, *SS*, vol.3, 5, 21.

30 *Ibid*. 5, 21-22.

31 *GW*, 2,15.

32 *BgO*, 10,3-7; 11,2.

33 Eberhard H. Pältz: Glaubenserfahrungen eines lutherischen Laienchristen des 17.Jahrhunderts. Die Spiritualität Jacob Böhmes als Herausforderung für Theologie und Kirche (=Pältz). In: *EW*, p.77.

34 *Ar*, *Vorrede des Autoris*, 102.

35 *Pältz*, p.79.

36 *Mw*, I, 8,8.

37 Werner Thiede: *Mystik im Christentum. 30 Beispiele, wie Menschen Gott begegnet sind*, Frankfurt am Main 2009, p.235-238.

38 *Ibid*, p.238..

39 *Ibid*.

40 *WChr, Das 5.Büchlein, Vom übersinnlichen Leben, 37*.

41 *Pältz*, p.80.

42 *Ar*, 3,23.「子は父の内なる心臓であり、父のすべての諸力から永遠に生み出され続け、父の諸力を再び輝かせるお方である。」

43 *SR*, 7,37. Cf. Pältz, p.82.

44 Friedrich Christoph Oetinger: *Biblisches und Emblematisches Wörterbuch. 2.Nachdruckauflage der Ausgabe*, Stuttgart 1776, Georg Olms 1987, In: *Emblematisches Cabinett IX*, p.407.

45 Gustav Adolf Benrath: *Die Erweckung innerhalb der deutschen Landeskirchen. 1815-1888*, In: Ulrich Gäbler (ed): *Der Pietismus im 19. und 20. Jahrhundert, Geschichte des Pietismus*, vol.3, p,155, Göttingen 2000.

46 Dieter Breuer: Vorwort, In: *Religion und Religiosität im Zeitalter des Barock. Wolfenbütteler Arbeiten zur Barockforschung*, vol.25, Wiesbaden 1995, XX.

47 Cf. Nr.70, In: *Evangelisches Gesangbuch* (Ausgabe für Evangelische Landeskirche in Baden, 1996 2.Auflage, Karlsruhe); Cf. Nr.357, In: *Gotteslob. Katholisches Gebet- und Gesangbuch* (Ausgabe für die Diözese Rottenburg-Stuttgart, 2013, Stuttgart). さらに日本語の「讃美歌２１」(日本基督教団出版局、一九九九、二〇〇二年）では二七六番である。

48 Michel Henry: *Christi Worte. Eine Phänomenologie der Sprache und Offenbarung*, Freiburg München 2010, übersetzt aus dem Französischen von Maurice de Coulon und mit einem Nachwort von Rolf Kühn (fr. *Paroles du Christ*, Editions de Seuil 2002), p.139-151. Ｃｆ．武藤剛史訳、ミシェル・アンリ『キリストの言葉—いのちの現象学』（白水社、二〇一二年）。

II 近代：新しい人間の創造

シラーの美的「群体」とトランブレーの「ヒドラ・ポリプ」

坂本貴志

はじめに

人間の美的教育に関するフリードリヒ・シラーの議論には、十八世紀に発見されたヒドラ・ポリプの生態の発見が大きく影響を及ぼしている。シラーの議論は、その背景にヨーロッパの伝統的な観念である「存在の連鎖」のイメージがあり、このイメージには万物照応の類推的思考方法と神人同形論とが見て取れる。その「存在の連鎖」の観念が変容するためのインパクトを与えた二つの契機、つまりコペルニクスによる宇宙論の革命と、進化論へとつながる生物学上の発見という二つの事件を眺めつつ、シラーが万物照応の思考方法に基づき、新しい人間と社会の理想を、ヒドラ・ポリプとその群体のモデルに基づいて展開する様相を考察してみたい。

一 「存在の連鎖」とヒドラ・ポリプ

十八世紀ヨーロッパの思想家にとって、最もセンセーショナルな生命の「再生」のイメージを担ったのは、新しく発見された、淡水性ヒドラ・ポリプの再生能力である。ここでの「再生」の意味は複数ある。ひとつには、ヒドラ・ポリプが無性生殖によって自らを増殖させていく不死性の意味での再生、二つには、切断されたヒドラ・ポリプの断片が、自らの単体を完全に再構成するという意味での再生、三つにはヒドラ・ポリプが群体を形成し、[1]（図1）この群体の中で各ポリプ部分が捕獲、消化、生殖器官などに機能分化しつつ、有性生殖によって次の世代を生むという意味での「再生《レゲネラチオーン》」、四つには、「再生《レゲネラチオーン》」によって生まれるたったひとつのポリプが、さらに群体を構成し「再生《レゲネラチオーン》」を行う意味での「再生」である。

淡水性ヒドラを特殊なレンズ、一種の顕微鏡によって観察し、切断や様々な条件における群体構成の実験を行い、その報告を一七四四年に『淡水性ポリプのひとつの種に関する学に貢献するための研究報告（Mémoires pour servir à l'histoire d'un genre de polypes d'eau douce）』において発表したのは、ジュネーヴの動物学者アブラハム・トランブレー（一七一〇－八四年）である。電気の発見と並んで、十八世紀における最も顕著な発見とみなされたヒドラの生態の発見は、各国大使がヒドラ研究の進展を自国政府に報告する義務があるとみなしたほどのインパクトをもち、トランブレーは、今日はほとんど忘れ去られた存在ではあるものの、科学史上最初の実験発生生物学者と見なされる。[2]トランブレーの書は一七七五年に、クヴェードリンブルクの牧師兼動物学者ヨー

図１　ヒドラ・ポリプの群体。,Philosophical Transactions' (1746), Vol. 44 より。

ハン・アウグスト・エーフライム・ゲーツェ（一七三一－九三年）によってドイツ語へ翻訳がなされたが、その際にはトランブレーのその後の研究報告の翻訳とゲーツェ自身の考察とがあわせて紹介された。

ヒドラの生態の発見がなぜセンセーショナルであったのか。それにはまず当時の自然観における事物の博物学的な相関関係を眺めてみる必要がある。十八世紀当時のヨーロッパで支配的であったのは、「存在の連鎖」という古典的な自然観であり、そこでは、鉱物、植物、動物、人間、天体、天使という、地球上の無機的な事物から、有機的な事物、神に近い存在者が、完成度のスケールに応じて自然世界において階層的に序列するとイメージされる。「存在の連鎖」、あるいは「存在者の階梯」というこの観念は、十八世紀のドイツ文学に少なからぬ影響を及ぼしたイギリスのアレクサンダー・ポープ（一六八八－一七四四年）の詩『人間論（An Essay on Man）』（一七三三－三四年）の中で次のように表現されている。[3]

見るがよい、この空、この海、この大地を埋めて、
あらゆるものが生々躍動し、誕生している。
上には生命がなんと高くまで進出し、
周囲はなんと広く、下はなんと深く延びていることか。
存在の巨大な鎖！　それは神に始まり、

天のもの、地のもの、天使、人間、
けだもの、目に見えぬもの、鳥、魚、虫、
望遠鏡のとどかぬもの、
無限から汝へ、汝から無へ――
上なる力にわれらがつづくとすれば、
下なる力は我らにつづいている。
さもないと、完全なる創造に間隙ができて、
踏段の一つが折れても、大階段の全体が崩れるのだ。（第一書簡第八節）[4]

「存在の連鎖」という観念から読み取ることができるのは、四大として考えられるような大地の構成要素から、人間を含むさまざまな生物、天体、そして物質世界を超越した存在である天使たちが、それぞれの階梯の上に分類されながら、神を頂点として神に近しい順番に序列し、鎖のように緊密に互いに連係しながら、全体として世界を構成するというイメージである。そこでは天体や昆虫のように、今日の科学の対象としては全く異なるジャンルのものが、ひとつの力によって様々な階梯における媒介項を挟んで互いに結び合わされてある。こうした自然世界観に特徴的であるのは、ひとつの階層上に位置づけられる存在が、その上位と下位の階層の存在たちと、差異を持たされつつも、互いに連絡を持つ点であり、それは、存在者たち相互の照応関係と

して理解される。この「存在の連鎖」のイメージにおいては、図2、3に見るように、人間は地球上の生物の最高位にあって、人間のすぐ上に、当時は知性をもった存在であると考えられた様々な天体が位置しており、そして天体は、かつての占星術で流布したように、人間に影響を及ぼすのである。人間という視点から眺めるのであれば、人間は、様々な媒介を受けてであっても、最上位の神ともまた照応する関係にあり、地上の生物の最高位にある人間は、「神は自分の像《かたち》に人を創造した」（創世記一：二七）[5]との言葉にある通り、神の似姿をとると考えられる。それゆえ、「存在の連鎖」の思想の根本にある照応関係の考えに基づくならば、神の姿は、あらゆるレベルで姿を変えつつも認められるだろう。それが宇宙全体をもまた人間の姿として想像させ、マクロな人間が宇宙であるとするならば、人間はミクロ・コスモスであるという了解が生じてくることになる。（図4）

こうした伝統的な観念に決定的な影響を及ぼすのは、しかしヒドラ・ポリプの発見が最初ではない。ヒドラの生態を発見したレンズはまず始めにマクロ・コスモスの世界を探査することによって、「存在の連鎖」のイメージに変容を迫った。ルネサンスの終わりに望遠鏡のレンズがマクロ・コスモスに向けられる頃、コペルニクスによって提起された新しい宇宙論の中で地球は太陽の周りを回ると発見される。[6]ガリレオは、望遠鏡による観測によって、月にも地球と同じような山や渓谷があり、さらには木星には衛星が付随することを報告したが、[7]それは、宇宙における地球の中心性と特異性とを剥奪することになる。というのも、太陽を中心として周回する地球と

図2　カバラ学者ライムンドゥス・ルルスの書『認識の上昇と下降についての書』（1512年版、初版は1304年）より。図では「結合的な知」をもつ人間が左手に「知の階梯」と名付けられた円盤をもち、この円盤に記された知と認識のためのさまざまなカテゴリーを回転させ組み合わせることで自動演算的に導かれるままに、「知の階梯」を昇り行く様が描かれている。この図には下から、「石」、「炎」、「植物」、「愚鈍なるもの」、つまりは知性なき動物、「人間」、「天体」、「天使」、「神」がそれぞれ、下位から上位のレベルの認識対象として順に「知の階梯」に並んでおり、その階梯を結合術に通じた人間が上昇する。階梯の上部に門と城壁に囲まれた都が描かれており、その上には「叡智が自らの家を建てた。」と読まれる。神は叡智によって自らの家、すなわち世界を構築し、その叡智へと結合術によって到達する者は、神の領域に達すると、図からは読むことができる。

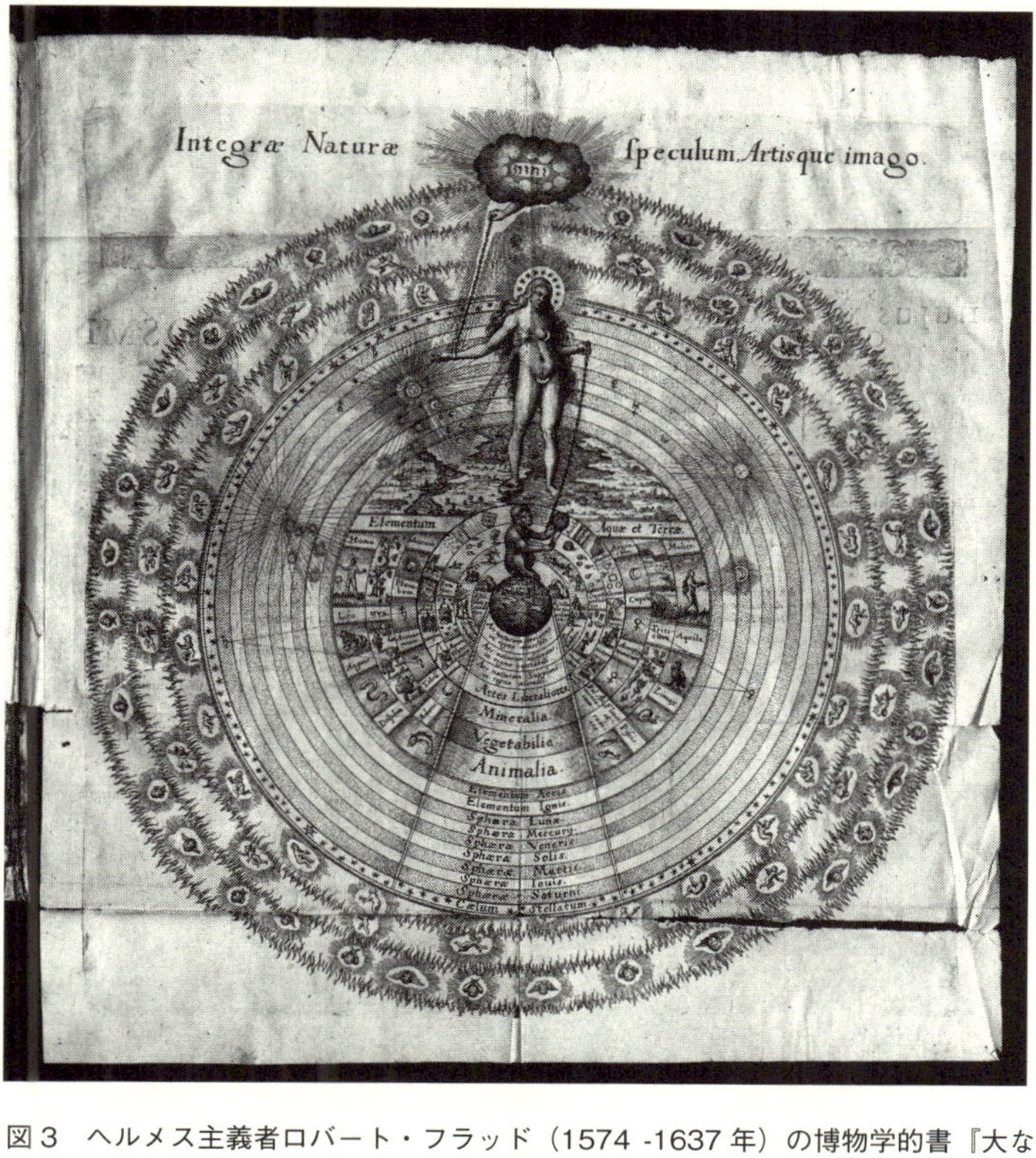

図３　ヘルメス主義者ロバート・フラッド（1574 -1637 年）の博物学的書『大なる宇宙は無論、小なる宇宙の二つの世界の形而上学的、さらに形而下的、技術的研究』（一六一七）の第一巻巻頭図版「完全な、鏡像的自然と学芸のイメージ」。この図では、一番上に位置するヤハウエから手が伸びているが、この手は鎖を握って、自然の象徴となる乙女を支配している。その乙女もまた鎖を握り、神の作った自然を「真似る＝学ぶ猿」によって表される人間と結ばれている。

図４　ロバート・フラッド『超自然的、自然的、前自然的、反自然的小宇宙の研究第二巻』（1619 年）の巻頭図版は、マクロ・コスモスとミクロ・コスモスの照応としての人間を描いている。

木星との同質性は、新星の出現と彗星の運動を根拠として、全宇宙空間の同質性をさらに導き出すに至り、これによって月下世界と月上世界を区別するアリストテレスの宇宙論は反駁されることになる。全宇宙空間の同質性の中では、太陽もまた特異性を失い、恒星天における恒星、つまりは、遥かな遠方に位置する恒星のひとつひとつが太陽と変わらぬものとなり、かつて閉じられた有限なる空間として捉えられた宇宙は、無限なるものとして想像されるようになる。[8]「存在の連鎖」を支えた思考様式である、万物に照応をみる類推的思考は、こうした宇宙観の革命に際しては、無限なる宇宙には無限の恒星系があり、その恒星系の中にはそれぞれ知的生命体が住むという「世界の複数性」についての観念を生み出すのである。

近代的な宇宙観への変容は、中心を巡る人間の視点の交代だけを意味しなかった。ルネサンス期に至るまでヨーロッパ圏を支配したこの宇宙観の中で、地球は宇宙の最も低き場所にあり、塵芥の溜まり場のようなところではあっても中心の座を占めていた。アダムとイブの楽園追放とこの原罪を贖うキリストの降臨というそれぞれ一回限りの出来事は、地球が宇宙の中で占める特権的な中心という位置と一体の関係にあった。しかし近代的な宇宙観の中で、もはや宇宙の中心ではなく、無限性の中の寄る辺なき島となった地球上の存在である人間は、神との特別な関係を失う。「存在の連鎖」における天体の世界の部分は、無限に拡張を受け、その無限の世界には無数の知的生命体が住まうと想像され、それが「世界の複数性」として了解される。万物照応のひとつの尺度としての人間が、神の像を映し出すとしても、その像は、かつてのプトレマイオス的宇宙観がもった天動説の中における程には、明瞭ではないだろう。ましてやマクロ・コスモス自体が、人間の想像力を越えた無限であるとみなされるとき、そこには有限な姿をした人間をミクロ・コスモスとして投影することは難しくなる。残るのはただ、照応関係の中で保持される神の像が、無限となった存在の連鎖の中で登場するというイメージである。そのイメージは、例えば、ライプニッツの『モナドロジー』（一七一四年）の中に確かな痕跡として読み取ることができる。

創造された事物全てがおのおのの事物に対してと、おのおのの事物が他の全ての事物に対して持つこの連係と適応によって惹き起こされるのは以下のことである。すなわち、単純な実体はどれも、他の実体全てを表現する関係をもち、それは結果として宇宙を映し出す生きた永遠の鏡なのである。[9]

「単純な実体」、すなわちモナドは、表象を行うための知覚の明瞭さの程度は様々ではあるけれども、しかし宇宙全体を表象するのであり、またモナドは有機的な組織を無限の階層において繰り返し形成しつつ、その各階層の有機体部分においてもまた宇宙が表象されるとライプニッツは考える。生ける「物質のおのおのの部分は植物に満ちた庭園と魚に満ちた池として理解可能なのである」[10]。神のみが宇宙を完全に表象することができるとされるのであれば、宇宙を表象する完全性の度合いに相応して「存在の連鎖」が存在するとのイメージは、なおこの段階でも保持可能となる。

微小な部分にも繰り返しなおミニチュアの世界が見て取れるとするライプニッツの思想には、人間観の変容を迫ることになったレンズが、ミクロな世界へと向けられた結果得られた知見の影響が既に見て取れる。このレンズによるミクロな世界のさらなる探究が、先のポープの詩句に見たような十八世紀においてなお生き長らえる「存在の連鎖」のイメージに新たなインパクトを与えることになる。体長が単体で五‐十五ミリのヒドラの生態は、レンズによる視覚世界の領域の新しい拡張がなかったならば、そもそも知りえなかったことだろう。（図5）

トランブレーによって驚くべき発見として報告がなされるのは、まず第一に以下の事柄である。

ポリプを、**横**でも**縦**でも、二つあるいはいくつかの部分に切断してみるならば、その結果は、切断されたどんな部位もふたたび完全な一つの動物体となり、切断された断片は誠に目覚ましくも、自分に欠けているものを再び生やして獲得し、一つの完全なポリプになる、というものであった。[11]

ヒドラの不死身の再生能力は、今日においても目を見張るような、興味深い生態ではある。だ

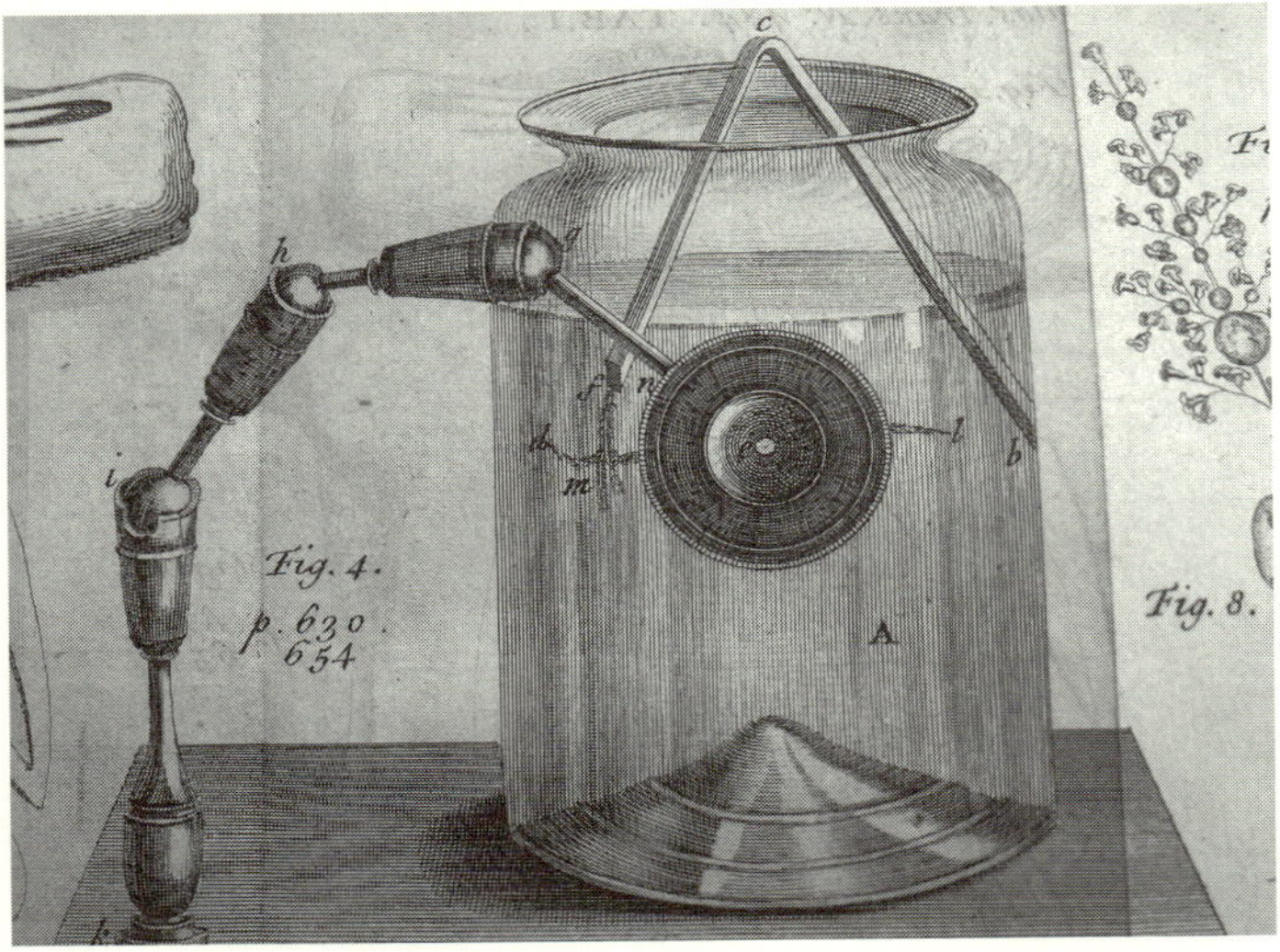

図５　トランブレーが研究に用いた水槽と顕微鏡。‚Philosophical Transactions‘ (1746), Vol.44 より。

が、それが目を疑うほどの驚異として受け止められたのは、それまでの生命観と自然観に根本的な動揺を与えるものであることが直感されたためであるだろう。というのもヒドラ・ポリプの存在は、「存在の連鎖」の観念に、アンビヴァレントな影響を与えたと考えられるからである。「存在の連鎖」の観念を積極的に補強する側面としては、ひとつには、部分が全体を再現するという、ヒドラ・ポリプの生態が、「存在の連鎖」の根幹にある万物照応の思想モデルを現実的に証明するサンプルとして機能した側面が挙げられる。[12] さらにヒドラが共生して構成する群体において、あたかも植物が果実を実らせるが如く、次世代の個体を孕むという性質は、「存在の連鎖」が理論的には必要とした段階的な存在項の連鎖のイメージを強化するものとなる。というのも、植物と動物の中間的存在として、しかし動物種の最も下等な存在としてヒドラが位置づけられることにより、植物種と動物種の間に存在するはずの「ミッシング・リンク」がヒドラの存在によって埋められることになるからである。[13]

だが一方でこの「ミッシング・リンク」は「存在の連鎖」に段階的連続性を与えることにより、階梯のイメージを弱め、反対に種が連鎖する側面をより強調するようにも受け止められる。そうした展望は、種そのものの階梯的区分けを無意味化し、種の連続的変化ないしは階梯の上昇可能性を可視化することによって、ひいては種の進化という、「存在の連鎖」に変わる自然観を生み出す可能性を持つのである。その意味でヒドラ・ポリプの発見は、単に生物学の分野における新しい知見にとどまらず、「存在の連鎖」という伝統的な観念、とりわけ、連鎖の中心に位置した人間観にも影響を与えずにはおかない。その影響の一つの積極的な様相が、シラーの人間論には見て取ることができる。

二 シラーの『美的教育書簡』における美的「群体」のイメージ

シラーの人間論は、そもそもの始めにおいて、宇宙全体あるいは自然の総体を視野に入れて形成されている。そしてこの場合の自然は、シラーが後に展開する「素朴」としての自然ではなく、「神即自然」、つまりは神的なものの表出される自然である。そうした神的な自然というものを、シラーは次に見るように、『哲学的書簡』（一七八六年）の中の「ユーリウスの神智学」、「**神**」と題される節において描写している。

宇宙にある全きものはすべて、神の中で統一されている。神と自然は完全に等しい二つの大いなるものである。神的な実体の中で**合わさって**存在する、調和的な活動の総和が、無数の等級、尺度、階梯へと**個別化されつつ**、この実体の写しである自然の中にある。自然とは（比喩的な表現を許して欲しい）無限に分割されたひとつの神である。[14]

ここからは、神が自然そのものと等しく、自然は神の写しであり、この写しは、一者である神の無限な分割として現れ、この分割は「等級、尺度、位階」をもちつつも、そこにはまた神の調和が反映されてある、と読み取れる。自然を、無限の差異化とその階層的な統合において眺める視座は、汎神論的自然観に現れるひとつの特徴であり、また「存在の連鎖」の観念を基本的に反映している。しかしながら、中世からルネサンスへと受け継がれたミクロ・コスモスとしての人間という神人同形論が、「存在の連鎖」の観念と共にシラーにそのまま受け継がれたわけではない。「存在の連鎖」が前提としてきた地球を中心とする古代的プトレマイオスの宇宙観は、ルネサンス以後、地動説の近代的なコペルニクスの宇宙観に取って代わられゆき、シラーの時代までには恒星の一つ一つをそれぞれの太陽系の中心と見立てる「世界の複数性」の観念が浸透するに至っており、これは太陽系と太陽系外の諸惑星の上に知的な存在者たちを至極当然のものとして想定したのだった。そうした新しい宇宙像の中では、「存在者の階梯」で人間が占めた地位というものもまた変化し、地上での人間の最高位は必ずしも、「世界の複数性」の中での最高位を意味しなくなる。古代的な世界観の中で神から見て天使と天界の次という順位で人間が「存在者の階梯」の中で占めていた中位が、「世界の複数性」、つまりは全宇宙における知的存在者と比較しての中位としてあらためて意識されるようになる。そのような中位にある人間は、しかし、「魂の不死性」あるいは輪廻転生という形で、「知の階梯」を無限に上昇するという、新しい観念が十八世紀には生じてくる。レッシング（『為になる天文学』一七四八年）、カント（『天上界の一般自然史』一七五五年）、ヘルダー（『人類史の哲学についての考察』一七八四-九一年）、クライスト（一八〇一年三月二二日、ヴィルヘルミーネ・フォン・ツェンゲ宛の手紙）など、十八世紀の様々な思想家と文学者のテクストに、そうした人間の進化的再生の夢は繰り返し語られており、シラーもまたそのような観念を基本的には共有していることが、例えば『人間の動物的性質と精神的性質の関連についての試論』（一七八〇年）という論文の中にみることができる。

物質はその最終的な要素にまで再び分解し、この要素は別なる形と関係の中で自然界を遍歴し、他の意志に仕える。魂は去りゆき、他の世界でその思考力を働かせ、宇宙を他の側から観察する。魂がこの天体をまだちっとも極め尽くしてはおらず、もっと完璧な形で去ることもできたはずだ、と言うことはもちろんできる。だが、この天体がその魂にとって無駄であったと、一体どうして断言できようか。[15]

「存在の連鎖」の階梯の上昇、あるいは人間の魂の進化という考えは、時間の進行とともに「存在の連鎖」の知的階梯が新たに出現し、それが魂の生まれ変わりゆく場であるという考えと結びつくことによって、「存在の連鎖の時間化」という観念を生む。[16]「存在の連鎖」の中で想定される上位の「知の階梯」は、現在は存在しないが、人間の魂が再生し往く未来に、無限の宇宙にある惑星のいずれかの場所に登場すると考えられるようになるのである。

そうした「存在の連鎖の時間化」は、シラーの場合にはあらためて進化論的な発想と親和した形で理想の人間像を描く際に登場する。その際シラーは、ヒドラがその生態として示す二つの性質を、人間が個人と種において構成可能な二つの理想として描き出す。そのひとつが、ヒドラ・ポリプが単体として持つ再生の力であり、もう一つは、ヒドラ・ポリプの共生、つまりは群体の様相である。

ヒドラ・ポリプは、どんな断片であっても個体を再現する力を持っている。それは、万物が照応するという理念の現実的な証左であり、「存在の連鎖」という伝統的な観念を構成するこの基本的な考え方を現実的に根拠づける。その照応の考え方は、ヒドラを低位の存在として、より高位の存在である人間にも適用され、ヒドラ・ポリプの断片が個体を再生するその性質は、人間個人が、人間という種そのものを代表的に再現する能力をもつと捉え返される。シラーは、次のように問いを立てながら、人間存在の理想を導き出す。

ひとりひとりのギリシア人が彼の時代の代表となる資格を持つのは何故だろうか？　そしてひとりひとりの近代人が敢えてこれを試みてはならないのは何故だろうか？[17]

ギリシア人をひとりサンプルとして抽出するならば、そのサンプルの中には彼の時代の人間が種として持った性格が、濃淡の違いはあれ、すべて見いだされる。それは、ギリシア神話における神々が、そのどれひとつをとっても、そこからは人間の種族全体が浮かび上がってくるのと同様であるというのである。個人は、神話的な神々が宿している総体的な人間の理想を、それを構成する要素の配合を変えた形で有しているのであって、ここには個人と種族全体と神とが、それぞれ互いに照応する性質を持ったものとして考えられている。ギリシア人の個と全体とが持つ関係は、ヒドラ・ポリプの断片が個体を再現し、それが種そのものであるという、そうした性質を現している、とシラーは考えるのである。

対して、シラーの時代の人間は、職業的機能的な知の所有者ではあっても、ひとりひとりの人間が、種全体を機能させるための部品へと堕しているために、その性格からは人間という種が総体としてもつはずの性格が再現されることはない。シラーは言う、「我々近代人にあって、種の姿は、もろもろの個の中で拡大されて別々に投ぜられてあるけれども、しかしそれは断片としてであって、変化をつけられた混合ではないので、種が持つ総体性を拾い集めるためには、個から個へと至る所訪ね回らなくてはならない[18]」。神の似姿である人間が、個と種の双方のレベルで互いに照応する関係を回復するべきであるというのが、シラーの考える人間の一つの理想であり、それはまさしくヒドラ・ポリプの再生能力をモデルとして構想されている。

この構想がヒドラ・ポリプの生態に対する認識から生まれてきていることは、シラーが人間存在の理想のもう一つの理想を語る際に、ヒドラ・ポリプが群体を構成するという性質に言及することによって、明らかになる。

技術と学識によって内なる人間の中ではじまったこの混乱は、政府の新しい精神によって完全かつ普遍的なものとなりました。最初の共和国がもった単純な有機的組織《オルガニザツィオーン》が、最初の道徳と人間的な諸関係がもった素朴さより生き長らえるというのは、もとより望み得ないことではあります。しかし、かつての有機的組織は、より高度の動物的生命体へと上昇する代わりに、低劣でおおざっぱな機械的機構に堕落しました。あらゆる個人が独立した生を享受する一方で、必要とあらば全体になることができた、あの、ギリシアの諸国家が持っていたポリプ的性格は、いまや、まったく人為的な時計仕掛けの機構に場所を譲りました。そこでは、無限に多くの、しかし生命を持たない部品の継ぎ合わせによって、ひとつの機械的な生命が全体として形成されてあるのです[19]。

ここではヒドラ・ポリプが有する再生能力ではなく、ポリプが共生して一つの共通の体である群体をつくるイメージが、個と共同体との関係に置き換えられて語られている。つまりはヒドラの群体が、近代国家のひとつの理想として描かれているのである。

シラーがこの言葉を描くところの『美的教育書簡』が主題とするのは、絶対主義国家に代わる国家共同体の建設と、その構成単位となる人間個人の形成である。というのも、シラーは隣国フランスで、絶対主義国家である「自然国家」を「倫理的国家」へと変換する実験が失敗しつつあると見ている。「倫理的国家」とは、「ついに人間を自己目的として重んじ、そして真の自由を政治的な結合の基礎とする[20]」ための理性的な法に基づく国家を意味するが、この失敗の原因が、構成員たる人間に、性格における「総体性」が欠けているためであるとシラーは考える。絶対主義国家は「全体としてはひとつの機械的な生命体」、「複雑な時計仕掛け」であって、この中ではあらゆる構成員が与えられた規則にのみ基づいて自らを部品として形成し、他を顧みることもなく連絡することもなく、自己完結的に活動する。[21] 人間は「野蛮化」と「柔弱化」の二極化の中で共同性の精神を見失い、お互いにとってお互いが敵であり分断化されてある状況を生きている。自然を切り分ける知が性格の基本と成っている近代の人間では、その個々の性格は断片的で総体性を欠いており、全てが合わさって初めて人類全体の性格を構成することができる。だからこそ、人間の性格の中にかつてのギリシア人が持った「総体性」を回復することが必要であり、そのために「美」による人間の教育がシラーによって構想されることになる。

美的なるものによって美的なる人間が、性格の中で「総体性」を回復する形で生まれてくるというのは、まさにヒドラ・ポリプの分裂による増殖のイメージを借りており、それを社会共同体のひとつのありうべき理想としてシラーは描いている。そしてさらに、有機的機構を欠き、ただ機械的な構造をもち、その中では個が歯車のような部品として働く「力学的国家」は、群体的な「美的国家」を経て、自然の衝動を抑圧する必要を感じない、より理性的な性格を備えた個人から成る「倫理的国家」へ移行すべきであるとシラーは考える。そうしたより理性的な個人の性格をシラーは崇高と呼び、こうした崇高な性格こそが、美的な個体には付け加わらなくてはならないという。

シラーの構想する美的な個人、それがヒドラ・ポリプに匹敵する個体としてイメージされるのだが、シラーが、この美的な個人の群体が生み出す次世代の種子として、崇高な個体をさらに想い描いていることは、その『崇高論』（一八〇一年）の中に読み取ることができる。

> したがって崇高を感受する能力は、人間の本性の中で最も素晴らしい才能のひとつであり、これは、自立した思考と意志の能力を出自としてもつために我々の**敬意**を受けるに相応しく、また倫理的な人間に作用するために最も完全なる発達を遂げるに値する。美は**人間**のためにただ貢献するが、崇高は人間の中にある**純粋なるデーモン**に貢献する。そして、感性的な制限がいくらあっても、純粋な霊魂の法典におのれを従わせるのがやはり我々の使命なのであるから、**美的教育**をひとつの完全な総体にし、また、人間の心の感受能力を、我々の使命とされる全領域へと向けて、つまり、感性的な世界をも超えて拡張するためには、崇高が美には付け加わらなければならない[22]。

美的なポリプの群体は、さらに発達して崇高の種子を宿さなくてはならないと、ヒドラの生態に即するならば、そのように理解されるが、この着想の根幹にあったところの、ヒドラ・ポリプの群体が行う「世代交代」のイメージは、トランブレーの著作においては以下のように描かれている。

これらの個体は、ポリプのように自分自身と同じような別のものの分裂によって形成されるのではなく、群体の枝から生ずるが、それは、ひとつの木の花や果実が同じ木の枝から生まれるのとちょうど同じである。[23]

そのようにして生まれる一個の個体が全体を再現し、かつ新しい世代全体を進化的に再生することになるのだが、ここにシラーは、人間個体の進化的なイメージと、共同体そのものの進化の理想を重ねるのである。

シラーがトランブレーを読んだ直接的な形跡は見つからないけれども、シラーがカール学院時代に師事したアーベルにはトランブレーに関する言及が見いだされ[24]、おそらくは早い時期からアーベルを通してシラーは、トランブレーによって開かれた新しい生物観の展望に親しんでいた可能性がある。そして『美的教育書簡』には、この新しい生物観の知識によって裏付けられる、新しい人間の形成と——それは実際には人間の進化の、意識的な方向付けであるはあるが——、新しい人間たちによって群体的に形成された人間社会から枝分かれしてゆく、新しい種としての崇高な個体の形成の夢とが語られているのである。

三　ヘッケルの進化論と人間の理想

ヘッケルはのちに『自然の芸術的形態』（一九〇四年）の中で、トランブレーのいうこの果実に相当する新しい世代の種子を、ヒドラ・ポリプの一種である「カンパナリエ」に即して図示しながら、「より高度に有機的組織化をされたメドゥーサ」と呼んでいるが、（図6）「より高度に有機的組織化をされた」とのこの形容詞の中には、種そのものの進化が含意されてあるだろう。事実トランブレーもまた、群体から生まれでる個体が、動物であるにも関わらず植物の種子のような性質を備える点について、そこには動物種と植物種がそれぞれの起源において共通してもっところの「相似性」が認められると指摘する。[25] これは先に示した植物種と動物種を繋ぐ「存在の連鎖」の項、すなわち「ミッシング・リンク」が、ヒドラ・ポリプにおいて発見されたものであるのを示唆すると同時に、動物種と植物種の起源に認められる「相似性」、ないしは同質性を指摘することによって、植物から動物への進化という、あたらしい生命観への道を開いてしまったのに等しい。そして、そうした進化論的な生命観の中では、かつて人間が「存在の連鎖」の中で中心として位置づけられた歴史が、またしても相対化されざるを得なくなる。

進化論は、人間へと至る進化の歴史そのものを偶然的であると見なして、人間の姿を神の似姿に重ね合わせる視点を根本的に疑わしくする一方で、ヘッケルのように有機的組織化の高度化に必然的な意味を読み込み、人間そのものを目的とする進化の歴史を構築する可能性を開く。ヘッケルは『有機的組織の一般形態学』（一八六六年）の結論部にて、有機的および無機的な自然全体

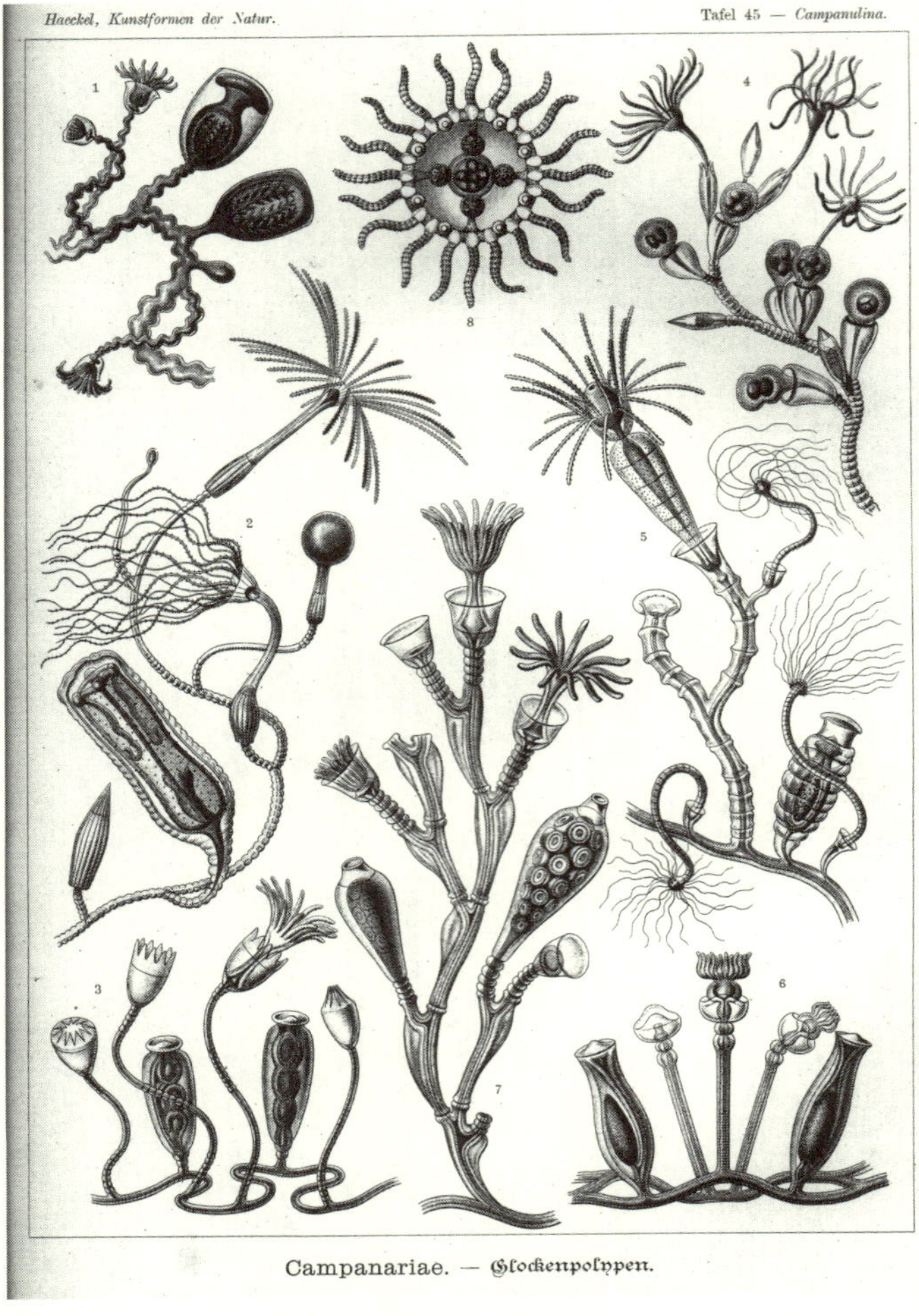

図６　エルンスト・ヘッケル『自然の芸術的形態』より「ヒドラ・ポリプ綱カンパナリエ目」の様々な生態。８（最上列中央）が「メドゥーサ」。

が、一なる神の因果論的な生成による結果存在するものとみる一元論の考えを導くが、その一元論とは結局のところ、「神即自然」の「崇高なるイメージ」と一致するものに他ならず、この認識を行う能力を有するのが、「あらゆる動物の中で最も完成された動物[26]」であるところの人間であると考える。「因果論的な生成」とは、「徹頭徹尾人間に似た造物主」が、完全なる有機的組織の生成を目的として、「前の時代」の「造物」を新たなる改訂版の「造物」によって取り替えゆくことであるとヘッケルは認識している[27]。この認識自体は、ダーウィンが抱いた進化論と適者生存の考え、つまりは、「あらゆる生物を増殖させ、変異させ、強者を生かし弱者を死なしめてその進歩にみちびく一般的法則[28]」と基本的に変わることはないけれども、変化させる法則自体を神と捉えるヘッケルは、進化の法則を通して神を認識することのできる、そして、神に似た存在である人間への進化の歴史をこそ、一元的に正当化するのである。

そうしたヘッケルの議論は、シラーが人間を目的として、人間の理想的な形を語る際の論の枠組みと一見重なって見える。とりわけ、ヘッケルが人間への進化の歴史を以下のように彼の有名なテーゼによって要約するときには、シラーの思考にも見て取ることができた個と類が照応するという、「存在の連鎖」の観念が継承される中で根強く支持されてきた万物照応の考えがあらためて見て取れる。

個体発生とは、遺伝（繁殖）と適応（食物摂取）の生理学的な諸機能によって条件付けられた、系統発生の簡潔にして迅速なる繰り返しである。[29]

確かにシラーの考える崇高が、理性の自由という点で、神性への接近を意識しているとき、シラーの人間論は、ヘッケルが跡を継いだような、人間を目的とする、そしてそれが神意に叶うという意味での、進化論が含意されている。それは、本来神的なものとして形成されてある人間の、神性そのものへの、哲学的神学的な意味での「再生」であり、生物学的、社会形成的な意味での進化的な「再生《レゲネラチオーン》＝世代交代」ではある。

しかしながら、シラーの場合は、個＝ポリプは、現実ではなく、万物照応の思考モデルから導かれるひとつの理想なのであり、そこには人間が神のようであって欲しいとの夢が語られている。それは、人間への進化の歴史を事実とみる人間中心主義、そして人間の中の種の差異を、動物と人間の種の差異よりも大きいと見るヘッケル[30]の人種差別的な悪しき人間中心主義に堕す手前で、生物学的ならびに道徳的観点から人間存在の進化を期待する理想主義である。人間の歴史を、神性への発展の歴史としてなお進化の余地があると見る、その意味において、シラーの人間論は、個体発生が系統発生の繰り返しではなく、系統発生を書き換えて進化しゆくものと、構想しているのである。

［註］

1　Cf. Abraham Trembley: Observations upon Several Species of Small Water Insects of the Polypus Kind, Communicated in a Letter to the President, from Mr. Abraham Trembley F.R.S. In: Philosophical Transactions. Royal Society of London 1746, Vol. 44, pp.627-655.

2　Cf. Alfred Gierer: The Hydra model — a model for what? In: *The international journal of developmental biology*. Basque Country 2012, (University of the Basque Country Press) Vol. 56 Nos. 6/7/8, p.440.

3　ポープは十八世紀の三〇年代頃にはフランス語訳を通してドイツ語圏において受容され始め、一七四〇年にバルトルト・ハインリヒ・ブロッケスによって『人間論』原典からのドイツ語訳が出て以後その作品は無数に訳出された。ゴットシェート、ボードマー、レッシング、メンデルスゾーンとドイツ語圏文学の主導者たちは皆ポープの作品に学んでいる。Cf. J.H. Heinzelmann: Pope in Germany in the Eighteenth Century. In: *Modern Philology*, Vol.10, No.3, 1913 Chicago (The University of Chicago Press), pp.317-364.

4　ポウプ『人間論』、上田勤訳、岩波書店　二〇〇一年、三〇頁以下。

5　『旧約聖書』Ⅰ律法、旧約聖書翻訳委員会訳、岩波書店、四頁。

6　Cf. Nicolaus Copernicus: *De revolvtionibvs orbium coelestium*, Libri VI, Norimberga 1543, Liber primvs, p.10.

7　ガリレイ『星界の報告』、山田慶児、谷泰訳、岩波書店　一九七六年参照。

8　Cf. Giordano Bruno: De l'infinito vniuerso et mondi. In: *Le opere italiane di Giordano Bruno ristampate da Paolo de Lagarde*. Volume Primo. Gottinga 1888, pp.359-60.

9　Gottfried Wilhelm Leibniz: *Monadologie*. Stuttgart 1998, p.40.

10　ibid, p.48,

11　Johann August Ephraim Goeze: *Des Herrn Trembley Abhandlungen zur Geschichte einer Polypenart des süßen Wassers mit hörnerförmigen Armen aus dem Französischen übersetzt und mit einigen Zusätzen herausgegeben von Johann August Ephraim Goeze*. Quedlinburg 1775, p.4.（強調は原作者）

12 Cf. Kristian Köchy: *Ganzheit und Wissenschaft. Das historische Fallbeispiel der romantischen Naturforschung*. Würzburg 1997, p.168.

13 Cf. Arthur O. Lovejoy: *The great chain of being: a study of the history of an idea*. New Brunswick, New Jersey 2009, p.233.

14 Friedrich Schiller: Philosophische Briefe. In: *Friedrich Schiller Werke und Briefe in zwölf Bänden*. Frankfurt am Main 1992, Bd.8, p.227.（強調は原作者）

15 Friedrich Schiller: Versuch über den Zusammenhang der tierischen Natur des Menschen mit seiner Geistigen. In: *Friedrich Schiller Werke und Briefe in zwölf Bänden*. Frankfurt am Main 1992, Bd.8, pp.162-63.

16 cf. Lovejoy, op. cit., pp.242-87.

17 Friedrich Schiller, Über die ästhetische Erziehung des Menschen in einer Reihe von Briefen. In: *Friedrich Schiller Werke und Briefe in zwölf Bänden*. Frankfurt am Mein 1992, Bd.8, p.571.

18 ibid.

19 ibid., p.572.

20 ibid., p.568.

21 Cf. ibid., pp.572-73.

22 Friedrich Schiller: Über das Erhabene. In: *Friedrich Schiller Werke und Briefe in zwölf Bänden*. Frankfurt am Main 1992, Bd.8, p.838.（強調は原作者）

23 Goeze, op. cit., p.525.

24 cf. Wolfgang Riedel: Die Anthropologie des jungen Schillers. Zur Ideengeschichte der medizinischen Schriften und der

„*Philosophischen Briefe*“. Würzburg 1985, p.66.

25 cf. Goeze, op. cit., p.525.

26 Ernst Haeckel: *Generelle Morphologie der Organismen. Allgemeine Gründzüge der organischen Formen-Wissenschaft, mechanisch begründet durch die von Charles Darwin reformirte Descendenz-Theorie*. Berlin 1866, Bd.2, p.452.

27 cf. ibid, p.450.

28 ダーウィン『種の起源』八杉龍一訳、岩波書店（上）一九九〇年、三一五頁。

29 Haeckel, op. cit., p.300. このテーゼは、ヘッケルの次のテーゼの要約である。すなわち、「個々の有機的組織がその個別的存在の全時間の間を通して横断的に経験する形態変化の系列としての、個体発生、あるいは有機的な個の発達は、系統発生あるいは、この個が属するところの、有機的な門の発展によって直接的に条件付けられている。」ibid.

30 cf. ibid., p.435.

近代開始期の「新生」への夢

“Incipit Vita Nova”
Dantre: *La Vita Nuova*

今泉文子

はじめに

ドイツの一八世紀、神学（Theologie）に替わって人間学（Antropologie）が盛んとなっていき、「人間とはなにか」がさまざまに問われていく。そこではおおむね、他の動物、とりわけサル、あるいは非ヨーロッパ人と比較して――カントはさらに、上方に目を向けるようにして異星人とも比較しているが――それとは異なるものとして、〈人間〉の存在根拠が、魂、精神、理性、徳性というものに求められていく。とりわけ精神（Geist）はまさにこの時期、模糊たる霊ども（Geister）のなかからひとり脱して「近代精神」として新たな誕生を迎える。この新しい「精神」は、改めて己を理性として祀り上げ、ひとつの大回転／革命（revolutio（羅）／Revolution）を引き起こす。この革命、すなわち「命、革《あらた》まる」出来事は、一八〇〇年頃を覆う意義深い表徴となり、時代の文学的テクストのなかでも「新たな命」、「新たな生」への希求が描かれる。たとえば、ロマン主義の首唱者フリードリヒ・シュレーゲルの「新しい神話」論があれば、ゲーテも『ファウスト』第二部に「新しい人間」誕生のシーンをいくつも描きだす。本論では、この二つに焦点を当てて、昨今問題的なものとして見直しが迫られている〈近代〉の、その直接的淵源をなす一八〇〇年前後における「新生への夢」の文学的位相を見定めようとするものである。

一　「新しい神話」

人類は、現状がそうであるように没落せざるをえないか、あるいは必然的に若返るか、そのいずれかである。[1]

フランス革命の勃発時に十代だったフリードリヒ・シュレーゲルは、初期ロマン派の機関誌「アテネウム」（一八〇〇年版）のなかでこう断言し、かつ、自分の存する時代を「若返りの世紀」とみなした。だが、この若返りの世紀の文学には「中心点が欠けている、つまり、古代人の文学にとって神話がそうであったというような意味での中心点が」[2]と言って、「新しい神話」を要請する。よく知られたロマン派の「新しい神話」要請であるが、これをシュレーゲルは、「古い神話とは反対に精神の最も内奥の深みから汲みあげられねばならない」[3]とし、その上で「われわれが求めているものにとって、非常に意義深い示唆、注目に値する保証が、時代の偉大な現象たる観念論のなかに見出されるだろう！」[4]と言う。まさにこの言葉に、カントとフィヒテの批判的受容のなかから、自らを哲学し、かつ批評する文学の出来、すなわち〈文学の大回転〉としての〈文学の革命〉の場面が端的に映しだされていると言える。[5]シュレーゲルはさらに「観念論（Idealismus）の胎からは、同様に無限な新しい実在論（Realismus）が生じて来ざるをえず、実際そうなるだろう」と言い、この「観念論の土壌の上に漂う」新しい実在論が「文学」として顕れることが期待されるとする。[6]このような文学こそが「新しい神話」であり、煎じつめれば、それが「アテネウム」誌（一七九八年版）でかれが綱領化したところの「ロマン主義文学」ということになる。

この有名な綱領で、シュレーゲルはロマン主義文学を「前進的総合文学（progressive Universalpoesie）」と規定した。[7]すなわち、段階的に前進してゆく総合的な文学ということであるが、かれはその意味するところを「単に分割された文学ジャンルのすべてを再び統合するというだけでなく、……文学的でさえあればすべてを包含するものであり、……これ〔ロマン主義的文学〕だけが、まわりの世界全体を映す鏡となることができる」ものとし、さらにこのロマン主義文学の固有の特性を、「永遠にひたすら生成しつづけて、けっして完成することがないもの」[8]とした。ところで「前進的」と「総合的」は、一般的には、啓蒙主義、フランス革命、産業革命を経験したヨーロッパ一九世紀の進歩信仰と、全地球を包含するというか、むしろ唯一の視点に収めようとする今日で言うグローバリズムにつながるものとを表徴する言葉である。しかしシュレーゲルは、「総合的精神の生命は、内的革命の途切れることのない連鎖である」[9]としており、したがって、総合とは、シュレーゲルの場合、静的な全体像を指し示すものではなく、内に「自己創造」と「自己破壊」の絶えざる交替をもつ運動体なのである。ロマン主義文学とは、精神のこの運動にのっとって、自己のうちに破壊と創造を含むものであり、それゆえ機知（Witz）とイロニーをこそ、基本的戦略とせざるをえない。言うまでもなく、機知とは、通常、無関係なもの、背理的なものを意外な場面で突如相互に結びあわせ、驚きや笑いを生じさせつつ、前述のものを破壊し、新たな見方や考え方に転換させるものとされるが、シュレーゲルはこれを「束縛された精神の爆発」[10]とし、いわば革命的な力を与えている。また、イロニーは、とりわけシュレーゲルの場合、ソクラテス的な逆説的修辞法に依拠しつつ、ギリシア演劇におけるパレクバーゼ（劇中の世界を中断し、相対化する）に比しながら、反対物をあげて当該物を破壊して相対化し、新たなものを示唆する手法をさすが、そうした〈破壊し、創造する力〉こそ、哲学と文学の根本とかれはみなすのである[11]。こうしてみると、シュレーゲルの言う「前進的」、「総合的」という言辞には、すでにその反対物を、すなわち「遅延的性格（retardierende Natur）[12]」と「多神論者（Polytheist）[13]」、すなわち多視点的性格を含んでいると言える。シュレーゲルは、ゲーテの『ヴィルヘルム・マイスターの修業時代』の批評において、作品全体の上に漂うイロニーをいち早く見抜き、この作品を「最も繊細にして選び抜かれた機知の饗宴」[14]とする一方、その遅延的性格をも見ている[15]。

このようなゲーテの文学を「真の芸術と純粋な美の曙光」[16]と見るシュレーゲルだが、「文学についての会話」のなかで「新しい文学の新しい曙を……確信している」会話者のひとりに「新しい神話」について熱弁をふるわせ、次のように語らせるとき、それは『ファウスト』第二部のありようをまざまざと思わせずにはいない——「スピノザと、今日の自然学が、思慮深き人々のうちに呼び起こさずにはいないあした諸々の見解を豊かに蔵している古代の神話を、一度なりとも考察しようとしてみたまえ。そうすればすべてが、新しい輝きと生命に満ちて現れるだろう」[17]。つまりシュレーゲルは、時代の最新の知見たる観念論と自然学とを、古代へと移し込む形での新たな文学論を提示しようとしたのだが、それは同時に「古代」にも新たな生命と輝きを与えるものになると言うのである。こうした文学的戦略に、この時期の「新生」、「若返り」のありようが見られるのだが、シュレーゲルが重ねてこの話者に「生の最初の痕跡が認められるところからまず始めよ」と言わせるとき、最新の自然科学の子として誕生させられながら、そうした〈近代的〉な時代傾向に逆行するかに、ギリシア自然哲学の世界へ、そして生の根源へと遡行させられるゲーテ『ファウスト』第二部の人造人間ホムンクルスを、まずは想起させずにはおかない。

二　ゲーテ『ファウスト』第二部における新生

さて、その『ファウスト』第二部の新生を見て行こう。ゲーテは、革命に対し否定的な態度を隠しはしなかったが、かれもまた、フランス革命とそれに引き続くヨーロッパの戦乱・混乱の時代を、旧来の世界が消去されてカオスと夜になり、新たに作り直されようとしているかに見えると書いている。[18] 革命勃発時には四〇歳のゲーテのそれ以降の四〇余年の生涯は、科学・技術・工業化が急速に発展する一方、革命後のフランスの恐怖政治、対仏連合軍戦争、ナポレオンの登場と没落、諸国民戦争、反動体制から三月革命という目まぐるしい変転を背景とする。かれの死の前年に完成した『ファウスト』第二部は、このような時代のなかで書かれているわけだが、なおも、というか、それゆえに、というか、テーマとして「新生」が、「新しい命の誕生」が描かれる。

その一つは、まさしく現代の「新しい神話」とも言うべき人工的な生命、人造人間たるホムンクルスの創造である。このホムンクルスについては、ヒトゲノム、クローン、再生医療、IPS細胞など、今日の最先端の生命科学との関連から改めて注目されているところで、たとえば、M・オステンはここに「狼狽させるような現代性を予見」[19]するものを見ている。二つ目は、エロス的な、とはいえ神秘的な結合から生まれた新たな生命である。三つ目は、ダンテ的ヴィタ・ノヴァ (vita nova) とも言える新生である。以下に、これら三つの新生の場面を取り上げて、近代精神の歩んだ道と、それへの文学的批判をたどってみよう。

(一) ホムンクルス

まず、ホムンクルスについて見て行こう。その名も、それが作られる中世風(「バロック」に強い関心を寄せるベンヤミンはあえてこれをバロック風と言うが）の実験室も、パラケルススに依拠したものではあるが、[20]周知のように、ゲーテはこれを、一八二八年にF・ヴェーラーが無機化学から有機的な尿素の合成にはじめて成功したというニュースを受けて、同時代の化学の最先端をいく実験という点を前面に出すことにした。この有名な人造人間製造が、実は、全学問を渉猟し、「魔術にさえも身をまかせ」[21]（三七九）「（父親とともに）錬金術師の仲間に入り」（一〇三八）、挙句は悪魔と契約さえ結んだファウストによってなされるのでなく、第一部ではファウストの助手であったが、「精神の歓び」（一一〇五）に満たされ、いまや大学者となり、「学問を日々増進させている」（六六四六）ヴァーグナーによってなされることに、改めて注目しよう。ファウストのほうは、第一幕の最後、幻影のヘレナの美に麻痺させられて倒れ、ホムンクルス製造の場となる第二幕冒頭では、書斎の寝台に意識なく横たわっているだけである。

一方メフィストフェレス（以下、ただメフィストと記す）は、「わしはかれの成功を早める男だ」（六六八四）と自称し、実験室に「お役に立つかと思って」（六八三一）と入ってくる。オステンは、メフィストはヴァーグナーの知の性急さを後押しし、共同で人工的な人間製造をなすとしているが、[22]しかしヴァーグナーは「ようこそ、ちょうどよい折に」（六八三二）とは言うものの、「言葉も息もしっかり口のなかに抑えておいてください」（六八三三）と言う。つまり、メフィストは介在せず、ここでもヴァーグナーによる人間製造は、魔術ではなく、神になりかわった〈近代的悟性〉によってなされるのだ――「自然の神秘と称えられたことを／敢然と悟性にしたがって験すのです」（六〇五七－五八）とまさしくヴァーグナーが言うように。
神になりかわった近代悟性の製造したホムンクルス（homunculus／小人間）は、神の人間創造にも似て、創造者＝製作者たるヴァーグナーに、この悟性だけの男に似ている。それゆえ、ホムンクルスは「優れた思考能力を備えた脳」をもつ精神だけの存在であり、その意味で、半人前だとされる。したがってこのホムンクルスも、牢獄のような書斎に閉じ込められていたファウストと同じように、外に出ることを渇仰し、「本当の意味で生まれ出たい。／フラスコのガラスを粉々に割って出たいと焦っている」（七八三一－三二）、つまり行為（Tat）への焦燥に駆られている。いわば小ファウストというところか。

ところがゲーテは、イロニーや遅延の手法、機知を仕掛けて、最先端技術で作られた精神だけの人造人間を、古典古代へ移し入れる。それだけでなく、物語をも、最先端科学で作られた人造人間の物語に、ファウストとヘレナの物語を混ぜこんでいくのだ。

ホムンクルスは、あたかもフロイトのように、寝椅子のファウストのエロス的な願望夢[23]を探り出すと、かれを治癒（genesen）[24]させるためにメフィストのマントにくるんで「古典的ヴァルプルギスの夜」へと向かう。[25]そして、「自然、自然」という声に惹かれて、ギリシアの自然哲学者のところへ向かう[26]ホムンクルスは、万物の根源を火とするアナクサゴラスよりも、水（Feuchte 湿潤）のなかで生物はできたとするタレスのところへ行く。これもまた、当時さかんに話題となった地質学上の火成論・水成論[27]論争の取り込みだが、ゲーテは、知られる通り、火成論的激変よりも水成論者の主張する漸次的変化の側に加担する。

さて、ここでも遅延的戦略によって、タレスはいきなりホムンクルスに助言できず、まず海神ネレウスのところへ、それから変身の神プロテウスのところへと彼を連れまわす。プロテウスに「広い海でまずとりかかれ！」（八二六〇）と助言されたあと、ホムンクルスは、タレスに「はじめから造化の技をやりなおすがよい！」（八三二二）と、始原の海に送りこまれる。ここにダーウィン的な進化論を見る者もいるが、興味深いのは、ゲーテがここでまた二つの相対立する態度を同時に提出していることである。タレスが「人間になるまでには時間がかかるぞ」（八三二六）と言えば、プロテウスは、「人間になってしまったら、それですっかりおしまいだ」（八三三一－三三二）と言う。ここには、人間とは最高存在ではなく、袋小路に陥った存在でもあるというゲーテのシニカルな眼差しも読み取れる。しかし、ゲーテはさらにタレスに「その時の事情しだいさ」（八三三三）とも言わしめており、その先さらなる相互否定が続くかとも予想される叙述ぶりは、読み手をも巻き込む破壊と創造のイロニーに満ちた文学的戦略と言える。

さて、ここにネレウスの娘のガラテイアが登場する。ここでガラテイアは、「ウェヌスの相続人」（八一四九）、「母の似姿」（八三八六）であり、「神々に似て厳かで／不死なるものの尊厳を備え／しかもやさしい人間の女のような／魅力的な優美さを有する」（八三八七－九〇）とされる。早くも「永遠に女性的なるもの（ewig Weibliche）」のほぼすべてを有しているような姿である。しかも、タレスがガラテイアを見て、「美と真とに貫かれて／甚だしく嬉しい」（八四三三－三五）

と言っているところを見ると、彼女は、善悪の彼岸にいる存在でもあるのだ。

プロテウスもまた、精神だけの存在のホムンクルスに「生命を産み出す水（Lebensfeuchte）のなかで、おまえの光も初めて／壮麗な響きを発して輝くのだ」（八四六一－六三）と言う。ちなみに、同じく精神の男、ホムンクルスの創造者すなわち父たるヴァーグナーは、第一部でファウストに「干からびたおべっか使い」（五二二）と言われていた。ホムンクルスという「精神だけの存在」は「生命を産み出す水のなか」でエローティッシュなまでの陶酔を覚える。その光景をテクストはいかにもエローティッシュな語り口で記す――ホムンクルスの光はガラテイアの足の周りで「強く、また愛らしく甘く燃えあがる。／恋の脈動に動かされているかのように」（八四六七－六八）、「ホムンクルスの光は、強い憧れに支配されているしるしだ。／もだえ震えるうめき声さえ聞こえるようだ。／輝く玉座にぶつかって砕けそうだ。／そら炎をあげる、きらめく、もうあふれ出す」（八四七三）。精神が「本当の意味で生成する」べく送りこまれた始原の海とは、愛の神エーロスが宰領するところなのだ。この第二幕の最後で、セイレーンは、海に燃え広がる浄めの火を称えながら「いっさいを開始したエーロスよ、支配せよ」（八四七九）と歌う。

以上から、ゲーテのホムンクルスが注目に値するのは、最新の科学による人造人間製造という「現代の先取り」ではなく、時代の最先端技術に目を配りながらも、それが干からびた精神の科学者によって製造された「精神だけの存在」であり、それゆえ生命ある自然の中へ、始原の水の中へ、エーロスの宰領する宇宙開闢のカオスの中へと送り込まれ、そのときに至って、真の新たな生命が生成してくるとされる点である。このホムンクルスの物語には、新たに登場した近代精神の半人間性、また、時代の自然学（Physik）から身をもぎはなすように発展していく自然科学（Naturwissenschaft）の跛行性への批判が読み取れよう――その意味でノヴァーリスも「ゲーテには自然学の祭司になってもらおう」と述べている。[28]

（二）オイフォリオン

ファウストとヘレナ（ヘレネ）とのエローティィッシュな、だが神秘的な結び付きで生まれたのが、第三幕に描かれるオイフォリオン[29]である。場面によって扮装を変えるファウストだが、このときは中世の騎士の宮廷服を着ており、北方的・夜的・中世的な存在、すなわちロマン主義的なものを体現するとされる。したがって、しばしば単純に図式化されるように、オイフォリオンとは、「北方的・夜的・中世的な、ロマンティィッシュな」[30]〈精神〉と、古典古代的・南方的な〈感性＝美〉が交合して生まれた子ということになるが、幾人もの論者（Schadewald, Lange, Gaier）が言うように、ここでのヘレナはそう単純な人物像ではない。第二部第一幕、ファウストは、皇帝の命令でヘレナを古代世界からこの世に現出させるために、いちばん奥深い底に居る「母たち」、すなわち、創造を孕んだカオスのところへ行かねばならない。[31]ファウストは、母たちのところから帰ってくると花冠を被り司祭服を着ており、奇跡を行う魔術師と呼ばれる。「わしが美の司祭になってから、世界はどうであろうか？／ようやく世界は、願うに値するもの、根拠のあるもの、永続するものとなった！」（六四九一－九二）とかれは言い、幻影の美女ヘレナを見て「おまえこそ、わしがいっさいの力の働きを／情熱の精髄を、／思慕を、愛を、礼拝を、狂気を捧げるべき人だ！」（六四九一－六五〇〇）と感激の言を発する。つまり、精神は美を、近代は古典を渇仰するというなりゆきだが、しかし、それだけではなく、ファウストは「ここ〈現実〉からなら、精神は霊どもと戦い、／二重の、大きな国を作れよう」（六五五四－五五）と言うのだ。「精神は霊どもと戦い」という言葉にこそ、先にも述べたようなこの時代の様相が、すなわち一八世紀後半、「近代精神（Geist）」が複数の霊ども（Geister）と戦いつつ、ひとり自立していく様が見受けられるのだが、ゲーテは「精神」の勝利と専横を言うのでなく、精神と美の、近代と古典の「二重の王国」の成立を目指すのである。

つまり、ドイツ的な「精神」が自らの〈新生〉のために古典ギリシアを一方的に参照したというだけではなく、ヘレナのほうもファウストに向かって、「どうしたら私もそんなに美しく話せるのか教えよ」（九三七七）と尋ねるのだ。ヘレナに応えてファウストは「心から出ればよい」と言う[32]（九三七八）。心から出た言葉、「胸が憧れでいっぱいになると、あたりを見まわし、探す」（九三七八－八〇）ことによって生まれるこの言葉こそ、後節で繰り返し述べられるように〈詩〉である。詩を媒介にするとき、精神と美が、ドイツとギリシアが、近代と古典が、まったき〈現在性〉において結びつく。ファウストはこのとき、「精神は前も見ないし、後も見ない―／現在だけだ―」（九三八一－八二）と言い、ヘレナもまた「ここに私はいる！　ここに！　とだけは喜んで言う」（九四一二）、「私の生は過ぎてしまったけれど、とても新しいような気がする。／あなたの中に織り込まれて」（九四一五－一六）と言う。「織り込む（verweben）」、すなわちテクスチャライズ（テクスト化）されて、古典あるいは美は、初めて現在性を、新たな生を得ることができるのだ。

　さて、この交合からオイフォリオンが「新たな生命」として誕生する。オイフォリオンという名がオイフォーリッシュ（多幸症的）を暗示するように、この子供は、笑ったり，歓声を揚げたりして跳ねまわる。すると母は「何度でも好きなだけ、跳ねなさい／でも飛ばないように用心しなさい！　自由な飛翔はおまえには禁じられているのだよ」（九六〇七－〇八）と言い、父も「爪先だけでも地に触れさえすれば／大地の息子アンテウスのように、たちまち力を回復できるのだよ」と忠告する。母なる大地に触れて力を甦らせるアンテウスのように、〈ポエジー（詩）〉が力を得るには、「母なる大地」に象徴される感覚的・現実的なものに触れなければならないということだが、派手な服装をまとって跳ねまわるオイフォリオンは、しかし、竪琴をもったアポロン、すなわち太陽神にして詩神のようであり、「永遠の旋律が全身を貫いている／未来の美の巨匠《マイスター》」（九六二五－二六）が感じられるとされ、メフィスト（ここではフォルキュアスに扮している）さえ、その「愛らしい響き」（九六七九）にうっとりしている。[34]

　子供と三人の円居の歓びを述べるヘレナの科白は、精神と感覚的・地上的なものとが見事に統合された〈ポエジー〉を思わせる。しかし、オイフォリオンはいよいよ空中高く飛びあがろうとする。ここには、現実的なものを離れて、天空に飛翔したがるとハイネらが揶揄するような文学史上のロマン派への批判も読めよう。オイフォリオンはまさにそのようなロマンティカーとなり、「天空の隅々まで／ぐんぐん昇っていくのが／ぼくの望みだ」（九七一三－一五）、「これ以上大地にひっついていたくない」（九七二四）と騒ぎ立てるが、ところが、またもやイロニーが仕掛けられ、テクストはここでファウストに、「こんなもの失せてしまえばいいのだが！／こんなふざけたまやかしは／とんと嬉しくない」（九七五二－五四）と言わせるのだ。

さて、オイフォリオンは、どんどん高く上っていくのだが、しまいに鉄の鎧を着ているような姿となり、「戦争」、「勝利」[35]（九八三七－三八）が合言葉となる。もちろんここには、バイロンのギリシア解放戦争への参加の意図とその直前の死が映し出されているわけで、「征服されずに暮らしたければ、／すぐに武器を手にとり、すみやかに戦場に行け」（九八五九－六〇）というオイフォリオンの科白には、抑圧に抗して自由と解放を求めるいわゆるロマンチックな熱情がこめられる。ゲーテが、無制限の熱情の解放を好まないのは知られる通りであるが、しかしそんなオイフォリオンを、ポエジーのアレゴリーとして、合唱に以下のように歌わせるのだ――「聖なる詩よ、／天まで昇れ！／一番美しい星よ、輝け、／遠く、さらにも遠く、――／それでも詩は、私たちにとどく／いつでも、人びとはまだ聞いているし、／聞くのがすきなのだ。」（九八六三－六九）

が、ここで、翼なく生まれたはずのオイフォリオンから両の翼がさっと広がり、かれは、「あそこへ！　行かねば！　行かねば！」（九八九九）と切迫した調子で叫び、イカロスのごとく空中に身を投げて墜死する。[36] これ以下はゲーテのバイロンへの哀悼と読めるのだが、自身、新しい文学の担い手たるゲーテは、ポエジーの化身でもあるオイフォリオンをそのまま死なせるわけにはいかない。身体は消えても、その光背は彗星のように天に昇ると合唱に歌わせる。そして、母なる大地から離れてしまって墜死したオイフォリオンの声が暗い深みから「母さん、ひとりにしないで」（九九〇六）と声を上げれば、合唱は「あなたはひとりではありません！／……／ああ、あなたがこの世を急いで去っても、／だれの心もあなたから離れはしません」（九九〇七―九九一〇）と歌う。そして、さらに、「この上なき悲運の日に／すべての民が血を流しつつ黙すことがあろうとも、／新しい歌を甦らせよ」と、歌の力を、しかも「新しい歌」の力を信じる言葉がつけ加わる。

啓蒙主義、産業革命、フランス革命を経てドラスティックに変化したこの一八〇〇年前後の時代にあっては、当然、個々の人間も大変革の渦に巻き込まれるのだが、それを「新生」として意識的にとらえ返したのが、この時期の哲学者、詩人などであったが、この「オイフォリオン」の場面で見えてくるのは、「新生」とは、最先端の科学技術を駆使した新しい人間の創造ではなく、〈ポエジー〉の新たな甦りへの熱い要請である。そしてその要請は、「大地は再び歌を生み出すのだから、／かつてそれ生み出してきたように」（九九三七―三八）と、歌の力を信じる言葉でその要請の成就が保証されるのだ。これこそは、歌における絶えざる「新生」であり、その意味で、失われることなく持続していくもの、すなわち、永遠のものなのだ。持続とは、直線的進歩を意味するのでなく、ノヴァーリスが、「詩作とは子を作る〔生み出す〕ことだ[37]」というような意味で、絶えず続いていく生み出しの謂いなのだ。

『ファウスト』第二部におけるポエジー礼讃については、ほかにも、ファウスト扮する富の神プルートゥスの馬車を曳く「少年の御者」によっても、かなりエクスプリシットに表現されているし[38]、また、ところどころで歌を差し挟むセイレーンたちもポエジーの化身のひとつであるなど、さまざまに詩への信頼が表出される。モノ・カネ・スピードを信奉する時代が到来しつつあるなかで、ポエジー（文学）は、一八〇〇年頃の詩人たちにおいて[39]、あたかも時代のオルターナティヴ（新たな地平での可能性）として、身をさまざまに装いながら、その時代相を批判するものとしての己の役割を自覚する。ちなみに、オステンの言い方で言うなら「時代の性急さを後押しする悪魔メフィスト」は、その一方、第一部でファウストを地上の歓びに引き回そうとする際に「ただ、一つだけ気になることがありますよ、／時は短かく、芸術は長し、でしてね」（一七八七－八八）と言っている。この科白は全編で何回か吐かれているが、加速度的に前進していく近代の直線的な時間感覚に対し、詩＝芸術が「時間に束縛されないもの」、「永遠なるもの」としてたえず対置されるのだ。このような対極的なものの相互補完的なパラレリズムは、改めて言うが、初期ロマン派の思考をはじめ、一八〇〇年前後の「新生」要請のありようと見ることができる。

（三） Incipit Vita Nova（新しき生が始まる）――ファウストの「新生」

『ファウスト』冒頭部の「天上の序曲」で、主は、ファウストを悪魔の側にひきずりこもうとするメフィストに向かって「人間は、努めているかぎり、過ちをおかすものだ」（三一七）と言う。「過ちをおかす」とはドイツ語で〈irren〉であるが、それはまた「思い違いをする」、「迷う」、「さまよう」、「道にまよう」をも意味する。さて、この irren してきたファウストこと近代精神は、第二部の第四幕になると、高い山の頂に立ち、さまざまに姿を変える雲に目をやりながら、「あけぼの《アウロラ》の恋」（一〇〇六一）をうっとりと懐かしみ、「自然は自分自身のうちに自分を築き／……／自らを楽しむのに狂気じみた大乱を必要としない」（一〇〇九七－一〇四）と言っていたが、その思いから、さらにファウストは、メフィストが火成論者さながらに主張する「自然の生成の騒ぎと暴力と無意味」を抑え込む決意する。すなわち、大海原の寄せては返す波の「無益な営み」に腹をたて、「専横な海を岸から閉め出す」（一〇二二八）事業に乗り出すのだ。

「制御されない無目的な力」（一〇二一九）である自然に対し、「支配と所有」（一〇一八七）を獲得せんとする「大事業」に乗り出すファウスト――黴臭い書斎にこもっていた男が、いまや産業資本主義時代の強欲な資本家の顔を見せるのだ。もちろん、「波は力をたのんで支配するが、／引いてしまうと、何一つ成し遂げていない」（一〇二一六－一七）という科白には、革命への仄めかしが見られるし、また、「時が来ると、同じ戯れを繰り返すのだ」（一〇二〇九）とファウストに言わせ、「そんなものは10万年前から知っているわい」（一〇二一一）とメフィストにうそぶかせるところには、ゲーテの、いわゆる〈諦念〉に裏打ちされた歴史観が見られもする。しかし世相を直観するに敏なる作者は、ここで、ファウストに「わしの精神は思い切って自分を飛び越すのだ。／ここでわしは戦いたい、勝利したい」（一〇二二〇－二一）と、あのオイフォリオン／バイロンと同じ言葉を吐かせる。そうして、いまや時代の寵児の面持ちをもったファウストは、メフィストに向かって「これがわしの願いだ、それを思い切って促進してくれ」（一〇二三三）と言う。[40]メフィストはかくて、いよいよファウストの性急さを後押しする「現代の悪魔」としての本領を——悪魔的な速度を加速させる（veloziferisch）者としての本領を——発揮する。

第二部第二幕の「古典的ヴァルプルギスの夜」の場において、精神だけのホムンクルスがほんとうの生命を得るべく送りこまれた「生命を生み出す海」——いま、第四幕になると、その海が埋め立てられる仕儀となる。この大事業を「人間精神の傑作」（一一二四九）とするファウスト＝一九世紀的近代精神は、記憶・伝統を憎み、フィレモンとバウキス[41]の小屋と木を「わしのものでないあの僅かな木が／わしの世界所有をそこなう」（一一二四一－四二）と言って焼失させるなど、かれのirren（さまよい）は文字通りのirren（過ち）となって極まる。そして最後、最高の瞬間を味わいながら、墓を掘る音を堀を掘る音とirren（思い違い）しながら死ぬ。

だが、この錯誤の主人公、ゲーテのファウストは、伝説や、その後のいくつかのファウスト作品のように、地獄に引きさらわれてはいかない。本稿の脈絡で言えば、現代と古代を、北方ロマン主義と古典世界を行き来しながら迷い歩いてきた近代精神（Geist）は、最後に「霊（Geist）よ、呼吸せよ！」（一一八二四）という天使たちの歌とともに天空に運ばれていき、そうして救済されるのだ――「だれにせよ、ひたすら努めつつ力を尽す者なら／われらは救うことができる」（一一九三六－九三七）と天使たちに歌われつつ。それだけではなく、テクストはさらに「この人には愛さえもが／天上から加わって」（一一九三六－三九）と続く。こうして、ただ「努めてきた」からというだけでなく、「天上からの愛」も加わることにより救済されたファウストは、もはや地上的論理の筋道を離れて――「大地のことは知りぬいた。／彼岸への見通しはさえぎられている。／……／雲の上にも自分と同じようなものがいると、空想する者は、愚かだ！」（一一四四一－四四）と第二部第四幕でもなおうそぶいていたのだが――〈新たな生〉に目覚めるという運びになる。懺悔する女のひとり、かつてグレートヒェンと呼ばれた女が、ファウストを指して、まさしく「新たな生に入った方（der **Neue**）」、「清新な生命（das frische Leben）」（一二〇八五－八六）と呼ぶ。「ごらんなさい！／……／そして霊気の衣の中から／最初の若々しい力が現れてきます。」（一二〇九〇－九二）まさに「新しい緑の葉をつけた／清新な草木のように私は新生へと目覚めた[42]」という ダンテの言葉を思わせるところだ。以下は、聖ベルナルドゥスがダンテのために聖母マリアに祈りを捧げるという形をとる『神曲』「天国篇」の終曲（第三三曲）を思わせるものとなる。一時は視力を失う不安を覚えたダンテは、この終曲で「私の視力は清らかに済みわたり」（天国篇五二）、刹那に「永遠の光」（同八二）を見据えたのだ。盲いたまま死んだファウストだが、かれは新たな生に入ったとき、「清新な生をほとんど感じとれない」（一二〇八六）で、「まだ新しい生をまぶしがっている」（一二〇九三）のだが、ダンテの導女ベアトリーチェのように、「かつてグレートヒェンと呼ばれた女」は「あの方をお教えするのをお許しください」とマリアに請うのである。そうして終幕、「神秘の合唱」が、マリアこそは救い手だとし、マリア、この「処女にして、母、女王、／女神」（一二〇二一-〇三）が、「永遠に女性的なるもの（Das Ewig-Weibliche）」（一二一一〇）として、「われらを引きあげる」（一二一一一）と歌うのである。先に、ファウストの救済には「天上からの愛も加わって」果たされたとあったが、この天上からの愛は、そうすると「永遠に女性的なるもの」の愛、もしくは、「永遠に女性的なるもの」こそは愛そのものだということになる。

そうだとすると、ある意味で、ゲーテもまた、一八・一九世紀の男性として〈男＝精神、女＝愛〉という抜きがたいクリシェーにはまっていたのか、ということになるが、ここで、もう少しこの辺を探ってみたい。山峡の場で「深くもの思う神父」はあたりの自然を見ながら「万物を創造し、万物を育むのは、／全能の愛だ」（一一八七二-七三）と歌うが、「熾天使めく神父」は夭折の童子たちに向かって「もっと高い圏域に上っておいで」と言う。そこでは、「神が在す」ということで強められて童子らも成長しうるとし、この神の〈現-在〉こそが、「霊（Geist）の糧」であり、「永遠なる愛の啓示」だと歌う。（一一九一八-二四）この神父たちは山峡の「低いところ」と「中ほどのところ」に位置づけられている。だが「最も高いところにある、最も清らかな僧坊」には「マリアを崇める博士」がいて、「ここでは……／精神〔霊〕（Geist）が高められる」（一一九九〇）と歌うのだ。そうしてこの博士は「恍惚として」マリアに向かい、「是認したまえ、男の胸を／真剣に、優しく揺り動かすものを／そして聖なる愛の快楽でもって／御身のもとへ連れ行くものを」（一二〇〇一－〇四）と祈願する。

　こうして見てみると、この山峡の場では三種の愛が語られたことになる。もちろん、至高の愛としては、マリア、すなわち「永遠に女性的なるもの」の愛が歌われるのであるが、それぞれの愛の階梯が順次たどられることも看過してはなるまい。愛とは一なるものではなくて、自然を創造する万能の愛、男と女、もしくは人間同士のエロス的な愛、天上的なものへ向かう愛の三つが、いわば一体となって、終曲の大団円となる。これこそが秘蹟であり、終曲の最後の最後に「神秘の合唱」というものが置かれているように、詩人、もしくはポエジーこそが与えることのできた秘儀なのだ。このような愛の大団円における〈新生〉――いくつもの過ちを重ねつつ迷い歩いてきた主人公の、一見唐突に見えもする救済と、根こぎにされた挙句に新たに生を受けるという究極の新生――これをもたらす者こそ、重ねて言うが、語り手＝詩人なのだ。まさしくベンヤミンが『ゲーテの親和力について』において、「希望という感情のなかに、出来事の意味を満たすことができるのは語り手だけなのだ」[43]と言うのを思い起こしてみよう。ここでベンヤミンが言っているのは、語り手＝作者が、主人公に希望あるいは救済を神のごとくに与えるということではない。ベンヤミンはこう続ける――「それは、ダンテがフランチェスカ・ダ・リミニの言葉を聞いたあとで『まるで屍の倒れるがごとく』倒れるとき（『神曲』地獄篇五－一四二）、かれが恋人たちの希望のなさを自らのうちに受け止めているのとまったく同じことなのだ」と。つまり、ベンヤミンに従えば、出来事もしくは生の、意味もしくは無意味を計量するのが作者＝詩人の仕事ではなく、かれの仕事とは、「希望のなさを自らのうちに受け止める」資質をもった者として、「究極の希望の住処」たる「宥和」を望んでやることなのだ。――「そして死者たちがいつの日にか目覚めることがあるとすれば、それは美しい世界にではなく、浄福の世界であることをわたしたちは希うのである」（ベンヤミン、同上）。そう、まさしく全『ファウスト』の終曲で「浄福の運命に生まれ変わるために」（一二〇九八）と歌われるように。

さて、最後に注目しておきたいのは、「言葉では言えないようなことが／ここに成し遂げられた」（一二一〇九－一二一一〇）という二行である。このような根こぎにされた後の新生、総括的な愛の大団円における新生は、「言葉では言えない」とされるのはどういうことか。ポエジーというものが言語に関わるものとすれば、この詩句は、オイフォリオンの場面で永遠性の保証とされた詩作という営為（ポエジー／創る）さえも超えたものがあると考えられていることを示す。これもまた、ダンテの「言葉の貧しく、弱きことといかばかりか／わが想いに比べれば、而してわが見しものに比べれば／この思いも大きく、言語では尽せない」（天国篇三三歌一二一－一二三）に重ね合わせられる。つまり、ポエジーのなかに、〈ポエジーの彼方〉も取り込まれるのだ。だが、さらにダンテはこうも歌う――「さてわが高き創造力（ドイツ語訳で Bildkraft、具象的造形力）はここにいたりて力を欠きたり、／されどわが願いと思いとは早や動かされる、／一様にめぐる輪の如く／日輪や星々を動かす愛に」（天国篇三三歌一四二－一四五）。造物主の大いなる愛に回らされて、いずれ表出を求めて迸るであろう「願いと思い」は止むことはないという詩人の溢れんばかりの思念が、ここには読み取れる。

そして、この〈詩人の思念〉はつねにテクストに深く籠められており、当の詩人だけではなく、読み手をも突き動かしてやまないのである。たとえば、ウェルギリウスはダンテを突き動かして『神曲』を産む一要素となり、ダンテはゲーテを突き動かして『ファウスト』を産む一要素となり、ゲーテはまた、つぎつぎに多くの読者の思いを突き動かし、さらに新たな文学作品を産みもする、というように。文学とは、詩人の言語活動の極限における表出である。しかし、「文学そのものであるロマン主義文学は、生成し続けて、完成することがない」というF・シュレーゲルの言葉にもあるように、一個のすぐれた極限的作品は、おのれを超え出てたえず新生しつづけ、永遠の生命を得ていくのである——オイフォリオンの場で繰り返し言われていたように。

結び

さて以上に『ファウスト』における三つの新生を見てきたが、この三つの新生は、ただ並列されているのではなく、それぞれ対極的なもののあいだを揺動しながら、順次段階をたどってひとつの総合へと向っていくことに、改めて注目しておきたい。すなわち、最初の新しい生命たるホムンクルスの項では、最先端科学と当時のドイツ観念論と古代の自然哲学という、一見対立的な三項の範疇のあいだで、ありうべき自然学／自然科学（Physik / Naturwissenschaft）像が求められ、第二のオイフォリオンの項では、一八〇〇年前後というドラスティックな変動期であればこその新しい文学（ポエジー）の誕生が、古典との新たな交合のうちに期待され、最後のファウスト自身の新生の項では、おのれの彼方さえも見据えるというポエジーの根本的なありようが、すなわち、語のまったき意味での造物主の愛に回らされつつ、たえず新たに生み出されることによって永遠に続くというポエジーのありようが、人間の根源的な創造（ポイエイン）の道として、生そのものの道として、示されたのである。

［註］

0 Incipit Vita Nova は、ダンテ『新生（La Vita Nuova）』の冒頭の詩の終行に書かれたもので、「新たな生が始まる」という意味である。

1 Friedrich Schlegel: *Kritische Ausgabe seiner Werke.II*, Paderborn 1967. p.314. 異稿に「人類は、現状がそうであるように没落せざるをえないか、あるいは不死鳥のように、過てる精神文化や単に抽象的なだけのいっさいの思考の灰のなかから新たに若返るか、そのいずれかである」とある。以下、Schlegel の引用は KA として巻数を記す。

2 *ibid*.p.312

3 *ibid*.p.312

4 *ibid*.p.313

5 参照「観念論は、われわれがみずからの力と自由をもって実行し、かつ広めるべきあの革命の精神……以外のなにものでもない」*ibid*.p.314

6 *ibid*.p.315

7 ラテン語の progressio は、pro すなわち「前に」、gress すなわち「歩んでいく」を意味し、一五世紀ドイツで「成長」、「増加」の意味が付加され、「段階的に前進する」という意味で用いられるようになった。また universus は、unus「一つ」に、versus「向けられた」を意味し、「〔多くのものが〕ひとつに統合された」を意味する。

8 *ibid*. pp.182

9 *ibid*. p.255

10 *ibid*. p.158 これは初期の断章集で、「リュツェウム („Lyceum der schönen Künste")」誌（一七九七年）に掲載された「批判的断章集」のなかのものである。

11 *ibid.* p.160「リュツェウム断章」に以下のようにある。「ソクラテスのイロニーは、まったくわざとらしくないものでありながら、実は徹底的に考え抜かれた比類なき偽装である。……それは、完全な伝達が不可能でありながら必要でもある、という解消しえない相克の感情を含み、かつまた呼び起こす。イロニーは文学に認められたあらゆる自由のうち、もっとも自由なものである。それによってわれわれは自分自身を超えることができるからである。」

12 シュレーゲルの批評文「ゲーテのマイスターについて」のなかでゲーテの小説『ヴィルヘルム・マイスターの修業時代』の特性について述べた言葉である。*ibid.* p.130

13 「アテネウム」誌掲載の断章のなかで用いている言葉で「総合的精神とは真の多神論者であり、オリュンポスの全体をおのが内に抱いているのだ。」*ibid.* p.255

14 *ibid.* p.133

15 ちなみにノヴァーリスも、「このテクストがけっして急ぎすぎず、小説の遅延的性格はとりわけ文体にあらわれている。……最も卑俗なものが、最も重要なものと同じく、ロマン主義的イロニーでもって眺められ、表現されている」としている。Novalis: *Schriften.* vol. 3. Stuttgart 1968 p. 326. 以下、ノヴァーリスの作品の引用は、NSと巻数で表示。

16 「ギリシア文学研究」のなかにある言葉であるが、シュレーゲルはここで、古典文学を客観的文学とし、ダンテやシェイクスピアの近代文学を興味的文学としたが、ゲーテの文学は、その二つのありようを統一しえた新しい段階を示すものとみなし、新しい文学の曙光としたのである。KA. vol. 1, 1979 p. 260

17 *ibid*.p.319. ここで言う「自然学（Physik）」とは、この時期に盛んに論じられたもので、今日で言う自然科学と哲学とを含む自然についての学問のこと。

18 ゲーテの叙事詩『ヘルマンとドロテーア』（一七九八年）に「あたかも、形成されていた世界が解体されて／

カオスと夜とに逆戻りし、新たに形成しなおそうとしているかのように、あらゆるものが身じろぎしている」とある。*Goethe Werke.* vol. 1, Frankfurt a. M.und Leipzig 1970. p. 425

この作品の題材は一七三一年に宗教的理由から追放されたあるザルツブルクの男の物語であるが、もちろんフランス革命の影響下におけるドイツの小都市の民の姿を重ね合わせたものである。もっともベンヤミンは、この作品での革命は、「ある道徳的絵図の背景として」用いられただけと評しているが。

19 Manfred Osten: *»Alles veloziferisch« oder Goethes Entdeckung der Langsamkeit,* Frankfurt a. M. und Leipzig 2003.

20 Helmut Gebelein :*Alchmie,* München 1996. pp. 58 によれば、パラケルスス『自然の事物について（Palacelsus :*De Natura Rerum*)』（一五七二年）に以下のようにある。「人造人間は以下のようなプロセスで可能となる。すなわち、精子をフラスコに入れると四〇日くらいで生動し、いくらか人間のように見えだすが、まだ透明である。さらに四週間養育すると、女性の身体から生まれた子よりはるかに小さいが、手足の均斉が取れた、本当に生きている人間の子供が誕生する。それをホムンクルスと名付けよう。」

21 以下、ゲーテ『ファウスト』からの引用は、Weimar 版、Berlin 版、Insel 版などを利用し、文中に括弧で行数で示す。

22 オステンは、前掲書において、ファウストの最も現代的な呪詛（「なかでもあの辛抱というものが厭わしい」）を挙げて、いわば現代のヴァーグナーたちが行っているＣＥＲＮ（欧州共同原子核研究機関）における神の粒子と言われる Higgs 粒子を見出すための粒子加速器になぞらえ、メフィストはヴァーグナーの粒子加速器の入手を助け、共同で人工的な人間製造をなす、としている。

23 「緑の森、白鳥、裸の美人」などに彩られたファウストの願望夢の世界は、ゲーテがルネサンス期の画家コレッジョの絵から引用した古代ギリシアの伝説の土地の光景であり、レダと白鳥に姿を変えたゼウスとの交わりで美女ヘレナが準備される情景である。

24 原文の genesen は、回復する、という意味だが、ギリシア語の語源 nóstos は、帰郷の意であり、そこからすると、ホムンクルスはファウストを「この人の性にあったところへ」帰郷させようとするのも納得される。ホムンクルスが古典古代へ向かうのは、さしあたりは、自分の願望（ほんとうの意味で生まれでたい）のためでなく、ファウストを治癒させるためなのである。

25 一方、産みの親、創造者たるヴァーグナーは取り残される。押しも押されもしない大学者になっているヴァーグナーだが、このとき不安そうにホムンクルスに「わしはどうすればいいのか？」と尋ねる。「結局、われわれは自分の作った人間に左右されるんですな」（七〇〇三）という「実験室」の場の最後に吐かれるメフィストの科白は、現代のコンピューター依存人間・社会を、すなわち com（ともに）pute（考える）から、com-mand（まったく任せる）へと移った状況を思わせずにはいないが、そういった科学の直線的進歩の系譜は、すでにこの第二部第二幕に描かれている。

26 「自然（Natur）」、「自然学（Physik）」は一八〇〇年頃の流行語であり、例えば、ノヴァーリスの対話形式のエセーにもその流行振りが印象深く描かれている。

27 山岳、岩石がマグマなどの噴出によってできたとする火成論者（ヴルカニスト）に対し、ノヴァーリスのフライブルク鉱山大学時代の師でもあり、ゲーテとも親交のあったA・W・ヴェルナーなどの水成論者（ネプチュニスト）は、岩石は太古の海からできたとする。ここに「革命（Revolution）」対「漸次的変化（Evolution）」の対立を見る論者もいる。

28 NS. vol. 3. p. 469

29 オイフォリオンは、ギリシア神話では、アキレスが冥府でヘレナと結婚してできた子供である。

30 ロマンティッシュ（romantisch）とは、元来は騎士物語（Ritterroman）から発した言葉とされるが、F・シュレーゲルが、ダンテ、セルヴァンテス、シェイクスピアを「近代文学」としてギリシア・ローマの古典文学に対比させ、そのうえで、かれの時代に新たに生まれるべき文学をロマンティッシュと呼んだ。ロマン主義文学の特性の一つは、一般に、古典的・南方的晴朗と異なる中世的・北方的・夜的な性格にあるとされる。

31 別の詩行に「母たちとは創造と改造で、／永遠の意味を永遠に語りあっており、／あらゆる被造物の形がまわりに漂っている」（六二八七－八九）とある。

32 ちなみに、すでに第一部の冒頭部で、知に飽いたファウストは、すべてを知りたがっている助手のヴァーグナーに「きみは決して心から心に働きかけることはできないよ。／きみの心から出たものでなければ」（五四四－四五）と言ってきかせている。

33 ノヴァーリスもゲーテについてのエセーのなかで、「古代は芸術家の目と魂が注がれて生成するのだ」と言っている。（NS. vol. 2, p.140）

34 そろそろ詩人バイロンの面影が透けて見えだすが、ところがここでも合唱がイローニッシュ（反語的）に、「マーヤの息子について／愛らしい作り話が／事実よりもほんとうらしく歌っているところは／あんたの話なんかと比較にならない」（九六四一－四四）と応じる。マーヤの息子とは、ローマ神話のメルクリウス、ギリシア神話のヘルメスのことで、生まれながらにすばしっこく、嘘つきで、「泥棒、竪琴の発明者、使者」などを体現する。合唱のこの言葉に対し、否定の悪魔たるメフィスト扮するフォルキュアスは、「古臭い神々なんか時代遅れだ」と応じる。

35 「戦争」、「勝利」という合言葉に、ファシズムなどに取り込まれる悪しきロマン主義の好戦的な態度を見る者もいるようだが、オイフォリオン＝バイロンに象徴された闘いとは、「あなたは止めようもなく駆け込んだ／進んで意志なき網のなかに――／そうやってあなたは力づくで／慣習や法に抗った」（九九二三－二六）というものであり、「意志なき網のなか」という点では、後段のファウストの干拓作業と相似形をなす。ファウストは無目的に寄せては返す波の無意味な永遠の繰り返しに向かって、「ここでわしは闘いたい、これを征服したい」（一〇二二〇－一）と言っている。

36 冥府で結婚したアキレスとヘレナの息子のオイフォリオンには翼がある。ファウストとヘレナの息子には最初は翼はない。また、神話のイカロスの翼は父である名匠ダイダロスのつくった人工的な（künstlich）な翼である。すなわち、技巧＝芸術（Kunst）の翼である。ポエジーは、アンテウスのように母なる大地、すなわち感性的なもの・現実的なものに触れることによって新たな力を得るべきだというのがゲーテの考えるポエジーであり、大地を離れてただ人工的な翼でもって飛翔するだけではならないわけで、当然オイフォリオンは、イカロスのように禁じられた高みに飛翔しようとして墜死することになる。

37 NS. vol. 2, p. 534

38 かれが「ぼくは惜しげもなく使う者だよ。詩だよ」（五五七三）と言えば、プルートゥスもかれに「おまえはわし自身より富んでいる」（五六二五）と言い、車から「黄金」と「強欲」を下ろして、少年に「おまえは自由自在だ――さあ、改めておまえの領分へ行け！」（五六九〇）と促し、さらに「ひたすら、おまえが澄んだ目で気持ちよく澄んだ天地を見、／自分が自分のものになり、自分だけを信頼するところ、／美と善とだけが気に入るところへ、そこへ、／孤独の境へ行け！――そこでお前の世界を創れ！」（五五九三－九六）と言う。これに応じて少年は「あなたに従う者はのんびり休んでいられるが、／私についてくる者は、いつも努めねばなりません」（五七〇四）と言っている。

39 例えばフリードリヒ・シュレーゲルは「人類の理想的な状態があるとすると、そこには文学しか存在しないだろう」（KA. vol. 2, P. 324）、あるいは「現在の状態では、真の詩人だけが理想的な人間である」（同上）と言い、ノヴァーリスも、「詩人の国こそ、時代の焦点に押し出された世界としなければならない」（NS. vol. 3, p. 693）と言って、ポエジー礼賛の小説『ハインリヒ・フォン・オフターディンゲン〔青い花〕』を構想する。

40 この原文は „Das ist mein Wunsch, den wage zu befördern!“ であるが、さまざまな先訳があるので挙げておこう。

「干拓こそがおれの願いだ。断乎実行するぞ！」（柴田翔、一九九九年、講談社）。「さあ、これが己の望みだ。この望みを遂げさせてくれるか」（高橋義孝、一九六七年、新潮社）。「これが私の願いだ。思い切ってやりだしてくれ」（相良守峯、一九五八年、岩波文庫）。「これが、おれの願いなのだ。さあ、さっそくこの実現に手をかしてくれ」（井上正蔵、一九九一年、集英社）。メフィストの「わしはかれ〔ヴァーグナー〕の成功を早める男だ」（六六八四）を参照したい。

41　ファウストが埋め立てようとする砂丘の菩提樹の木立のそばに立つ掘立小屋に住む老夫婦。名前はギリシア神話、あるいはローマ時代のオウィディウス『変身物語』に出てくるもので、身をやつして旅するゼウスとヘルメスを手厚くもてなしたので、神の怒りの水害を逃れて助かり、小屋は神殿となり、ふたりはその番人になり、やがて死を迎えるときに樫の木と菩提樹に変身したというものである。

42　ダンテ『神曲』煉獄編一四三－一四四。以下の独訳による。（Dante: *Die Göttliche Komödie.* Übersetzt von Hermann Gmelin, Stuttgart 2011 : Der Läuterungsberg 143-144）

43　Walther Benjamin: *Gesammelte Schriften*, Frankfurt a. M. vol. I-1, 1974/78 pp.199. ちなみにノヴァーリスも、詩人の使命をそのようなものと考えており、例えば『青い花』第四章において、詩人に成っていく道をたどりつつある主人公は、囚われのサラセン女性の嘆きを聞いて、「彼女の救い手になろう、希望を掻き立ててやろう」と思うのである。

Ⅲ

世紀転換期：ダーウィニズムと超人思想

道徳の育種家としてのニヒリスト

――ニーチェとダーウィニズム

清水真木

一 「ダーウィン革命」と「非ダーウィン革命」

生物学の歴史をめぐる現在の素朴な常識は、チャールズ・ダーウィン（一八〇九－一八八二年）が一八五九年に公刊した『種の起原』に対し、進化論生物学の古典の位置を与える。たしかに、二一世紀前半の現在から振り返るとき、ダーウィンのこの書物は、進化論生物学の歴史に大きな断絶、つまり「ダーウィン革命」（Darwinian Revolution）を惹き起こしたものとして私たちの前に姿を現す。このかぎりにおいて、この書物には、無視することのできない価値が認められねばならない。

とはいえ、歴史を冷静に眺めるなら、この見方は、ごく最近になって常識と認められるようになったもの、どちらかと言えば新しいものであることがわかる。『種の起原』をめぐる現在の常識は、この著作とともに生れ、その後、一五〇年以上にわたり通用してきたものではなく、二〇世紀のいずれかの時期に形作られたものなのである。

『種の起原』が現在の知的世界において古典の位置を占めていることは事実である。そのため、私たちは、この書物が公刊とともに同時代の知的公衆から高い評価を与えられ、その後、現在まで一五〇年以上にわたり進化論生物学の基礎的な文献として読まれ続けてきたと考えてしまいがちである。しかし、実際には、『種の起原』は、公刊から現在まで、忘却に抗して多くの読者の注意を変わることなく惹きつけてきたわけではなく、況して、つねに肯定的な評価を与えられてきたわけでもない。この点は、歴史にもとづいて容易に確認することが可能である。また、ニーチェとダーウィニズムとの関係を問うことを目標とするかぎり、ダーウィニズムの受容に関する誤解をあらかじめ修正することには、小さくはない意義があるように思われる。

私たちは誰でも、『種の起原』という書物が刊行と同時に途方もなく大きな反響を当時の西欧の知的世界に惹き起こしたことを知っている。というのも、ダーウィンの同時代人たちは、この書物のうちに、サルがヒトの先祖であるという主張を見出したからである。一九世紀後半の読者の目に、『種の起原』は、ヒトがサルから進化してきたことを強調する書物として映っていたことになる。これもまた、よく知られている事実であろう。

しかし、厳密に考えるなら、この事実が私たちに教えるのは、ダーウィンの著作が何らかの騒動の原因となったことにすぎないのであり、この騒動は、それ自体としては、ダーウィニズムの運命については何も語っていないのである。『種の起原』が公刊され、これが騒動を惹き起こしたという一つの事実と、この事実に対し不知不識に与えられてきた次の二つの意味を区別することが必要となる。

現在では、①ダーウィンが彼以降の進化論生物学に与えた影響は、次のように評価されるのが普通である。すなわち、ダーウィンの『種の起原』という書物は、「自然選択」(natural selection)と「生存競争」(struggle for life)という二つの概念装置を用いて生物の「進化」(evolution)を説明することにより、進化が種の多様化のプロセスに他ならないことを主張するとともに、ジャン＝バティスト・ラマルクを中心とする一八世紀の博物学者たちによって表現を与えられた単線的な「進化＝進歩」観を否定し、一九世紀後半から現在まで、進化論生物学に大きな影響を与え続けてきたと普通には考えられているのである。生物学史的に見るなら、進歩から厳密に区別された生物の進化の概念がダーウィンとともに初めて姿を現すことになることは確かである。

次に、②ダーウィニズムの運命に関し漠然と共有されている了解に従うかぎり、進化論生物学におけるダーウィンの立場は、『種の起原』の公刊直後から、生物学の狭い範囲を超え、あらゆる事柄に適用可能な「世界観」のようなものとして流通するようになる。これは、現在では、ダーウィニズムの生物学の外部への応用と見做されているものであり、そのため、一般に「社会的ダーウィニズム」(social Darwinism)と呼ばれている。一九世紀後半における社会的ダーウィニズムは、ハーバート・スペンサーによって代表させられるのが普通である。

しかしながら、右に述べた理解ないし予想は、事実に基礎を持つものではない。むしろ、『種の起原』がダーウィンの同時代に惹き起こした現実の反響は、私たちの自然な予想とは相容れぬものであった。アメリカの生物学史家ピーター・ボウラーは、このような理解をダーウィンの受容に関する神話と見做し、『種の起原』がダーウィンの同時代に与えた影響に「非ダーウィン革命」(Non-Darwinian Revolution) の名を与える。ボウラーの見解が妥当なものであるなら、進化論に関するかぎり、一九世紀の生物学は、いかなる「革命」も経験してはいないのである。[1]

二　ニーチェとダーウィニズムの無関係

ダーウィンとニーチェはともに、一九世紀後半を生きた同時代人である。ダーウィンの『種の起原』が公刊された一八五九年秋、ニーチェは一五歳であり、プフォルタ学院の生徒であった。当然、『種の起原』がイギリスの社会において惹き起こした反響は、多少の時間差はあったとしても、何らかの形でニーチェの耳に届いていたはずである。

たしかに、『種の起原』や進化論生物学に対する特別な関心の証となるような言葉をニーチェの手になるもののうちに認めることは困難であり、実際、ニーチェ自身が受けた極端な人文主義的教育のために、生物学に関するニーチェの知識は、制限されたものにとどまっていた。それでも、ニーチェが進化論やダーウィニズムについて早い時期から何らかの知識を持っていたと推測することは不可能ではなく、不自然でもない。実際、ニーチェの著作には、ダーウィンの名が散見するとともに、進化論への言及もまた、繰り返し姿を現す。一八七七年八月に認められたと推定されるパウル・レー宛の書簡には、ダーウィンが同じ年に発表した「乳児の日記的素描」(Biographical Sketch of an Infant)――これは、人間の情動や表情を主題とするものである――をニーチェが読んだらしいことを報告する記述が見出される(KSB5.266)。[2] たしかに、ニーチェの蔵書には、この論文を見出すことができる。[3]
ただ、ダーウィンの名がニーチェにとり未知のものではないとしても、また、ダーウィンの名と結びつけられた進化に関する理論についてニーチェが何らかの知識を持っていたとしても、ダーウィニズムをめぐるニーチェの評価を彼自身の言葉にもとづいて明らかにすることが可能となるわけではない。ニーチェとダーウィンの関係は、二つの点において不透明なものだからである。

一方において、①『種の起原』に関する現代の素朴な常識に反し、一九世紀後半の知的世界において、ダーウィニズムの意味は、深刻な誤解にさらされていた。しかも、残念なことに、ダーウィニズムを支持する者たちもまた、この誤解を免れてはいなかった。

トーマス=ヘンリー・ハクスレーは、ダーウィニズムの信奉者として有名な生物学者であり、『種の起原』の公刊直後に範囲を限るなら、ダーウィンの立場のもっとも熱心な代弁者として知的公衆の前に姿を現した人物である。そのため、ハクスレーには、「ダーウィンのブルドッグ」(Darwin's Bulldog)のあだ名が与えられていた。

『種の起原』公刊の翌年、ハクスレーは、オクスフォードで開催されたイギリス聖公会の主教サミュエル・ウィルバーフォースとの公開討論会に参加し、進化論を否定するウィルバーフォースを烈しく攻撃する。この討論会は、ハクスレーが『種の起原』を高く評価していることを前提としなければ意味を持たないであろう。実際、討論会におけるハクスレーの発言は、ダーウィニズムとハクスレーとの関係を示すものであると普通には考えられている。

ただ、それとともによく知られているのは、ハクスレーが、『種の起原』における進化の説明に必須であるはずの「生存競争」と「自然選択」——両方とも『種の起原』の表題に用いられている——をダーウィニズムの根本概念とは認めてはいなかったという事実である。ハクスレーは、ダーウィニズムの信奉者であり、『種の起原』に対しかぎりなく好意的であったにもかかわらず、『種の起原』のオリジナリティを正しく把握してはいなかったことになる。[4]

とはいえ、ダーウィニズムの本質に関するハクスレーの誤解は極端なものであったわけではない。むしろ、『種の起原』の古典としての価値にもとづく私たちの予想に反し、一九世紀の後半を通じて、『種の起原』は、正確に理解されることはなく、また、肯定的な評価に恵まれることもなかった。それどころか、生物の進化の可能性を反証する試みにより、ダーウィニズムを含む進化論生物学全体の可能性に疑いの眼差しが向けられるようになり、『種の起原』の評価もまた、とどまることなく下落して行く。右に名を挙げた生物史家のボウラーによれば、ダーウィニズムにおける「自然選択」と「生存競争」の意義が正しく認められ、『種の起原』が進化論生物学の古典として最終的に安定した位置を与えられるのは、二〇世紀の半ば近くなってからのことである。[5]

この事実からわかることがあるとするなら、それは、ダーウィンの同時代人が『種の起原』に見出したものが、産業革命以降のイギリスにおいて支配的な社会観、つまり「弱肉強食」「優勝劣敗」を肯定する社会観と重なり合う部分だけであったという点である。この社会観は、前に述べた「社会的ダーウィニズム」であり、一九世紀後半の知的公衆にとり、『種の起原』は、社会的ダーウィニズムの生物学への応用（？）にすぎぬものであった。もちろん、社会的ダーウィニズムの方が本当の意味におけるダーウィニズムよりも古いものであり、厳密に考えるなら、「社会的ダーウィニズム」という表現は、一種のアナクロニズムである。

そして、他方において、②右に述べたような事情からただちに推測することができるように、ニーチェのダーウィニズム理解もまた、一九世紀後半の平均的な水準を超えるものではなかったに違いない。少なくとも、ニーチェが『種の起原』のすぐれた読み手であったことを示す証拠をニーチェ自身の手になるもののうちに認めることは困難である。

もちろん、たとえば、『ツァラトゥストラはこう語った』の冒頭において、私たちは、次のような一節に出会う。

諸君は蛆虫から人間への道を辿ってきた。そして、諸君の多くの部分が今なお蛆虫である。かつて諸君は猿であった。今でもまだ人間はいかなる猿よりも猿である。（KSA4.14）

しかし、誰でもすぐにわかるように、この一節が前提とするのは、誤解されたダーウィニズムである。ダーウィンの『種の起原』には、ヒトがサルから進化してきたという見解を認めることなどできないからである。

そもそも、『種の起原』では、人類の起源の問題は、主題的には取り上げられていない。また、人類の起源の問題が『種の起原』において取り上げられていたとしても、生物の進化をめぐるダーウィンの立場に従うかぎり、ヒトの先祖をサルに求めることは不可能である。ヒトとサルの関係について語りうるとするなら、それは、「ヒトとヒト以外の霊長類には、絶滅した共通の先祖を想定することができる」という点にとどまるに違いない。そして、これは、現代の進化論生物学の常識でもある。

たしかに、ニーチェ自身は、ヒトの祖先がサルであるというダーウィニズムとは無縁の見解に同意していたわけではないかも知れない。また、この一節が当時の紋切型を借用したものにすぎず、したがって、ニーチェのダーウィニズム理解のレヴェルを反映するものではないと考えることもまた可能である。

ただ、当時のヨーロッパにおけるダーウィニズムの受容の実態を考慮するなら、ニーチェのダーウィニズム理解に紋切型以上の何ものかを期待するのは、必ずしも自然ではない。実際、ニーチェの手になるものに散見するダーウィンへの直接の言及のうちに、自然選択に関するダーウィンの立場の正確な理解の痕跡を求めるのは困難である。

三　ダーウィンと系統学

とはいえ、『種の起原』において表現を与えられたダーウィンの進化論とニーチェの著作活動の成果を比べる作業により明らかになることがないわけではない。ダーウィニズムに関する現在の平均的な理解とニーチェの思想のあいだには、重なり合う部分を少なくとも一つは認めることができる。

ダーウィンとニーチェのあいだの重ね合わせの手がかりとなるのは、「系統学／系譜学」という言葉である。ダーウィンの場合、「系統学」(genealogy)は、『種の起原』が前提とするダーウィンに固有の進化論生物学の枠組であり、ニーチェもまた、「系譜学」(Genealogie)という言葉をみずからの著作の表題に用いる。一八八七年に公刊された『道徳の系譜学』である。したがって、「ダーウィンとニーチェ」というテーマが持つ哲学的な可能性は、さしあたり、「系統学／系譜学」の意味を明らかにする作業により明らかになる。ニーチェがみずからの試みに対し、「歴史」ではなく「系譜学」の名を与えたことには、それなりの理由があると推測することが可能だからである。

系統学／系譜学は、一つの決定的に重要な特徴により単なる歴史から区別されねばならない。すなわち、これは、単なる起源を明らかにする作業にとどまるものであってはならず、むしろ、本質的には、「分岐点」を再構成し記述するものだからである。系統学／系譜学にとり、分岐点は必須の前提なのである。

系統学／系譜学というのは、もともと、古銭学や古文書学などとともに、歴史研究において補助的な役割を担う学問分野であり、その目標は、系図を作り、家族のあいだの類縁関係を明らかにすることにある。[6] 系図は、「共通の祖先」を想定することにより、類似したものを分類する手段である。現存する複数の個体のあいだの類似を祖先の共有として説明するのが系統学／系譜学であると言うことができる。このかぎりにおいて、これは、「形態学」(morphology)[7] に従属する。当然、系図が系図であるためには、分岐点を欠かすことはできない。系統学／系譜学の本質は、現存するものを手がかりとする過去の分岐点の再構成と記述であり、分岐の時間的プロセスを空間化する点にあると言うことができる。実際、ダーウィニズムでは、生物の進化の系統図を描く作業は、つねに分類と一体をなすものであった。ダーウィンは言う。

> 分類(classification)は、私たちの手に負える範囲においてであるが、系統学となり、そのとき、分類は本当に創造のプランと呼ばれてよいものを与えることになるであろう。明瞭な目的が視野に現れていれば、分類の諸規則はもっと簡単なものとなる。私たちは、系図も紋章も持ってはいない。私たちは、長期間にわたり遺伝された何らかの種類の形質によって、自然の系統学における種々の分岐した系統を発見し追跡しなければならない。[8]

この一節では、「系図」「紋章」などの語が使われており、ダーウィンが歴史研究としての「系統学／系譜学」から系統学の着想を得たことがわかる。

もちろん、たとえば「マタイによる福音書」の冒頭に記された「イエス・キリストの系図」のように、分岐点を一つも含まない系図なるものを想定することは不可能ではない。ただ、このような系図の末端に位置を占める個体は、何にも似ておらず、周囲から完全に孤立しているから、グルーピングのためにこの個体と周囲との関係を考慮することもまた必要ではないことになる。孤立した個体に関し系図を作ることには、何の意味もないのである。

ダーウィンは、生物の進化を種の「分岐」(divergence)として理解する。すなわち、分岐により生れるはずの複数の新しい種の両方の形質をあわせ持つ過渡的な種が分岐点として想定される。そして、このような過渡的な種の個体からなる集団は、それぞれに与えられた自然環境に適応するため、形質の一部だけを受けつぎ、新しい種へと少しずつ転成して行く。当然、新しい種が生れるとともに、分岐点に当たる過渡的な種は、おのずと姿を消す。つまり、現存する種の先祖に当たる種、つまり分岐点に位置を占めていたはずの種はすべて、すでに絶滅しているのであり、現存するのは、生物の系統の末端に位置を占める種だけであると考えねばならない。これが、進化についてのダーウィンの考え方である。

分岐が種を多様化し、そして、種の多様化こそ進化の意味であった。このような理解により、ダーウィンは、彼以前の進化論からみずからを決定的に区別することになる。

種の分岐と多様化に進化の本質を求めるかぎり、進化は、進歩から厳密に区別されるべきものとなる。それとともに、生物の世界において、ヒトは、特権的な位置を占める存在とは見做されえぬものとなる。この点は、『種の起原』の初版にダーウィンが添えた唯一の図版（図1）により、簡単に確認することができる。時間の経過とともに、生物の系統は枝分かれして行き、現存するのは、系統の末端に位置を占める種だけである。当然、ヒトは、この系統の末端に位置を占める種の一つ以上の意味を持つものではないことになる。[9]

これに対し、エルンスト・ヘッケル――彼は、ダーウィニストであることを公言していた――には、進化と進歩を区別するダーウィニズムの本質を捉えることができなかったのであろう、初期の著作『自然創造史』（一八七四年）には、「ヒトの系統樹」（Stammbaum des Menschen）という標題を持つ図版（図2）が掲載されているけれども、[10]この図版では、ヒトが系統樹の頂上に位置を与えられており、ヒト以外の生物は、ヒトへの進化の途中に配置されている。これは、実際には、中世以来の樹木の比喩の反復であり、したがって、ダーウィニズムの観点からこれを眺めるなら、「系統樹もどき」にすぎぬものである。

四　ニーチェと系譜学

ダーウィンの系統学は、分岐点の記述により現存する生物の種を分類すること、つまり、共通

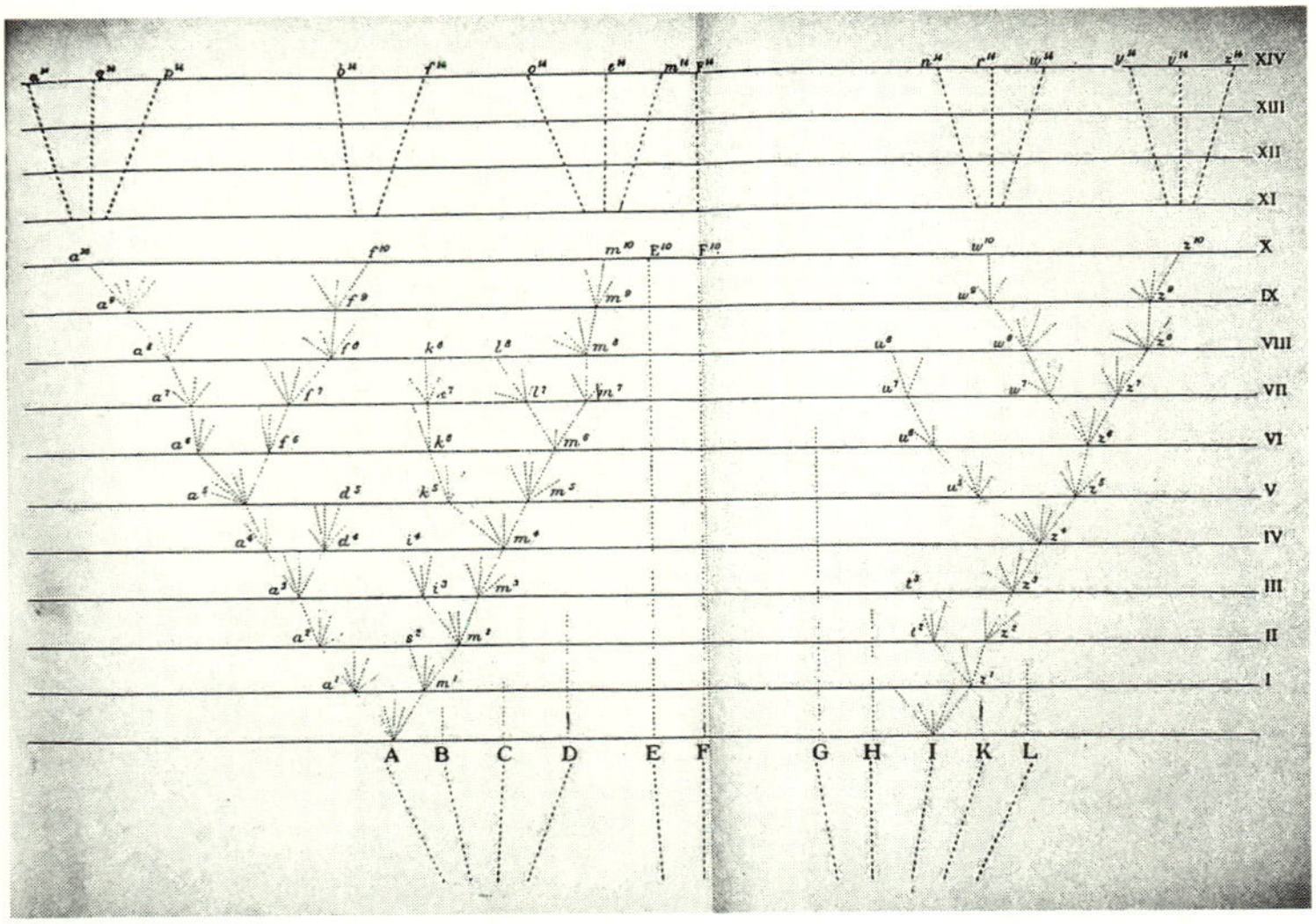

図 1

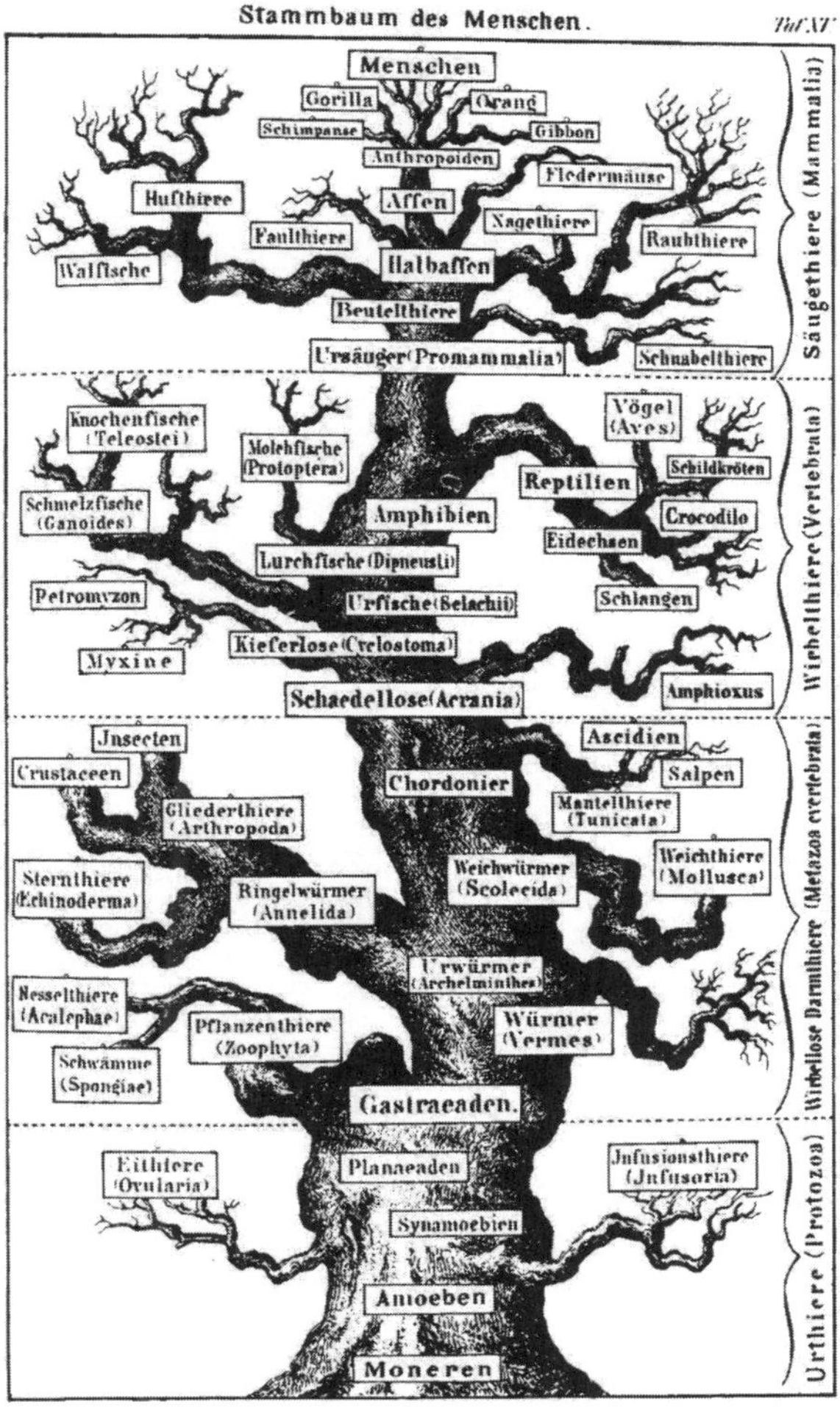
Stammbaum des Menschen.
Menschen
Gorilla
Orang
Schimpanse
Gibbon
Anthropoiden
Fledermäuse
Hufthiere
Affen
Nagethiere
Faulthiere
Raubthiere
Walfische
Halbaffen
Beutelthiere
Ursäuger (Promammalia)
Schnabelthiere
Säugethiere (Mammalia)
Knochenfische (Teleostei)
Molchfische (Protoptera)
Vögel (Aves)
Schildkröten
Reptilien
Schmelzfische (Ganoides)
Amphibien
Crocodile
Eidechsen
Lurchfische (Dipneusti)
Petromyzon
Urfische (Selachii)
Schlangen
Kieferlose (Cyclostoma)
Myxine
Schaedellose (Acrania)
Amphioxus
Wirbelthiere (Vertebrata)
Jnsecten
Ascidien
Crustaceen
Salpen
Chordonier
Gliederthiere (Arthropoda)
Mantelthiere (Tunicata)
Weichwürmer (Scolecida)
Weichthiere (Mollusca)
Sternthiere (Echinoderma)
Ringelwürmer (Annelida)
Urwürmer (Archelminthes)
Nesselthiere (Acalephae)
Würmer (Vermes)
Pflanzenthiere (Zoophyta)
Schwämme (Spongiae)
Gastraeaden.
Wirbellose Darmthiere (Metazoa evertebrata)
Eithiere (Ovularia)
Planaeaden
Jnfusionsthiere (Jnfusoria)
Synamoebien
Amoeben
Moneren
Urthiere (Protozoa)

図２

の祖先という観点から種のあいだの関係を明らかにする試みである。同じように、ニーチェにとり、系譜学にとり重要なのは、道徳の歴史における分岐点である。さらに、ダーウィンの系統学が形態学に従属するものであったのと同じように、ニーチェにとってもまた、系譜学は、「類型学」（Typenlehre, KSA5.105）と表裏をなすものであった。両者はいずれも、共通の祖先という観点から現在の種に照明を当てる。この点についてもまた、両者のあいだに並行的な関係を見出すことができる。

道徳の進化における分岐点について、ニーチェは、次のように言う。

……今やその道徳（＝古い道徳）は時代遅れとなり、時代遅れのものである。一層偉大な、一層多様な、一層広範な生が古い道徳を乗り越えて生きるような、危険にして不気味な点に到達しているのだ。この点において「個人」は存在しているのだが、自己の保存、自己の高揚、自己の救済のための固有の立法と固有の技巧と狡知の必要に迫られている。ただ新しい「何のために」だけが、ただ新しい「何によって」だけが存在し、もはやいかなる共通の方式も存在せず、誤解と軽蔑が同盟を結び、頽落と荒廃と最高の欲求が、ぞっとするような仕方で結びつき……。（KSA5.216）

右の引用において言及される「危険にして不気味な点」（der gefährliche und unheimliche Punkt）こそ、

道徳の歴史における失われた分岐点に他ならない。

ニーチェは、進化の分岐点へと最初に導き入れられる道徳のタイプを全体として「風習の倫理」（Sittlichkeit der Sitte, KSA3.21）と名づける。もちろん、風習の倫理というモデルの具体的な内容は、社会集団に与えられた環境に応じて区々であるに違いない。

そして、道徳の歴史的変化をめぐるニーチェの見解に従うなら、この「風習の倫理」が畸形化し分岐することにより、道徳の二つのタイプが成立する。これら二つのタイプには、それぞれ「君主道徳」（Herren-Moral）「奴隷道徳」（Sclaven-Moral）の名が与えられる。

ニーチェによれば、風習の倫理は、「世界史」以前の時期に人類によって作り出され、ながい時間にわたり通用していた原始的な道徳のタイプであり（KSA3.32）、少なくとも一神教のもとでは風習の倫理を必ず見出すことができる（KSA3.490）。というのも、一神教というのは、一人ひとりがみずからの価値評価に従って判断し行動することを許さず、人間についてただ一種類の「規格動物」（Normalthier）、ただ一種類の「理念」（Ideal）しか認めないからである（KSA3.491）。そして、一神教が要求したこのような風習の倫理のせいで、人類は、動物に固有の停滞に陥ることになり（KSA3.490）、さらに、風習の倫理のもとで「畜群本能」（Heerdeninstinct, KSA3.493）が育てられることになったとニーチェは理解する。

風習の倫理は、共同体を構成する一人ひとりが「みずからの性格とみずからの仕事」に対し不変という外観を与えること、つまり「道具的な本性」「みずからに忠実であり続けること」「変化しないこと」に意義が与えられる（KSA3.536）。言い換えるなら、それは、「約束しうる動物を育成すること」（ein Thier heranzuzüchten, das versprechen darf, KSA5.349）でもある。

とはいえ、この風習の倫理は、「算定しうる」（berechenbar）存在へと人間を育成することにより、最終的に、「風習の倫理からふたたび解放された、自律的で風習を超えた」「みずからについての支配権を持つ個体」（das *souveraine Individuum*）、自分自身の遠近法を尺度としてすべてを評価する者、つまり強者を産み出すことになる（*ibid.*）。風習の倫理は、システムとしての輪廓を失い、崩壊せざるをえないのである。

> その『自由な』人間というのは、いつまでも途切れることのない意志を持っており、また、このような意志を具えていることをみずからの価値評価の尺度とする。つまり、自分を基準にして他人を眺めながら、このような人間は、尊敬したり軽蔑したりするのである。そして、それは、彼がみずからに等しい者、強者であり（約束しうる者であり）信用に値する者を尊敬するというのと同じくらい必然的なことである。……（KSA5.360）

みずからを価値の尺度とする者たちにより作り出されるこのようなタイプの道徳は、ニーチェが「君主道徳」と名づけるものに他ならない。つまり、風習の倫理は、君主道徳へと移行するのである。

しかしながら、それとともに、ニーチェによれば、風習の倫理は、君主道徳の対極に位置を占めるような道徳、つまり、「隣人に対する恐怖」(*Furcht vor dem Nächsten*) にもとづく道徳を作り出す。

社会の構造が全体として固定され、外からやって来る危険に対して安全であるように見えるようになると、この隣人に対する恐怖から道徳的な価値評価の新しい遠近法がふたたび作り出されることになる。進取の気性、向こう見ず、復讐心、狡猾、貪欲、権勢欲のようなある種の強力で危険な衝動は、これまでは公共の役に立つという意味で尊敬されていたわけであるが、そればかりではなく——当然、右で述べたのとは別の名のもとで——大いに育てられ栽培され飼育されねばならなかったのだが、(なぜなら、そうした衝動は、全体が危険にさらされているとき、全体の敵に対してたえず必要とされていたから、)そうしたものは、今後は、その危険が二重に強く感じられるようになり——今ではこうした危険を流してしまう下水道がないわけだ——非道徳的なものとして次第に烙印を押されるようになり、誹謗中傷へと委ねられるようになる。今やこれらとは反対のさまざまな衝動と傾向が道徳的な尊敬を受ける。畜群本能は、一歩ずつみずからの結論を導き出す。意見、状態、感情、意志、才能のうちに、公共にとって危険なもの、平等を脅かすものがどのくらい多く、また、どのくらい少なく見出されるかということ、この点が今では道徳に関する遠近法なのである。ここで

もまたふたたび、恐怖が道徳の母になっているのである。(KSA5.128)

外部の脅威に備えるために作り上げられたシステムとしての風習の倫理は、脅威が消滅するとともにシステムとしての輪廓を失い、アノミーに陥る。そして、アノミーに陥ったシステムの要素の一部を引き継ぐことにより「君主道徳」とともに生れたのが「隣人に対する恐怖」を基礎とする道徳であり、これが「奴隷道徳」に他ならない。ニーチェに従うかぎり、君主道徳が風習の倫理から生れるばかりではなく、君主道徳と対をなすタイプの道徳、つまり奴隷道徳もまた、風習の倫理に由来するものであることになる。

系統学は、ダーウィニズムをダーウィン以前の進化論から区別するものであった。同じように、道徳の歴史をめぐる彼に固有のパースペクティヴを分かつものは、系譜学の試みのうちに見出すことができる。というのも、ニーチェにとり、道徳の歴史を「系譜学」として記述する試みは、みずからがパウル・レーの「系譜学的仮説」(genealogische Hypothesen, KSA5.250)と、レーに影響を与えた「イギリスの心理学者たち」(engelische Psychologen, KSA5.257)の「漫然としたイギリス的仮説」(englische Hypothesenwesen in's Blaue, KSA5.254)に対する不同意と一体のものだからである。ニーチェの系譜学は、道徳の歴史のうちに人類が非利己的にふるまうようになるプロセスを見出し、道徳の「進化」が道徳の「進歩」に他ならないという見解に与しないことを明らかにするものであったと言うことができる。[11]

五　系譜学と文献学

道徳の歴史を系譜学として記述するとは、道徳の進化における過去の分岐点を特定し再構成することである。ニーチェにとり、この分岐点は、風習の倫理として記述されるべきものであった。

そして、道徳の系譜学は、道徳における進化を進歩から区別することにより初めて可能になる作業でもある。道徳の変化に見出されるべきなのは、進歩ではなく進化なのである。系譜学という枠組を歴史に適用する試みは、それ自体として、また、その都度あらかじめ、道徳に関するこのような理解を前提とする。実際、進化という現象が劣ったものから優れたものへの直線的な移行――つまり進歩――にすぎぬものであるなら、系図を描くことなど、可能でも必要でもないであろう。

もっとも、系統学／系譜学というのは、生物の進化や道徳の歴史にのみ適用可能な特殊な構図ではない。これは、時間の経過とともに変化するすべてのものに適用可能なフォーマットである。これは、主に進化論生物学の分野において、ダーウィンと系統学の関係において指摘されている点である。[12]

実際、すでに述べたように、ニーチェは、ダーウィンの影響のもとで系譜学に出会ったわけではない。少なくとも、『道徳の系譜学』と『種の起原』のあいだに見出されるのは、限定された並行関係を超えるものではない。むしろ、ニーチェの場合、系譜学という構図のもとで道徳の歴史を語る作業のヒントになったのは、彼が生活の糧を得ていた古典文献学である。

古典文献学の正体を外部から知るのは容易ではない。というのも、この学問分野は、古典古代に関する比較言語学、文学、歴史、考古学などの無秩序な寄せ集めのような外観を具えているからである。もちろん、このような外観には理由がある。すなわち、このような研究はすべて、最終的には、「原典批判」(textual criticism)、つまり、ギリシア語、ラテン語の現存するテクストの写本を比較し、「最初に書かれたとおり」のテクストを復元する作業へと収束すべきものと見做されているのである。

古典文献学の本質は原典批判にあり、古典文献学の名のもとに遂行されている研究の多くは、少なくとも約束としては、原典批判に奉仕する研究の束であると考えることができる。そして、ニーチェが古典文献学を本格的に学び始めた一九世紀の半ば、文献学界で新たに試みられるようになっていたのが、さまざまなテクストに関し「写本の枝分かれ図」(stemma codicum)を描く作業であった。

枝分かれ図は、写本の系図(図3)であり、現存する複数の写本に見出される誤記や脱落などを比較し、これらの写本のもとになった失われた写本(＝分岐点)の存在を推定し、写本のあいだの関係を確定することにより作られるものである。ここには、写本の系統が時間の経過とともに分岐して行くプロセスが表されることになる。

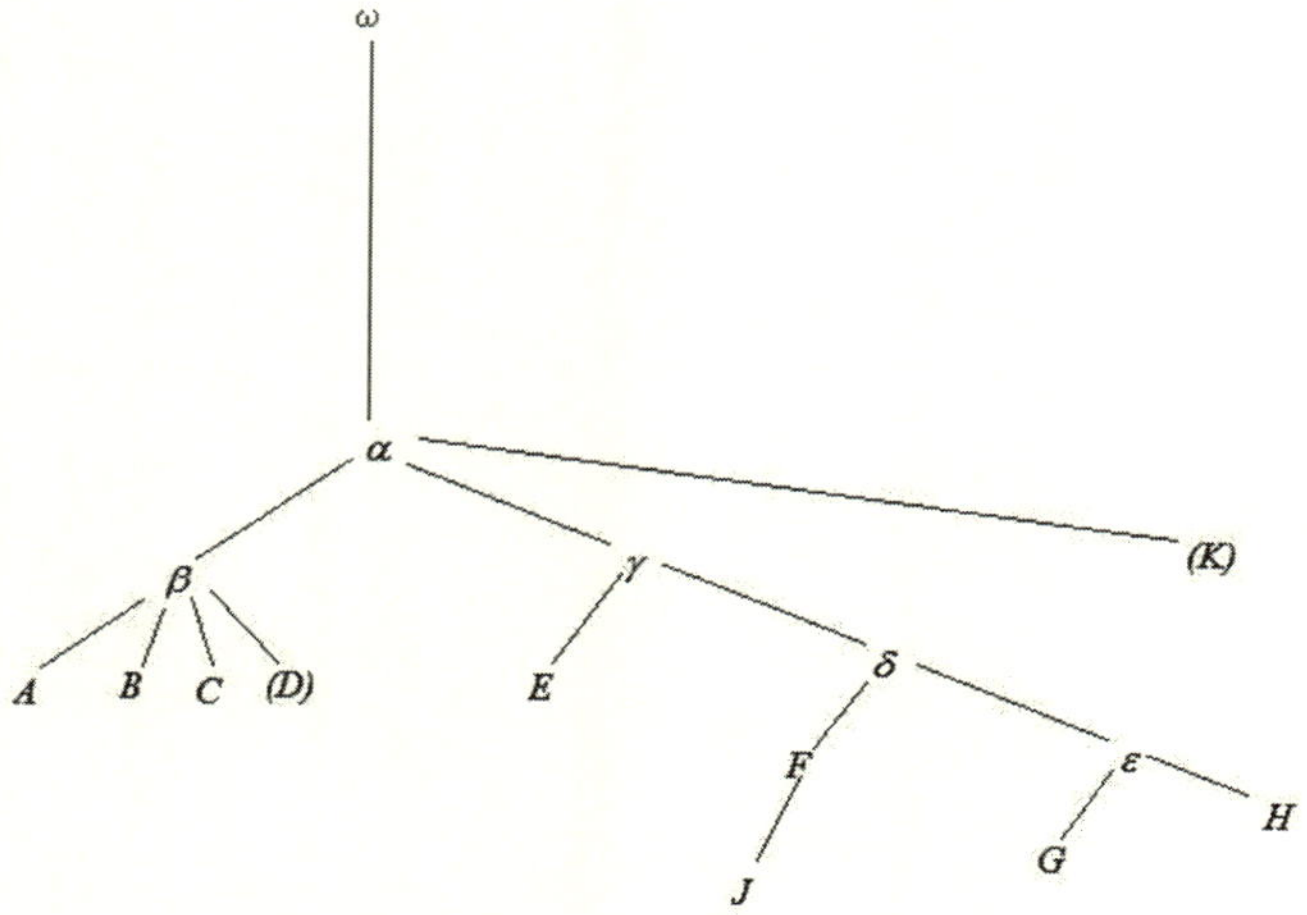

図３

ニーチェの師に当たる文献学者フリードリヒ・リッチュルは、写本の枝分かれ図の精度を向上させ、テクストの伝承の過程の一望を可能にする改良を試みた人物である。[13] ニーチェにとり、枝分かれ図は、ダーウィニズムとは関係なく、あらかじめ熟知のものであったと考えるのが自然であり、系譜学という構図のもとで道徳の歴史を語るアイディアは、写本の枝分かれ図の作成からヒントを得て遂行されたと推測することができる。[14] ダーウィンとニーチェは、同じ普遍的なフォーマットを生物の進化と道徳の歴史にそれぞれ独立に適用したのである。

そして、両者の試みを比較することにより、道徳の系譜学というニーチェの試みに対し、新しい観点から照明を当てることもまた、可能となるように思われる。

六　徴候と道徳

ダーウィンとニーチェが系統学／系譜学という構図を共有していたことは、必ずしも偶然ではない。一九世紀後半の知的世界には、すべての現象を徴候、痕跡、記号として受け取る態度が散見する。たしかに、たとえば、絵画や彫刻の鑑定（モレッリ）、犯罪人類学（ロンブローゾ）、指紋の分類（ゴルトン）、探偵小説（コナン＝ドイル、ポー）、精神分析（フロイト）など[15]はいずれも、観察可能なものを手がかりに、直接には触れることも見ることもできぬ「事実」を再構成し記述する試みであった。

したがって、現存する種のあいだの形質の類似にもとづき、生物の進化の系統図を描くダーウィン、そして、複数の道徳を比較することにより、両者に共通の祖先（＝風習の倫理）を推定し、道徳のこの原始的な形態がどのようにして畸形化し、変質し、崩壊し、消滅したのかを明らかにするニーチェ、二人はともに、同時代から孤立していたわけではないのである。少なくとも、ダーウィンとニーチェの試みがこのような広い文脈の内部に位置を占めるものであることは確かであるように思われる。

実際、ニーチェの手になるものには、「徴候」（Symptom）「徴候学」（Symptomatologie）「記号」（Zeichen）「意味論」（Semiotik）などの言葉が散見する。たとえば、一八八五年末から一八八六年初めの日付を持つノートには、道徳を徴候として把握する次のような断章が記されている。

> ……ある時代の道徳という写本（Moral-Codex）は、全体として一つの徴候（*Symptom*）である。たとえば、これは、自己讃美の手段となることもあれば、不満足または偽善のはけ口となることもある。したがって、現在の道徳という文字を確定することがまだできていないので、その上で、この文字を解釈したり意味を推測したりすることもできない。つまり、道徳自体が多義的なのである。（KSA12.23）

右に引用した一節では、「写本」「文字」などの言葉が使われており、ニーチェが道徳をテクストと見做していたこと、したがって、「文字」を「確定すること」が可能となるために、何よりもまずこれを系譜学的に記述すべきものとして理解していたことがわかる。

さらに、『偶像の黄昏』には、次のような記述が見出される。

……道徳的判断は、このかぎりにおいて、決して文字通りに受け取られてはならない。道徳的判断自体には、つねに不合理しか含まれていないからである。しかし、道徳的判断は、徴候学／意味論（*Semiotik*）としては、相変わらず途方もない値打がある。それは、少なくとも知識のある者たち——ただし、自分自身のことを理解できるほどの知識はなかった者たち——にとっては、さまざまな文化やさまざまな内面に関する非常に価値ある現実を明らかにしてくれるものなのである。道徳というのは、徴候となる談話（Zeichenrede）にすぎず、徴候学（Symptomatologie）にすぎない。つまり、道徳から利益を引き出すには何が問題なのか、あらかじめ知っていなければならないのである。（KSA6.89）

七　新たな分岐点へ、あるいは、育種家としてのニヒリスト

ニーチェにとり、道徳の歴史は、系譜学として語られねばならなかった。つまり、道徳の歴史における失われた分岐点（つまり風習の倫理）と、この分岐点から二つのタイプの道徳（つまり「君主道徳」と「奴隷道徳」）が生れるプロセスを記述する作業が「系譜学」と名づけられたのであった。

さらに、道徳の系譜学の試みは、道徳をめぐる次のような理解をその都度あらかじめ前提とするものであったと考えることができる。①まず、道徳というのは、さしあたり、外部の脅威に備え、環境に適応する必要によって作り出されるルールの束のようなものである。②しかし、道徳は、一つの自律的な価値評価のシステムとしてみずからを組織化し、特定のタイプの人間を産み出すようになる。③さらに、このシステムは、脅威が続くあいだは正常に作用するけれども、脅威が消滅すると、環境への適応という目標を見失い、それとともに、明瞭な輪廓を失って畸形化する。④最終的には、システムに具わっていた要素の一部をそれぞれの仕方で引き継ぐ複数の新たな道徳へと分岐し、それ自体としては姿を消す。ニーチェに従うなら、風習の倫理、君主道徳、奴隷道徳の三者のあいだには、このような関係が認められるのであり、このような考え方は、生物の進化をめぐるダーウィンの見解と重ね合わせることが可能である。

しかし、両者の重ね合わせが可能であるなら、形式的には、さらに次のように考えることが許されるはずである。すなわち、風習の倫理が君主道徳と奴隷道徳へと分岐し、姿を消したのと同じように、現在の世界において支配的であるとニーチェが理解する道徳もまた、やがて輪廓を失い、新しい道徳の成立とともに姿を消すことになる、このように想定することは、不可能ではなく、不自然でもない。そして、ニーチェの言葉のうちにこのようなプロセスへの言及を捜すなら、「ニヒリズム」の問題をめぐる発言がこの文脈に位置を与えられなければならないことがわかる。

ニーチェによれば、ニヒリズムが極限に到達するとき、すべての価値評価の虚偽が明らかになる。このような状況のもとで生きることが可能となるためには、すべてが虚偽であるという事態を悦ばしいものとして受け取る「強さ」を具えた者、つまり「超人」が「永劫回帰」という「試金石」によって選び出されねばならない。さらに、「超人」が体現する新たな価値評価の尺度——「大地の意義」——にもとづき「価値転換」が遂行されることにより、ニヒリズムが克服される。これは、『ツァラトゥストラはこう語った』以降、最晩年にいたるまで繰り返し描かれる歴史の構図である。[16] ニヒリズムの進行と克服のプロセスを系譜学の構図と重ね合わせることにより、ニヒリズムが道徳の解体のプロセスであるばかりではなく、道徳の歴史における新たな「分岐点」への接近に他ならないことが明らかとなる。

よく知られているように、ダーウィンは、『種の起原』のアイディアは、「育種家」(breeder) たちが動物や植物の新しい品種を作り出す手順をヒントとして生れた。進化論生物学は、生物学の他の分野とは異なり、本質的に実験が不可能である。そのため、ダーウィンは、育種家による品種改良つまり「人為選択」(artificial selection) を観察することにより、進化論生物学に固有の「実験不可能」という制約を乗り越えようとしたのである。[17] ダーウィニズムの根本概念である「自然選択」は、育種家による「人為選択」の観察にもとづいて産み出されたものであり、自然によって行われる人為選択に他ならない。

ただ、ダーウィンに従うかぎり、人為選択が何らかの目標を前提とするものであるのに反し、自然選択には目的や意図があるわけではなく、進化は、機械論的なプロセスにすぎない。換言すれば、進化には何の必然性もなく、決まった方向もなく、外部の環境の影響のもとで行き当たりばったり惹き起こされるものとして理解されねばならない。この点は、ヒトを生物の進化の最終的な目標と見做すダーウィン以前の進化論からダーウィンの立場を区別する標識である。ダーウィンは、人為選択から区別されたものとしての自然選択を進化の契機と見做すことにより、目的論的な自然観を斥けたのである。

ニーチェの場合もまた、マクロのレヴェルで見るなら、道徳は、行き当たりばったりの分岐の繰り返しであり、ここには、方向も目的も見出すことができない。つまり、道徳というのは、全体としては、終わることのない動揺、解体、再生の小刻みな繰り返しから決して免れることができぬものであり、普遍妥当的な道徳など、ありうべからざるものなのである。

しかし、それとともに、ミクロのレヴェルでは、一つひとつの道徳は、つねに動揺と解体の過程にあるものとして、内部におけるニヒリズムの進行によるアノミーを経験しつつあるものとして、つまり、分岐点への途上にあるものとして姿を現すはずである。当然、このプロセスは、ただ観察されるべきものであるばかりではなく、プロセスを人工的に促進することもまた可能である。言い換えるなら、道徳の進化には、「人為選択」の余地が与えられているのである。そして、道徳における人為選択こそ、ニーチェが「積極的ニヒリズム」と名づけ肯定的に評価する態度に他ならない[18]。ニヒリストとは、道徳の運命の真相を明らかにする者、いわば道徳の育種家であり、道徳の「品種改良」により、人間の品種改良を試みる存在であると言うことができる。すべての道徳は、どれほど安定しているように見えるとしても、動揺と解体を免れない。つまり、道徳の歴史が系譜学として記述可能であるかぎりにおいて、すべての道徳は、固有の輪廓を失い、分岐点へと導き入れられ、新しい道徳へと分岐して行かざるをえないのである。ニーチェにとり、「ニヒリズム」は、道徳の動揺と解体のプロセスの名であるとともに、このプロセスの促進にみずから手を貸す態度の名でもある。[19] この二つに同じ名が与えられているのは、積極的ニヒリズムのもとで、道徳の本質がみずからを表すからであるに違いない。

［註］

1 進化論生物学は、一八世紀末に姿を現したラマルクの進化論――いわゆる「用不用説」――以来、新しい理論が産み出されることなく沈滞しており、この意味において、当時は、なかば忘れられた学問分野であった。ダーウィンの『種の起源』は、進化論という分野、そして、進化という観念を読者に思い出させる刺戟となり、さしあたり、ダーウィンの意図とは反対に、ラマルクの再評価のきっかけになった。Bowler,Peter J., *The Non-Darwinian Revolution. Reinterpreting a Historical Myth*, Johns Hopkins University Press, 1988, p. 108.

2 ニーチェの著作、遺稿、断片からの引用は、グロイター版15巻選集（*Nietzsche Werke. Kritische Studienausgabe in 15 Bänden*, herausgegeben von Giorgio Colli und Mazzino Montinari, Berlin, Walter de Gruyter, 1980.）から、書簡からの引用は、原則としてグロイター版書簡全集（*Nietzsche sämtliche Briefe. Kritische Studienausgabe in 8 Bänden*, herausgegeben von Giorgio Colli und Mazzino Montinari, Berlin, Walter de Gruyter, 1986.）から行い、著作、遺稿の場合には、KSA の符号および巻数と頁数により、断片の場合にはKSA の符号および巻数と断片番号により、また、書簡の場合は、KSB の符号および巻数と頁数により、原則としてその都度本文中で行う。いずれの場合も、引用する綴りはグロイター版に従い、ニーチェによるゲシュペルトは斜体で示した。

3 この他に、ニーチェは、進化論生物学に関係のある書物として、たとえばアウグスト・ヴァイスマンやカール・ヴィルヘルム・フォン・ネーゲリの著作を所蔵していた。„Nietzsches Bibliothek“, in: *Vierzehnte Jahresgabe der Gesellschaft der Freunde des Nietzsche- Archivs*, herausgegeben von Max Oehler, Weimar, Nietzsche-Archiv, 1942（Nendeln/Liechtenstein, Kraus Reprint（A Division of Kraus-Thomson Organization Limited, 1975））.

4 丹治愛『神を殺した男　ダーウィン革命と世紀末』（講談社選書メチエ、一九八四年）二〇〇頁。

5 Bowler, *ibid.*, p.57.

6 この点については、清水真木「危険にして不気味な点――ニーチェと『系譜学』――」（『論集』一五号（東京大学大学院人文社会系研究科哲学研究室編，一九九七年）一三一－一三三頁を参照のこと。

7　Darwin, Charles Robert, *On the Origin of Species by Means of Natural Selection, or the Preservation of Favoured Races in the Struggle for Life*, London, John Murray, 1859, p.485.

8　Darwin, *ibid.*, p.486.

9　生物の完全な系統図なるものが可能であるなら、これは、たとえば「JT生命誌研究館」が製作した「生命誌絵巻」（http://www.brh.co.jp/imgs/about/emaki/emaki.jpg）のように、末端に向かって広がる扇状の図形になるはずである。

10　Haeckel, Ernst, *Antrhopogenie oder Entwicklungesgeschichte des Menschen. Gemeinverstäntliche Wissenschaftliche Vorträge über die Grundzüge der menschlichen Keim- und Stammes-geschichte*, Leizig, Wilhelm Engelmann, 1874, S.492f.

11　レーや「イギリスの心理学者たち」が暗黙の前提として受け入れている道徳の変化に関する了解は、私たちの生活をミクロのレヴェルで眺めたときの実感に合致するものであり、これを斥けることは容易ではない。道徳の変化に関するかぎり、時間的にあとに姿を現したもの、つまり新しいものが、あらかじめ流通していたもの、すなわち古いものの改善と修正の結果と見做すのが自然だからである。
私たちの生活は、さまざまなルールによって拘束されている。また、このようなルールが時間の経過とともに少しずつ交替すること、あるいは、状況の変化に応えるために新しいルールが作り出されなければならない場合があることを私たちは誰でも知っている。

ただ、ルールとして私たちが引き受けているものは、これから主題的に取り上げられるような道徳的な規範ばかりではない。カントが「主観的原則」（subjektive Grundsätze）と名づけるようなもの、つまり、実際的で技術的な性格のものもまた、生活を支配するルールに属しているのである。

そして、私たちは、大抵の場合、新しく姿を現したルールを、この新しいルールに押し出されることにより姿を消した古いルールと比べ好ましいものとして受け取る。実際、新しいルールの方が古いルールよりも何らかの意味において好ましいことが認められなければ、古いルールが捨てられることはなく、新しいルールが受け入れられることもないであろう。

12 新しい状況のもとでどのようにふるまうべきかを指示するルールについてもまた、事情は同じである。すなわち、特定の新しい状況のもとで万人が一様にふるまうことが望ましいと考えられているからこそ、新しいルールが社会に受け入れられることになると想定するのは、自然であるように思われるのである。

13 私たちが具体的に経験しうる時間の幅の範囲では、また、「道徳」がこのようなルールを要素とする集合の名であるなら、同じ社会集団のもとでの道徳の変化は、科学史におけるパラダイム転換のように集合のすべての要素が一度に交替することにより実現するのではなく、むしろ、集合の要素が一つずつ交替することにより、あるいは、新しい要素が一つずつ加わることにより実現するものであり、ある程度の時間が経過したのちに過去を振り返ることにより、私たちの目に初めて見えるようになるものであるに違いない。たとえば、佐倉統『進化論という考えかた』(講談社現代新書、二〇〇二年) 一三八頁を参照のこと。

14 Reynolds, L. D. & Wilson, N. G., *Scribes and Scholars. A Guide to the Transmission of Greek and Latin Literature*, Oxford University Press, 1991, p.210; Timparano, Sebastiano, *The Genesis of Lachmann's Method*, translated by Glenn W. Most, University of Chicago Press, 2006, p.94ff.

15 Maas, Paul, Textkritik, Leizig, Teubner, 1927, S.29f. また、清水真木『知の教科書 ニーチェ』(講談社選書メチエ、二〇〇三年) 一四七頁以下を参照のこと。

Ginsburg, Carlo, "Morelli, Freud, Sherlock Holmes", in: *The Sign of Three. Dupin, Holmes, Peirce*, edited by Umberto Eco and Thomas A. Sebeok, Bloomington, Indiana University Press, 1988, p.106ff.

16　清水真木『岐路に立つニーチェ――二つのペシミズムの間で』（法政大学出版局、一九九九年）一七五頁以下。

17　これに対し、ダーウィン以前の博物学者たちは、この制約を克服するため、主に化石に関する地質学の成果を利用していた。そして、これは、ダーウィン以前の進化論が単線的で一方向的な変化を想定してきた根拠の一つである。地層は、下方から上方に向かって一方向的に積み上げられているものであり、地層の順序は、時間の順序と一致するのが普通である。したがって、古い地層から出土する化石が進化の早い段階の生物のものであり、新しい地層から出土するのが進化した生物の化石であると想定し、これらを一つの直線上に排列するのは、決して不自然なことではない。むしろ、一九世紀半ばまでの博物学に対し地質学が与えた影響を考慮するなら、生物の進化を地層の堆積と重ね合わせ、これを一つの直線として描くのは、自然な帰結であると言うことができる。反対に、進化とは種の分岐であり、進化のプロセスとは種の多様化のプロセスであるなどというダーウィンの見解の方が、地質学的な観察の結果を無視するものであり、非常識なものであったに違いない。彼の同時代人の多くが『種の起原』を誤解したのは、当然なのである。

18　清水真木『知の教科書　ニーチェ』九二頁以下。

19　前掲書、九一頁。

「有機体としての国家」
――もう一つの「超人」の夢

石田雄一

はじめに

国家を人体に例える比喩はヨーロッパでは古代からの長い歴史を有する。王が国家の頭で、臣民がその四肢だといった類の国家観は中世にも盛んに唱えられていた。一九世紀のいわゆる「国家有機体論」もその延長線上にあることは言うまでもない。

しかし、一九世紀には、自然科学上の重大な発見が相次ぎ、「人体」のイメージが一変すると、それに例えられてきた「国家」のイメージにも大きな変化が生ずる。この点で特に注目すべきなのは、一九世紀の三大発明に数えられる「細胞説」と「進化論」である。身体を構成する無数の細胞が独立して生命を営む上での最小の単位がであることが発見されると、そのアナロジーで、国家もまた無数の細胞＝市民から構成される有機体として表象され始める。これに進化論が加わって、多くの市民が国家という有機体に統合される過程が、単細胞生物から多細胞生物が生じたような「進化」として捉えられるようになると、国家を人間の進化の更なる段階として捉える新たな国家有機体論が成立する。

　こうした国家有機体論に対してオーストリア出身の公法学者ハンス・ケルゼンは彼独自の新カント派的立場から一貫して批判的な態度を取っている。ケルゼンによれば、「国家」はあくまでも「当為の世界」に属する「規範の体系」にほかならず、生物のような実在物ではない。それゆえ、国家有機体論は、ケルゼンの立場からすれば、「きわめて主観的な、倫理的‐政治的な推論に、『科学的』客観性の見せかけを〔…〕与える」[1]ものでしかない。しかし、注目すべきは、ケルゼンが国家有機体論の批判に際して、「有機体としての国家」を表す表現として、ドイツ・ロマン派以来盛んに使われてきた「マクロアントロポス〔＝大きな人間〕」と並べる形で、「超人《ユーバーメンシュ》」という語を用いていることである。[2] ケルゼンは、自らがこの語にいかなる意味合いを込めて用いているのかについて何も述べていないが、単に「大きい」というだけでなく「人間の超克」をも意味し得る「超人」という表現は、細胞説と進化論に基づく新たな国家有機体論が思い描く「国家」のイメージを想定したものではないかと考えられる。

　以下、こうした問題意識を念頭に置きつつ、生物学者エルンスト・ヘッケルやその弟子であるオスカー・ヘルトヴィヒ、さらにはサイエンス・ライターの草分け的存在であるヴィルヘルム・ベルシェらが夢見た「国家」という生物を、それを——おそらくは皮肉を込めて——「超人」と呼んだケルゼンの著書や論文を適宜顕微鏡のように用いながら、一九世紀という思想史的脈絡の中で観察してみよう。

一 ケルゼンの見た一九世紀

ケルゼンは「神と国家」と題する論文（一九二二年）の中で、「国家」が、「神」と同様に、実在物ではなく、ある種の「観念」であることを示すために、宗教生活や社会生活を芝居に例えて、次のように述べている。

政治的な舞台で宗教劇や社会劇を悲劇的に演じている人たちの顔からその仮面を引き剥がせば、もはや神が報いたり罰するのでもなく、国家が有罪判決を下したり戦争を行うわけでもなく、人間が他の人間に何かを強い、X氏がY氏を打ち負かし、残忍な人間が再び昂じた殺戮欲を満たすだけなのである。[3]

信心深い人なら、信仰を共にする人たちから助けを受ければ、神が自分に報いているのだと思い、あるいは教義に背いた廉《かど》でひどい仕打ちを受ければ、それは神が自分に下した罰だと考えるかもしれない。しかし、実際にその人を助けたり、あるいはひどい仕打ちをしているのは神ではなく人間である。それと同じように、我々はしばしば、「A国がB国に宣戦布告した」とか「A国とB国が交戦した」などと言うが、実際に宣戦を布告するのは「王」や「大統領」などと呼ばれる人間であり、武器を持って戦闘を行うのも「兵士」と呼ばれる個々の人間たちである。「神」や「国家」と呼ばれるものはどこにも存在せず、存在しているのは個々の人間だけなのである。

仮面が剥がれ落ちれば、劇はその本来の意味を失う。仮面を度外視するなら、宗教や社会といったものを成立させている特殊な意味づけ《ドイトゥング》が放棄される。この比喩は一つの方法論上の洞察を含んでいる。すなわちこの仮面の度外視、仮面を透視して剥き出しの、自然必然的な、因果的に決定された心身の運動を見ること、これは自然科学的な志向を持つ心理学や生物学の立場である。[4]

我々は、芝居を観劇しているときには、舞台の上の人たちの行為を劇中の人物の行為として見ているが、それを芝居として見るのをやめれば、そこに見えるのは、ただ複数の人間がいて、音声を発したり、手足を動かしているということだけである。これは舞台の上の芝居だけでなく、我々の日常生活にもそのまま当てはまる。教会で跪いて手を合わせる人を見れば、我々はその人が神に向かって祈りを捧げていると思い、兵士たちが国旗に敬礼しているのを見れば、彼らが国家に忠誠を誓っていると考える。しかし、それを純粋に身体の運動と見て、どの筋肉を緊張させ、どの筋肉を弛緩させればそのような腕の動きが可能なのかなどと問うなら、「宗教や社会といったものを成立させている特殊な意味づけ」は失われる。この後者の見方が、ケルゼンによれば、「自然科学的」なモノの見方なのである。

この立場からは宗教《レリギオーン》も民族《ナツィオーン》も国家《シュタート》も見えない。なぜなら、これらはまさに「仮面」であり、現実の事実という下部構造の上に成立する特殊な観念形態《イデオロギー》だからである。それは人間の精神が作り出す価値関係や規範の体系であり、宗教や国民、国家などと呼ばれる対象をそもそも所与のものとするためには、そうした体系に内在する固有の法則性を深く感じ取り、それに自らを合わせなねばならない。心身の行動しか見ない者には自然だけが見えるのであり、自然以外は何も見えない。[5]

我々は日常、「国家」が実在の対象であるかのように話したりするが、それは我々が暗黙の裡に「特殊な意味づけ」をしているからに他ならない。そのような「意味づけ」を欠けば、「国家」と呼ばれるような対象は現れず、そこにはただ個々の人間しか見えない。「自然科学的」であるとは、ケルゼンによれば、敢えてそのような「意味づけ」をせずに対象を見ようとすることなのである。

以上のケルゼンの説明は、とりわけ一九世紀という時代の文化的特性を明らかにする上で示唆に富む。というのも、この世紀は、まさにケルゼンが上記の芝居の比喩で説明している、「神」と「国家」が見失われるという現象が、文化全般の特性にまでなった時代だからである。一九世紀はしばしば「科学の世紀」と呼ばれるが、その場合の「科学」とは、言うまでもなく、自然科学である。事実、一九世紀には自然科学上きわめて重要な発見が相次いでいる。しかし、それと裏腹に、かつては学問の頂点にあった「神学」の地位は低下し、神に対する関心は薄れ、神概念を汎神論的に解消する傾向も広がり、無神論に近づく者も決して少なくなかった。「ヘーゲル左派」と呼ばれる哲学者たちはそうした時代の傾向を最も尖鋭な形で示した人々である。神学者ダーフィト・フリードリヒ・シュトラウス（一八〇七－一八七四年）は『イエスの生涯』（一八三五年）を著して、キリスト教の福音書を「神話」として――すなわち「歴史《ゲシヒテ》」ではなく、「ある特定の共同体の精神傾向から生まれた創作《ディヒトゥング》」として――解釈することを提唱し、[6] さらに哲学者ルートヴィヒ・フォイエルバッハ（一八〇四－一八七二年）は『キリスト教の本質』（一八四一年）において、「神」とは「人間の本質」を対象化したものだと論じている。[7] こうした傾向は、さらに一九世紀の後半になると自然科学的な思考と結びつき、医師ルートヴィヒ・ビューヒナーは「実証主義者、あるいは新しい宗教」と題する論考（一八五六年）の中で、「人間は神の被造物ではなく、神が人間の被造物である。神は架空の存在であり、実証主義者はそうした架空の存在の下に何らかの現実の存在を置く」[8]と断定している。シュトラウス、フォイエルバッハ、そしてビューヒナーの眼に映るのは「人間」だけであり、彼らにはもう「神」が見えていない。

　しかし、一九世紀に見えなくなったのは「神」だけではなく、「国家」もまたこの時代の人々には見え難いものとなった。例えば、シュトラウスやフォイエルバッハと同じく「ヘーゲル左派」に属する哲学者マックス・シュティルナー（一八〇六－一八五六年）はその著書『唯一者とその所有』（一八四四年）の中で「繰り返し、国家は幽霊であり、幻影であり、擬制であると説いている」[9]。もちろん、シュティルナーのようにあからさまに「国家」を否定する者は多くはないが、一九世紀には、「神」に対する関心と同様に、「国家」に対する関心も著しく低下する。その顕著な表れとしてケルゼンが注目しているのは、一九世紀の教養市民層に顕著な「非政治的」な傾向である。例えば、一九世紀の教養ある人々にとって、「最も初歩的な政治的知識」を欠いていたとしても、「教養人」として通用する上で何の差し障りもなかったというのである。

普通の教養俗物《ビルドゥンクスフィリスター》は、進化論の基本問題には通じていなければならないと思う。上流階級の娘は、何か美術史の細かなことを知らなければ、それをひどく恥ずかしいと感じたりする。しかし、そうした連中でも、自分の国の国制の重要な事実を知らないとか、自分の政治的な権利と義務などどうでもよいなどと平気で言うことができ、またそれで面目を失うこともない[10]。

こうした傾向は、ケルゼンよれば、一九世紀特有の自由主義的な風潮とも深く関わっているという。自由主義とは、市民の自由を可能な限り尊重し、国家の介入を必要最低限にとどめることを求める思想だが、これは教養市民層の政治的無関心そのものだというのである。それは例えばヴィルヘルム・フォン・フンボルト（一七六七－一七六七年）の「教養」の理念にも見て取れる。

フンボルトは『国家活動を限定せんがための試論』（一七九二年）の中で、国家が国民生活に過度に介入することに反対し、殊に「人間陶冶」という観点においては「国家は不要だ」と断言した上で、次のように述べている。

> 自由な人間の下で全ての職業はより良く進展するし、全ての芸術はより美しく開花するし、全ての学問は発展する。自由な人間の下では家族の絆もより親密になるし、両親はより熱心に子供の世話をして、より裕福になり、子供の希望に応じることが出来るようにもなる。自由な人間の下では、熱心に見習うといったことが生じる。そして教師の運命が国家によって期待出来る昇進よりも仕事の成果に依存しているところでは、より良い教師が育つ。[11]

もちろん、フンボルトはただ教育という点に限って「国家は不要だ」と言っているだけで、国家そのものを否定しているわけではない。しかし、フンボルトにとって国家は「必要悪[12]」でしかなく、こうした自由主義はいずれは「論理的必然として無政府主義に[13]」変質するとケルゼンは言う。

このような時代の精神傾向を最も極限にまで推し進めたのは、ケルゼンによれば、彼が「非政治的な一九世紀の哲学者[14]」と呼ぶフリードリヒ・ニーチェ（一八四四－一九〇〇年）であり、それは例えば、ニーチェが自らの代弁者であるツァラトゥストラに語らせた以下の言葉にも表れているという。

国家？　国家とは何か？　さあ、今から私の言うことに耳を傾けなさい、これから私は君たちに諸民族の死について話すのだから〔…〕。／〔…〕余計な者たちのために国家は捏造されたのだ。／〔…〕／国家が終わるとき、初めて、余計な者ではない人間が始まる。必要不可欠な者の歌が、一回限りのかけがえのない旋律が始まる。／国家が終わるとき、――そのとき彼方に眼をやりなさい、兄弟たちよ、虹が、超人への橋が見えるではないか？[15]

ニーチェが――ツァラトゥストラの口を借りて――神の死を宣告したことはよく知られているが、さらにニーチェは国家の終焉をも要求する。ニーチェによれば、人間の存在意義は、人間を超えた「超人」を産み出すという点にのみある。人間は「超人への橋」にならなければならず、この目的に役立たない人間は「余計な者たち」でしかない。しかし、近代的な国家はそのような「余計な者たち」を増やすだけなので、「超人」の産出にとって妨げにしかならならず、それゆえに国家は終わらなければならない、というわけである。

ケルゼンによれば、フンボルトの自由主義からニーチェの超人思想までは――国家観に限って言えば――「ほんの短い一歩」[16]だという。両者の目指すところは、「人間」と「超人」という違いがあるにせよ、どちらもより優れた個体をつくり出すことであり、その目的にとって国家を邪魔な存在と考えている点で一致しているからである。

とはいえ、フンボルトの「人間」とニーチェの「超人」との間にはかなり大きな隔たりがある。フンボルトにとって「人間の真の目的」とは「人間の持つ諸力を最高にしかも最も調和のとれた一つの全体へと陶冶すること」[17]、すなわち「人間」の完成である。それに対し、ニーチェにとって「人間」はあくまでも超人への「橋であって、目的ではない」[18]。つまり、ニーチェは、フンボルトの「人間」に代えて、「人間」を超えた存在、すなわち「超人」を据えたのである。だとすれば、何がニーチェに「人間」を「超人」で置き換えさせたのかと問わざるを得ない。

この問いをケルゼンに向けるなら、それは一九世紀という時代が育んだ「自然科学特有の精神傾向」[19]だという答えが返って来るだろう。ケルゼンによれば、「ニーチェはラマルク＝ダーウィンの進化論を哲学的に美化し、自然科学理論を世界観に高めた」[20]という。そしてケルゼンはニーチェの提唱した「超人」について次のように述べている。

> 彼（＝ニーチェ）の言う、人間を克服する超人とは、猿を克服する人間の続《フォルトゼッツング》きであり、向上化《シュタイゲルング》に他ならない。彼はそれゆえ自然科学的な一九世紀の哲学者なのである。[21]

こうしたニーチェの「超人」思想を一九世紀の文化全体の中に位置づけるべく、ケルゼンは一九世紀の思想史の流れを水系に譬《たと》えて、二〇世紀初頭という少し離れた「小高い展望台」から俯瞰して次のように描写している。

自然科学特有の精神傾向は自由主義的な世界観と手を携えて飛躍的発展を遂げる。ラマルクの『動物哲学』とW・v・フンボルトの『国家活動を限定せんがための試論』はともに一九世紀に差しかかる頃に書かれたものだが、これらは、譬えて言うなら、最初は何の接点もなく互いに無関係のように見えながら、後に合流して力強い大河となる二つの水源なのである。小高い展望台に立てば、一九世紀の個人主義的・自然科学的な精神生活はそのような大河に見えてくる。それはダーウィンとシュティルナーを経てニーチェに至る。ニーチェはいわば、論理的必然として無政府主義に堕した自由主義が、選別・選択・適応の仮説に依拠して超人理想にまで高められた進化論と出会う合流点なのである。[22]

一九世紀の「自由主義」と「進化論」の間の親和性は、ケルゼンに言われなくとも誰もが気づくことだろう。福祉国家に反対する自由主義者が、「生存競争」や「適者生存」のような進化論の用語を用いて弱者救済を否定するということは想像に難くない。しかし、ケルゼンはそれだけで自由主義と進化論との関係に注目しているわけではない。彼はいわゆる新カント派の立場から、進化論と自由主義がほぼ時期を同じくして登場した背景として、「神」や「国家」を見失って「虚無主義《ニヒリスムス》」や「無政府主義《アナルヒスムス》」に陥った一九世紀という時代の文化的特殊性を明らかにしようとしているのである。

二　楽天的な進化論――生物学者の希望

ケルゼンは自らが拠って立つ新カント派的な立場を「存在と当為の二元論」と呼んでいる。「存在《ザイン》」と「当為《ゾレン》」は、「～がある」という意味の動詞 sein と、「～べき」という意味の助動詞 sollen を名詞化したもので、要はケルゼンの次の一文に尽きる。

> 私は何か或るものに関して、それがあると主張できるように、私はその同じものに関して、それがあるべきだと言うことができる。[23]〔傍点筆者〕

存在と当為は、ケルゼンによれば、最も基本的な「思考形式」――ジンメル風に言えば「根源的範疇[24]」――であり、しかも、この二つの思考形式は相互に完全に独立したもので、相互に全く異なる二つの「世界」を構成する。

> 二つの思考形式の原理的な相違によって、存在と当為とは二つの別々の世界として現れる。[25]

我々は日常あたかも一つの世界の中で生きているように考えているが、実は存在と当為という思考形式に応じて、二つの異なる世界に跨って生きている――これが、ケルゼンの言う「存在と当為の二元論」の要諦である。

　このように言うと、奇妙な世界観を述べているように聞こえるかもしれないが、ケルゼンが先述の論文「神と国家」の中で用いた芝居の比喩で言うなら、存在の思考形式は「自然科学的」なモノの見方に相当し、当為の思考形式は「宗教や社会といったものを成立させている特殊な意味づけ《ドイトゥング》」に相当する。自然科学的なモノの見方をすれば、我々の眼には何の意味づけもなされない「剥き出しの、自然必然的な、因果的に決定された」世界が映る（ただし、この「剥き出しの」世界は、決して「物それ自体」ではなく、「存在」の思考形式を通して我々が認識する世界——ケルゼンの言い方を借りるなら「我々の認識の所産としての世界」[26]——である）。しかし、我々はそこに様々な社会的な意味づけを行い、「価値関係や規範の体系」を「仮面」として重ね合わせる。剥き出しの世界が「存在の世界」であり、「価値関係や規範の体系」が「当為の世界」である。

　そして科学も、どちらの世界を対象とするかに応じて、二つに分類される。「存在の世界」を対象とする科学は「説明的学問」あるいは「因果科学」と呼ばれ、「当為の世界」を対象とする科学は「規範的学問」あるいは「規範科学」と呼ばれる。

　説明的学問と規範的学問、すなわち因果科学と規範科学という区分は、存在と当為との対立に基づいている。つまり、一方の分野は、現実の所与、存在の世界、存在態《レアリテート》を対象とするのに対して、もう一方の分野は当為の世界、観念態《イデアリテート》を対象とする。前者、説明的因果科学は、事物の現実上の態様をその自然必然的な因果関係において示すことを任務とし、従って現実の生起を説明しようとする。これに対して後者、いわゆる規範科学ないし規範的学問は、実際に生起するものではなくて、生起すべきものの認識を目的とする。[27]

「説明的因果科学」の筆頭に挙げられるのが自然科学であることは言うまでもない。[28] 自然科学者は「存在の世界」だけに眼を向けなければならず、そこに「当為」、すなわち「価値関係」や「規範」を読み込むようなことは慎まなければならない。

この点でチャールズ・ダーウィン（一八〇九－一八八二年）はきわめて慎重かつ模範的な自然科学の徒だと言える。例えば、ダーウィンは生物の形態に関して「高等」や「下等」といった表現を用いることに慎重的な態度を取っていたが、それについて古生物学者スティーヴン・ジェイ・グールドは次のように述べている。

ダーウィンはある有名なエピグラムの中で、生物の形態を記すときに、「高等」とか「下等」といった言葉を決して使わないようにと自らに戒めている。なぜなら、もしアメーバが、我々人間が自分たちの環境に適応しているのと同じようにその環境にうまく適応しているなら、我々のほうが高等な生きものであると誰が言うことができるだろうか。[29]

生物の世界で問題となるのは、環境に適応しているか否かである。環境に適応していれば、その種は子孫を残し続け、適応していなければ滅びる。それに対して「高等」とか「下等」といった区別は、社会的な価値関係や階層秩序に他ならず、「当為の世界」に属するものである。ダーウィンはそのような観念を生物の世界に持ち込まないように常に気を配っていたのだろう。

一九世紀が、ケルゼンによれば、「自然科学的」なモノの見方に偏った時代だということは既に述べた通りである。だからこそ、一九世紀には自然科学が飛躍的に発展する一方で、世界が無価値的な「存在の世界」として現れ、虚無主義や無政府主義に傾いたというわけである。しかし、だからといって、当時の人々が、ダーウィンのように純粋に自然科学的な眼でモノを見ようとしていたわけではない。例えば、ケルゼンが「自然科学的な一九世紀の哲学者」と呼んだニーチェでさえ、生物の世界に「高等」や「下等」に類する区別を持ち込んでいる。それは例えば、ニーチェがツァラトゥストラに語らせた次の言葉にも見て取れる。

> 人間にとって猿とは何であるか？　一個のお笑いぐさ、あるいは一個の痛ましい羞恥である。そして超人にとっては、人間はまさしくそういったものであるはずだ、すなわち一個のお笑いぐさ、あるいは一個の痛ましい羞恥であるはずだ。[30]

猿から人間へ、人間から超人への進化が下等なものから高等なものへの上昇であることが前提されていなければ、猿が人間にとって「お笑いぐさ」になることもなく、人間が猿に「痛ましい羞恥」を感ずることもないだろう。しかもニーチェ自身、自らの問いが「記述的因果科学」の問いではなく、「当為」の問いであることをはっきりと認識していた。それは例えば、彼の晩年の作『アンチクリスト』の中の以下のくだりからも見て取れる。

> 私がここで提起する問題は、どんな生物が次に人間に取って代わる運命にあるのかではなく（――人間は一つの終局である――）、いかなる人間類型を、より価値が高く、より生きるに値し、より将来の確実なものとして育種すべきか、意欲すべきかである。[31]

「どんな生物が次に人間に取って代わる運命にあるのか」という問いは――sollenという助動詞を用いてはいるが――自然科学的な「存在」の問いとも解し得るものであるのに対して、[32]「いかなる人間類型を〔…〕育種すべきか、意欲すべきか」という問いは明らかに「当為」の問いである。ニーチェはこの二つの問いを区別し、後者こそが自らの問いであると宣言することで、無価値的な「存在の世界」を脱し、「当為の世界」へと移り住む。「超人」という未来が輝かしい希望に思えるのは、それが「存在の世界」ではなく、「当為の世界」に属する「あるべき理想」だからである。ニーチェはそもそも「自然科学者」ではなく「哲学者」なのだから、ダーウィンのように「存在の世界」に閉じこもる理由などどこにもない。

しかし、一九世紀の生物学者の中には、自然科学を標榜しながら、生物の進化を「下等」なものから「高等」なものへの上昇の過程として理解し、それが「あるべき理想」に向かって進む過程であるかのように論じる者も少なくない。例えば、著名な生物学者エルンスト・ヘッケル（一八三四－一九一九年）は、ダーウィンの名のもとに進化論をドイツに普及させた第一人者であるにもかかわらず、ダーウィンが追放した「高等」や「下等」といった階層秩序的な概念を再び生物学に持ち込んでいる[33]。ヘッケルは、科学啓蒙書としては大成功と言える売れ行き[34]を示した『宇宙の謎』の中で、魚類、爬虫類、哺乳類という脊椎動物の三つの「綱《こう》」について次のように述べている。

> 脊椎動物のこの三つの主要グループの中で、魚類は完全性の最も下等の地位を、爬虫類は中等の地位を、哺乳類は最も高等の地位を占める。この三つの綱の歴史にさらに深く立ち入れば、それらの綱の〔下位分類である〕個々の目《もく》や科《か》も三つの時代〔＝地質学で言う第一期、第二期、第三期〕の中で先へ先へとより高度な完全性へと進化したことが分かる[35]。

進化を、時代を経るごとに「最も下等の地位」から「最も高等の地位」へと「完全性」の度合いを増していくプロセスと見なすこの考え方は、因果論的な――つまりは無価値的な――「進化」の概念に、価値的な方向性を付与するものである。

そのような価値的な方向性を帯びた進化理解の一例としてケルゼンが引き合いに出しているのは、ヘッケルの弟子である生物学者オスカー・ヘルトヴィヒ（一八四九－一九二二年）の『有機体としての国家』（一九二二年）の序文の中の次のくだりである。[36]

> 生物学における進化論には何か希望を掻き立てるものがある。それに帰依する者は、有機界の未来を正当な楽天主義をもって垣間見ることができると信じている。なぜなら、有機界を代表する多くの生物が、地球の歴史の長い時間の経過の中で、現代の生物学が教えるように、最も下等の生命形態である単細胞生物から、創造の真の傑作である高度に組織された多細胞の植物や動物へと、長い時間をかけて小さな変化を果てしなく続けていくことで進化したとすれば、〔…〕将来においても、有機界が進化によってその個々の分枝において完成していくプロセスはまだ決して完結しておらず、今なお予想されていない可能性があるという、理に適った確信が私たちの中に芽生えるからである。[37]

ヘルトヴィヒは単細胞生物を「最も下等の生命形態」と呼び、動植物といった多細胞生物を「創造の真の傑作」と見なす。彼にとって生物の歴史は「有機界が進化によって〔…〕完成していくプロセス」であり、しかもこのプロセスはいまだ完結していない。だとすれば、進化は、生物がそのあるべき理想の形態へと限りなく近づいていく過程と理解され、それが指し示す「有機界の未来」は、理想に向かって進んでいくという希望に満ちたものとなる。

もちろん、そのような理論は、ケルゼンによれば、もはや「自然科学」の名に値せず、「きわめて主観的な、倫理的―政治的な推論に、『科学的』客観性の見せかけを、したがって、できるかぎり自然科学的認識の性格を与える」[38]だけのものである。「きわめて主観的な、倫理的‐政治的な推論」とは、「どうあるべきか」に関する推論、すなわち、「当為」に関する推論である。それに対して「自然科学的認識」とは、「どうあるのか」という「存在」に関する認識である。前者を後者であるかのように見せかけたものは、「似非科学」以外の何ものでもない。こうした「当為」と「存在」の混同は、ヘルトヴィヒが自らの問いを次のように定式化していることからも見て取れる。

> 我々が過去を振り返るなら、歴史的に伝承を通して知られる限りにおいて、ホモ・サピエンスという種がより完全なものになる過程はどのように起こったのか、そしてもし過去と現在から未来を推論するとすれば、それはさらに将来どのように起こっていくのだろうか。[39]

この問いを、先に示したニーチェのそれと比べれば、その差は一目瞭然である。ヘルトヴィヒは「存在」の問いと「当為」の問いを混同し、因果律に基づいて「過去」から「未来」を推論することによって「あるべきもの」を導き出せると信じている。ヘルトヴィヒは、ケルゼンが言うように、「自然科学的認識」に見せかけてはいるものの、「きわめて主観的な、倫理的‐政治的な推論」を展開しているに過ぎない。しかし、逆に言えば、それは、ヘルトヴィヒの問いが「存在」の問いを装いながらも、その実は「当為」の問いだということである。だからこそ、彼はニーチェと同じように、「ホモ・サピエンスという種《しゅ》」がさらに「完成されていく」「未来を」思い描くことができたのだろう。

ただし、ヘルトヴィヒが思い描く人類のさらなる進化の段階は、奇しくもニーチェがその終焉を要求した「国家」だった。

第一に、人間は、個体として見れば、時間の経過のなかで変化した。未開人から文明人になったのである。これはとりわけ、身体能力の発達に比べて精神的かつ道徳的な能力を養成し尊重することがより重要になったことによる。それゆえ今日、人間を評価する際には後者の能力に重きが置かれる。未開人や遅れた諸民族の代表に比べると、文明人の精神生活は並外れて複雑になった。その精神的諸能力は多様性と強度を増し、その精神的な欲求と機能はそれに応じて成長した。／第二に、個々の人間が文化に条件づけられた変化を遂げるにつれ、それよりも意義深い、人類の進化にとってはるかに重大な過程が生ずる。すなわち、人間が集まって社会や民族や国家をつくり、最終的には大小進遅様々な国々が集まって国家連合がつくられる。この第二の過程によって人間は地球の支配者となった。〔…〕文化国家をその最も完成された表現とするこの社会化によって人類はいわば自らを超えて成長し、組織化の新たな段階に入った。それは、数多くの細胞の統合によって、多様な課題や目的に適合した多様な形態を持ち、より高度な能力を有する多細胞植物や動物が生まれたのと同じである。[40]「社会」や「民族」、「国家」、さらには「国家連合」といった、さらに大きな「有機体」に統合されることこそが、人間の「進化」の新たな段階だというわけである。しかもそれは、単細胞生物が進化の過程で統合されることによって多細胞生物となったように、人間の個体がさらなる進化の過程で統合されて生まれるものだというのである。

三 「細胞国家」——生物学者の白昼夢

ヘルトヴィヒは、「文化国家」を形成することによって「人類は自らを超えて成長し」た、と述べている。つまり、「超人」となったというわけである。ケルゼンは、一九世紀の生物学に立脚した「国家有機体論」が——それが「国家」を進化における人類の新たな段階として位置づけているという点で——ニーチェの超人思想と並ぶもう一つ「超人思想」であることをどこかで感じ取っていたのかもしれない。というのも、彼は、ヘルトヴィヒの『有機体としての国家』と同じ年に出版された『社会学的国家概念と法学的国家概念』(一九二二年)の序文の中で次のように述べているからである。[41]

傾向としては、絶えず、国家を人間と同様の現実的なものとして考え、法を一つの観念的なものとして「制定し」、「担い」、「実現し」たりなどするところの一種の「マクロアントロポス」ないし超人《ユーバーメンシュ》として考える方向に向かうのである[42]。

「マクロアントロポス」とは、文字通り「大きな人間」――「マクロス（大きな）」+「アントロポス（人間）」――ということだが、この表現はノヴァーリスが一八世紀末に「国家」に関して用いたことで広く知られるようになり、一九世紀を通じて「国家」を論ずる際にしばしば用いられてきた。ノヴァーリスはある断片で次のように記している。

> 国家はいつも人間の本性の相対的な見解と知識に従って区分されてきた。国家とは常にマクロアントロポスであった。同業組合は四肢にして個々の力であり、諸身分は諸能力である。すなわち、貴族は道徳的な能力、僧侶は宗教的な能力、学者は知性で、王は意志である。〔国家は〕寓意的人間なのである[43]。

ただし、このドイツ・ロマン派の国家観は必ずしも新しいものではない。カール・シュミットも『政治的ロマン主義』（一九二五年）の中で、「ノヴァーリスが国家は『マクロアントロポス』であると言ったところで、これは数千年前から表明されてきた思想である」[44]と述べている。「マクロアントロポス」という表現自体、「マクロ-」という接頭辞が示す通り、「マクロコスモス（大宇宙）」と「ミクロコスモス（小宇宙）」とを「照応」の関係で捉えようとする古代以来の呪術的思考を引きずったものであり、国家を「大きな人間《マクロアントロポス》」と呼んだところで、シュミットが言うように、古色蒼然とした比喩的類推にとどまるものだった。そのような古めかしい相貌の「国家」であるなら、おそらくケルゼンはそれを「マクロアントロポス」と呼ぶにとどめ、わざわざ「超人」と呼び換えることはなかっただろう。それは「大きい」かもしれないが、あくまでも「人間」であって、人間を「超えた」存在ではない。

しかし、一九世紀の自然科学は、ロマン主義者が思い浮かべた「国家」に、それまでとは異なる新たな相貌、すなわち「超人」と呼ぶに相応しい相貌を与えることになる。フリードリヒ・エンゲルスは『フォイエルバッハ論』の中で一九世紀における「三つの決定的に重要な発見」として「細胞の発見、エネルギー転化の発見、ダーウィンの名がついている進化論の発見」を挙げているが[45]、このうち、とりわけ「細胞の発見」は進化論とともに、「人間」に関する理解を一変させ、「人間」に譬えられてきた「国家」に関する理解にも少なからざる変化をもたらす。

生物学の歴史において「細胞の発見」はしばしば一七世紀のロバート・フック（一六三五－一七〇三年）に帰せられる。しかし、細胞が「生物体の構造上、機能上の単位」[46]として発見されるには、一九世紀を待たなければならない。それ以前は、一羽の鳥、一匹の犬、一頭の牛、一人の人間といった「個体」が、生命を営む上でそれ以上分割できない最小の単位と見なされていた。しかし、一八三〇年代末にドイツの植物学者マティアス・ヤコブ・シュライデン（一八〇四－一八八一年）と、同じくドイツの動物学者テオドール・シュヴァン（一八一〇－一八八二年）が相次いで細胞説を唱えてからは、顕微鏡で見なければ分からないほど微細な細胞がそれだけで自立して生命を維持することができる最小の単位だと考えられるようになる。[47]

シュヴァンは『動物および植物の構造と成長の一致に関する顕微鏡的研究』（一八三九年）の中で次のように述べている。

> 我々がすでに見たように、すべての生物体は、本質的に同じ部分、すなわち細胞で構成されており、またこれらの細胞は、本質的に同一の法則に従って作られ、かつ成長するのである。〔…〕我々は、すべての細胞には独立した生命があるとしなければならない。すなわち、或る単一の細胞の中に存在する分子の結合様式だけで力を発揮することができ、この力によって細胞は、新しい分子を〈引き寄せる〉ことができるのである。栄養と成長の原因は、全体としての生物体にあるのではなく、個々の要素的部分、すなわち細胞にある。[48]

個々の細胞がそれぞれ生命を有する独立した単位だと認められると、次に問題となるのは、それらの細胞が集まってつくられる有機体とは一体何なのかということである。この問題に対して答えを与えたのは医師ルドルフ・ウィルヒョー（一八二一－一九〇二年）である。ウィルヒョーは『細胞病理学』（一八五八年）の中で、「細胞こそあらゆる生命現象の究極の形態要素であり、私たちは本来の生作用を、細胞を越えて〔その下位に〕求めるべきではない」とした上で、そのような「形態要素」としての細胞によって構成される動植物の個体について次のように述べている。

> 樹木をごらんなさい。それは一定の様式で秩序づけられた集団であり、そのどの部分も、つまり葉であれ根であれ、また幹であれ花であれ、その究極の要素は細胞であります。まったく同じことが動物形態についてもいえます。いかなる動物も、生命単位の総和に他ならず、その単位はそれぞれが生命の完全な特質をそなえています。生命の特質、生命の単位は、高次の体制におけるいずれかのある場所、例えば人間の脳にではなく、個々の要素、すなわち、体内の至るところに恒常的に出現する一定の構造に求められるべきものです。これによって明らかなように、ある規模をもった体というものは、けっきょくのところ、つねに一種の社会的体制、社会という性格を帯びた体制に帰するものであり、個々の存在は互いに依存し合う――しかも各要素はそれ自体として独自の働きをもち、たとえその働きが他の要素に由来する刺激に触発されるときも、なおかつその固有の機能は自発のものとして発揮されるのであります。[49]〔傍点筆者〕

ウィルヒョーは、独立した生命を営む細胞と、それらが集まって構成する動物や植物の個体との関係を説明するために、「社会的体制」という比喩を援用する。また、「原子と個体」と題する講演（一八六二年）の中で細胞を「市民」と見なし、それらの「個体」からなる有機体を「小さな国家」と呼ぶ。

> 有機体とは何か。生きている細胞の社会であり、小さな国家であり、うまく調整されていて、上級官吏と下級官吏、下僕と主人、大人物と小人物といったすべてが備わっている。中世には、有機体は小さな世界、つまり小宇宙だとよく言われた。これは全く間違いである。宇宙は決して人間の譬えにはならない。生命に似たものは生命以外にない。国家を有機体と呼ぶことはできる。なぜなら、それは生きた市民から成り立っているからだ。逆に有機体を国家、社会、家族と呼ぶことはできる。なぜなら、それは由来を同じくする構成員から成り立っているからである。[50]〔傍点筆者〕

ケルゼンによれば、自然科学者の眼には「神」も「国家」も映らないはずである。しかし、顕微鏡を通して有機体を見つめるウィルヒョーには、無数の細胞という「市民」からなる「国家」が見えたのである。もちろん、それは「自然科学的認識」というよりも、E・T・A・ホフマンの『砂男』や『蚤の親方』といった小説の登場人物が望遠鏡や顕微鏡のレンズを通して見るロマン主義的な白昼夢に類したものである。なぜなら、顕微鏡を通して見える「国家」は、それを見る者の願望そのものだからである。ウィルヒョーは、彼が見た「小さな国家」について、「個々の存在」が「互いに依存し合」いながら、「各要素はそれ自体として独自の働きをもち、たとえその働きが他の要素に由来する刺激に触発されるときも、なおかつその固有の機能は自発のものとして発揮される」と述べているが、それは、科学史家の林真理によれば、「社会運動家でもあり、後に国会議員を務めたウィルヒョーに固有の社会意識の投影されたもの」であり、しかも「単に社会を描写したものというより，社会のあるべき姿を述べたもの」だった。[51] つまり、医師ウィルヒョーが見た「小さな国家」は、「理想国家《イデアールシュタート》」[52]の白昼夢だったのであり、そうした白昼夢を、自由主義者でありながら、社会的不平等の結果として生ずる貧困問題の解決を福祉社会の実現に求める社会改良家ウィルヒョーは顕微鏡を通して見ていたのである。

同じことは、自由主義的なウィルヒョーとは対称的に権威主義的な君主国を理想の国家形態と見なすエルンスト・ヘッケルにも見て取れる。ヘッケルは学生時代にウィルヒョーから細胞説を学んでおり、彼自身、「もし私自身が進化論の基礎的拡充に幾ばくかの寄与ができたとすれば、その大部分は私が二〇年前にヴュルツブルクにおいてウィルヒョーの授業で身に着けた細胞生物学的見解に負う」[53]と認めている。しかし、ヘッケルが顕微鏡を通して見る「細胞国家」には、林が言うように、「国家主義的な響きをもった社会観があからさまに見える」[54]。

彼〔＝ウィルヒョー〕の考えに従って、私はどの高等な有機体も、組織された社会的統一体であり、その市民を細胞とするところの国家であると考える。どの文明国でも個々の市民はもちろんある程度まで自立的であるが、同時に分業によって互いに依存しており、全体の法律に従っているように、あらゆる高等な動物やあらゆる高等な植物の体の中でも無数の極微な細胞がある程度まで個々の自立性を享受しているが、同様に分業によって不均等に発達し、互いに依存し合い、さらにそれらは集権化された全体の掟に多かれ少なかれ支配されている。この完璧に適切で、しばしば応用される政治的な比喩は、決して曖昧な比喩などではなく、実在的妥当性を要求するものである。なぜなら細胞は現実の市民だからである。[55]

ヘッケルはウィルヒョーと同じく、細胞が「ある程度まで個々の自立性」を有することを認めながら、それよりも、「集権化された全体の掟に多かれ少なかれ支配されている」ことに重きを置いている。

一九世紀は、ケルゼンによれば、「非政治的」な世紀である。しかし、それはこの世紀の一つの側面にすぎない。一九世紀はしばしば「国民主義の世紀」と呼ばれるように、ヨーロッパの各地で国民国家の建設が目指された極めて「政治的」な世紀でもあった。自然科学者たちはそうした時代の機運に背を向けて研究に没頭していたわけではない。例えば、ヘッケルは一七五九年から一八六〇年にかけてシチリア島の都市メシナに研究滞在していたが、科学史家ポール・ワインドリングによれば、それはちょうど「イタリアの国家主義者の運動であるリゾルジメント〔＝イタリア国家統一運動〕が力を増しつつあった」時期に当たり[56]、ヘッケルの滞在地であるシチリアでも、ナポリのブルボン王家の支配に対してくすぶり続けていた「蜂起の火種」が「一八五九年にはいよいよ激しく燃え上がりつつあった」[57]。イタリア統一を目指すジュゼッペ・ガリバルディの千人隊によるシチリア遠征も目前に迫っており、「多くのドイツ人は統一の必然性を印象づけられ、ヘッケル自身もドイツ統一を熱望するようになった」[58]という。

ヘッケルの生物学的関心も、統一国家の建設を熱望する時代の潮流と決して無縁ではない。ヘッケルはメシナで主に「放散虫」と呼ばれる海洋性の原生生物の研究に従事していた。放散虫の多くは単独で生きる単細胞生物だが、中には複数の細胞が集まって「群体」と呼ばれる集合体を形成するものもあり、ワインドリングによれば、ヘッケルはとりわけ「原形質の網状組織によって群体へと統合されている社会性放散虫に夢中になっていた」[59]という。顕微鏡を通して微小な生物を見つめるヘッケルの眼には、放散虫が織りなす「群体」が、形成途上の「国家」と重なって映っていたのだろう。

ヘッケルは、多細胞生物の身体を説明するために、国家体制を表す様々な概念を導入することに躊躇がない。それは「細胞国家」と呼ばれ、樹木は「細胞共和国」、脊椎動物は「細胞君主国」として説明される。

比較国家学が、人類の、現在なお存在している様々な国家形態に即して、未開人の粗野な群れから最高に発展した文明国家に至るまでの長い完成の階段を我々に見せるように、動植物の比較解剖学も、細胞国家における完成への長い梯子を我々に示す。その最も下のところ、すなわち、細胞の群集と村落形成の最も低い段階では、下等な藻類や菌類、海綿動物やサンゴ虫に出会う。これらはあまり分業や集権体制を備えておらず、未開人の段階を越え出ることがない。それに対して上のところ、すなわち進化の高みでは、樹木という巨大な細胞共和国や、脊椎動物という驚くべき細胞君主国を見出す。樹木ではその本質的部分を構成する細胞の多様な修業と分業が様々な器官の発生のきっかけをつくり、脊椎動物では諸身分の協調や従属、政府の集権化、すなわち一言で言えば「組織化」が驚くべき高みに到達した。[60]〔傍点筆者〕

一八五九年にヘッケルはシチリアの一都市で、勢いづくイタリア国家統一運動を余所目に生物学の研究に勤しんでいたが、彼は顕微鏡を通して「統一ドイツ」という「夢」を見ていた。そして彼の夢見る「統一ドイツ」は、当然のことながら、「『組織化』が驚くべき高みに到達した」脊椎動物と同様に、集権的な「君主国」でなければならなかった。当時、フランスではナポレオン三世のもとで、パリを中心とした集権的な国家体制が確立していたが、それはヘッケルにとって「国家」の最も進化した形態を体現するものだった。翌一八六〇年にヘッケルはパリから妻に宛てた手紙に次のように記している。

パリではどこに行ってもこの力強い国民生活が、この発達した公共心が、とてもはっきりと表れています。それはとりわけ、ドイツ人の注意を引かざるを得ません、というのもドイツ人の祖国では諸政府の狭量と卑しい利己心とが〔フランスとは〕全く逆の結果を得ようとしているからです。実際、私のドイツ人としての愛国心は、そもそもイタリアで初めて生まれたか、あるいは少なくとも意識されるようになったとすれば、それはフランスで力強い邁進努力の活気を得ることになりました。私は、フランス人が彼らの力強く自由な集権体制において既に手にしている偉大な善を、いつの日か私たちの国も我が物とするのを見たいという考えに燃えています。[61]

この手紙を書いた一〇年後、ヘッケルは、ビスマルクによって達成された「ドイツ帝国」に、かつて彼が顕微鏡を通して夢見ていた「国家」の実現を見る。ワインドリングによれば、ビスマルクが退陣後に「イエナを訪れた時、ヘッケルは彼を『系統発生の博士』と賛美し」たという。[62]だからこそ、彼は一九一八年に、ワイマールにおける「共和制の宣言に対しても嘆き悲しむことになる」。[63]共和国樹立はヘッケルにとって「より下等な形態の非階層的な社会形態への祖先返り的な堕落、未開な細胞国家への逆行」を意味していたからである。[64]

人間も含めた「有機体」の個体が、生命活動を維持する最小の単位である無数の細胞から成ることが分かると、国家を人体に例える古色蒼然とした国家観にも大きな変化が生ずる。その上で、重要な役割を果たしたのが「社会学」である。

四 「人類」——もう一つの「超人」の夢

社会学は、一九世紀になって確立された比較的新しい学問分野であり、創始された当初から自然科学志向がきわめて強いものだった。「社会学」という名称を初めて用いたオーギュスト・コント（一七九八－一八五七年）も、「社会」を一種の「有機体」と見なし、それに関する学問を「自然科学」の一分野として構想しており、その際に範としたのは生物学だった。一九世紀の中頃に生物学者たちが細胞説を唱えたとき、コントはそれに否定的であったが[65]、生物学者たちが顕微鏡の向うに「小さな国家」を見るようになると、社会学者たちはその「小さな国家」を彼らが対象とする「社会」の中に見始める。例えば、ロシアの社会学者パウル・フォン・リーリエンフェルト（一八二九－一九〇三年）はその著書『社会学における有機的方法の擁護のために』（一八九八年）の中で次のように述べている。

どの人間の国家も、蜂や蟻の国家と同じく個体である。そして蜂や蟻の国家は、統一体形成が生じる空間条件は非常に異なるが、細胞国家と同じく個体なのである。個々の有機体には既に分化した細胞が特定の組織や器官に、国家の中での人間よりも強固に結びつけられている。細胞は骨格から筋肉組織や神経組織へ移動できない。細胞の分化は一方的で一度決まったら変えられない。しかし、個々の有機体にも、赤血球や白血球、精虫のような遊走細胞がある。国家を構成する人間はたいてい遊走細胞であるが、しかし同時に心理的に多かれ少なかれ分化した細胞であり、それゆえ細胞と同じく国家の中の特定の家族、階級および秩序に結びつけられている。カースト国家や奴隷国家ではこの結びつきは強く、自由な国家では緩い。しかし、絶対的な自由はいずれにおいても存在しない。[66]

生物学者が「細胞は市民で、有機体は国家である」と主張すると、それを根拠に社会学者は「市民は細胞で、国家は有機体である」と主張する。それによって循環論法の輪が閉じる。

しかし、生物学と社会学と間の循環論法はそれだけでは終わらない。そこにさらに、一九世紀の三大発見のひとつとされる「進化論」が加わることで、単細胞生物が集まって「細胞国家」を形成し、さらに多細胞生物の個体が集まって「国家」を形成するという流れが「進化」の階梯として並べられるようになる。ただし、「進化論」といっても、それはダーウィンの進化論ではない。それは、進化を、有機体が「下等」な形態から「高等」な形態へと上昇していく階段のように捉えるヘッケルや、イギリスの社会学者ハーバート・スペンサー（一八二〇－一九〇三年）らの——しばしば不当にも「ダーウィン」の名の下で語られる——進化論である。ケルゼンは『社会学的国家概念と法学的国家概念』の中で、スペンサーについて次のように述べている。

彼〔＝スペンサー〕の社会学は徹底して自然科学的に考察されており、進化論に基づいて構築され、彼の生物学の直接的な延長線上に位置づけられている。彼は無機的、有機的および「超有機的」な進化を区別し、それに応じて無機的、有機的、超有機的な「結集」を区別している。社会は超有機的な結集である。社会は全体の進化の中で最も高等な所産である。進化という概念――これは自然科学の中にすでに方法上疑わしい価値的要素をひそかに混入させているのだが――の規範的性質が、ここでとくに明瞭にあらわれている。つまり、ここでそれは、その本来の意味を明らかにしているのである。進化はその本質に基づいて「より高等なものへの」進化でなくてはならない。したがってこの概念は、社会形成体が、その中に統合されている個々人に対して「より高等なもの」であるという事実を把握するのにとりわけ適しているように思われるのである。[67]

個体としての人間は細胞の「有機的」な結集によって成立し、さらに「社会」が個体としての人間の「超有機的」な結集によって成立する。そして、この「超有機的」な結集が、「より高等なもの」を目指して上昇する進化の階段において、「有機的」な結集よりもさらに一段高い階梯として位置づけられることで、ニーチェが思いを馳せた「超人」とは異なるもう一つの「超人」の夢が成立する。それがまさに、ヘッケルの弟子である生物学者ヘルトヴィヒの夢見た「有機体としての国家」だということは既に触れた通りだが、同様の夢は、ヘルトヴィヒよりも二十年も前に、ドイツの文筆家ヴィルヘルム・ベルシェ（一八六一－一九三九年）も見ていた。ベルシェは二〇世紀に差しかかる頃に、ベストセラー『自然における愛の生活』を世に出し、科学啓蒙書作家としての自らの名を不動のものにしたが、その第二巻（一九〇〇年）に収められた「さらに高度な生命の統一体」と題する章は、ヘッケルが生命の単位を表す概念として導入した〝Person（単体）〟と〝Stock（群体）〟という用語を次のように紹介することから始まる。

彼〔＝ヘッケル〕は、君がその一例であるような個体を、君を構成する君の何十億もの細胞という個体から区別するために、「単体（Person）」と呼んでいる。そしてそのような単体が集まってさらに高度な団体的なまとまりに統一されたものを彼は「群体（Stock）」と呼ぶ。〔…〕「群体（Stock）」とは、もちろん「散歩杖（Spazierstock）」という意味の〝Stock（杖）〟ではなく、「蜂の巣（Bienenstock）」という言葉で言われるような〝Stock（巣）〟のことである。この蜂巣はちょうどよい例である。個々の蜂はどれも君と同じような個体、すなわち単体である。しかし、同時に多くの蜂が集まって一つのそれ自体完結した新たな有機体、すなわち蜂の巣ないし蜂の国家（Bienenstaat）、手短に言えば蜂巣（Bien）をつくる。これは単に哲学的、観念的、プラトン的なものではなく、完全に実在的なものである。蜂の団体、すなわち「群体」は連合してより大きな個体になるが、それは事実、君の体内の細胞がまとまって君の愛すべき単体になったり、個々の蜂の単体の中で同様にその細胞がまとまって一つになるのと同じなのだ。[68]

その他、群体を構成して生きているクラゲやサンゴ虫のような生物の例を用いて解説を続けた上で、ベルシェは「人間の群体《メンシェンシュトック》」としての「人類《メンシュハイト》」に話を移す。

この言葉〔＝「人類」〕はこの場合、君が最近毎日のように情熱を込めて用いる多くの言葉と同様に、そもそも理想概念なのだ。地球上の全ての人間がただ一つの扶助団体を、一つの群体を、一つのより高度な個体を実際に構成するということは、少なくともはっきりと意識された意味ではまだ実現されておらず、将来になってようやく実現されるべきものである。私たちはそれを望んでいるが、まだ実現していない。とにかく、地上における人間という動物の普遍的群体形成への一般的動向を正確に表現できるものとしては、この〔「人類」という〕究極の理想語を置いて他にはない。クラゲやサンゴ虫では真にまだ夢見られていないことを、私たちは私たちの最高の瞬間にいつも既に意識的に目指して進んでいる。すなわち、十五億の人間を一つの群体に、一本の木に、地球を包み込む果てしない岩礁に、——真の超《ユーバー》個人《インディヴィドゥウム》に——「人類」という超人《ユーバーメンシュ》に、束ねるという試みである。[69]

ここでは、進化のプロセスにおけるさらなる段階として夢見られているものに対して、ニーチェと同様に「超人」という名が与えられている。「人間の群体」としての「人類」は、既にスペンサーが「社会的有機体《ソーシャル・オーガニズム》」を「超有機的《スーパー・オーガニック》」と呼んだように、個体としての有機体よりも「より高等な」統合体である。しかし、それは、ベルシェにおいてはさらに、進化の最高の階梯に辿り着いた人間がさらに自らを乗り越えた先に辿り着くであろう未来の「夢」でもあった。だからこそ、ベルシェはそれを「超個人」と呼ぶだけにとどめずに、さらにそれを「超人」と言い換えているのだろう。

ベルシェによれば、この「『人類』という超人」は、「究極的な、しかしまだなお理想的な、いわば仮説的な事柄」である。しかし、

> 「人類」という概念を別にしても、人間という動物の比較的狭い歴史伝承全体は、きわめて明確な群体形成の、唯一の偉大な連続である。村落、都市、教区、同業組合、カーストや身分、社会や社会層、最も現代的な意味での国家、種族、民族、国民、社会協同組合等々といった概念はすべてこれに属するものなのである。[70]

そしてこうした生物界の歴史は、「人間」という、現在辿り着いた頂点からさらに進化の階梯を

上へ上へと昇り行く運動として示される。

君は人間としてこれらの下等な生物（＝植物やサンゴ虫やクダクラゲの群体）よりもずっと高いところにいる。原-根源から自然全体を経て上昇する、個体化への、個体形成への行進は、既に個々の人間の単体という段階にいる君から何やらとても独特なものをつくり出したので、さらにそれを越えてまだまだ先にもきわめて独特な道が開かれている。結局、どこかしこでも、そして君においても同様に、さらに高い結合を目指して進み、ずっと下の方で細胞を単体にまとめたのとまったく同じように、単体を力尽くで再度さらに高等な群体個体へと統一するのは、自然の個体化衝動そのものなのである。[71]

そしてこのさらなる段階として位置づけられた、全人類を統一する「群体」が、ニーチェが「人間」のさらなる段階として位置づけたものと同様に、「超人」と呼ばれているのは決して偶然ではないだろう。それはただ単に「大きい」だけではなく、人間の進化における新たな段階、人間を超えた存在として位置づけられたものだからである。

おわりに

イマヌエル・カントは『純粋理性批判』の中で「理性」を思弁的に用いることについて次のよ

うに述べている。

理性は、自分にとって大きな関心事となるような対象を予感している、そしてひたすら思弁的な道を辿ってかかる対象に近づこうとしたが、結局これらの対象を捉えることができなかった。[72]

カントは、理性にとって「大きな関心事となるような対象」として、「意志の自由、魂の不滅、神の存在」を挙げているが、新カント派の公法学者ケルゼンなら、そこにもう一つ「国家」を付け加えるかもしれない。少なくとも「国家」は一九世紀の生物学者たちにとっては「大きな関心事となるような対象」であり、そして彼らがそれを「予感し」、顕微鏡と進化論を駆使して「近づこうとした」ことは確かである。

顕微鏡は本来「思弁的」な道具ではなく、きわめて「経験的」な道具である。しかし、生物学の歴史をひも解けば、この経験的であるはずの道具が思弁的に用いられているとしか思えない事例が散見する。最も有名なものは、「精原説」を唱えるニコラス・ハルトゼーカー（一六五六－一七二五年）らが顕微鏡を通して精子の中にいわゆる「小さな人《ホムンクルス》」を見たことである。精原説とは「成体が精子のなかに入れ子になっている」という説であり、「アリストテレス以後伝統的な、生殖における男性優位の思考」に即したものだが、「ハルトゼーカー、ダーレンパティウス、アンドリーなどは、顕微鏡観察で、ヒトの精子内にヒトの成体の微小体を見た、と主張[73]している。つまり、そこでは顕微鏡が、「精原説」という前提から思弁的にその存在が推論されるものをレンズの向うに現れさせる装置として使われたのである。ウィルヒョーやヘッケルも、顕微鏡を思弁的装置として用いることで、「細胞国家」を見たのだろう。そしてベルシェやヘルトヴィヒは「進化論」という「思弁的な道」を辿って、個々の人間を「細胞」として構成された巨大な「国家」という「有機体」に近づこうとした。もちろん、それは「科学的認識」には程遠く、スヴェーデンボリに関するカントの著書『視霊者の夢』の表題にならって、「生物学者の夢」とでも呼ぶに相応しいものである。

ケルゼンは、二〇世紀初頭という「小高い展望台」から、一九世紀の思想史的風景を見下ろして、そこに、フンボルトの自由主義とラマルクの進化論を水源とし、シュティルナーとダーウィンを経てニーチェの超人思想において合流する水系を描写しているが、彼はその風景の中にもう一つ別の水系も見ていたはずである。それは、ドイツ・ロマン派や細胞説、進化論などを水源とし、ニーチェとは異なるもう一つ別の「超人」の夢、すなわち「生物学者の夢」を合流点とする水系である。

今日我々は、ケルゼンが一九世紀の文化を俯瞰した「小高い展望台」よりもさらに百年ほど時間的に隔たった二一世紀初頭という展望台に立っており、ここからなら一九世紀から二〇世紀へと流れる思想史的水系を地球規模で見渡せる。そして「生物学者の夢」を育んだ水系をさらに眼で追って行けば、それは遥か極東の島国にまで及び、そこには、北一輝（一八八三－一九三七年）という思想家の姿も見えてくる。北は『国体論及び純正社会主義』（一九〇六年）の中で「科学的宗教」なるものを論じ、人類を「類神人」と呼んで「猿類」と「神類」との間に位置づける。[74]「類神人」はやがて滅亡し、「神類」に取って代わられるが、これは「歓喜すべき進化」であって、そのとき「人類一元論による大個体」が実現する。

滅亡の名に戦慄する勿《なか》れ。個人として、又人種として社会性の欠亡せる者の淘汰さるるなくば如何にして「類神人」が更に高き進化を得べきや。民族或は国家が小社会としての個体たり従て其の分子たる不適なる個人が淘汰さるるも他の分子たる個人が適者として進化しつつあるならば、其れ等を分子とせる社会と云ふ個体より見て滅亡にあらず進化なる如く、進化に随伴する能はざる人種が消滅するも、他の人種が進化して神の境に入るならば、是れを人類一元論による大個体と云ふ点より見て決して滅亡にあらず歓喜すべき進化なり。[75]

このくだりを一読すれば、二・二六事件の翌年に軍法会議で死刑判決を受けることになる極東の一思想家が見た「人類一元論による大個体」という奇妙な夢も、ドイツ・ロマン派や細胞説、進化論などを水源とする一九世紀の思想史的水系に連なるものだということが分かるだろう。この思想家の夢見た「科学的宗教」には、奇しくも「大個体」が「神」の名のもとに姿を現しているが[76]、こうした夢を育んだ水系がその先さらに、一九三〇年代以降に世界全体を巻き込むことになる悲惨な激流に流れ込むその様子も、二一世紀初頭という展望台に立つ我々なら、はっきりと視野に収めることができるはずである。

［註］

1 Kelsen: *Allgemeine Staatslehre.* Wien 1925/1993. p.11. 邦訳は、ケルゼン、『一般国家学』清宮四朗訳、岩波書店一九三六／二〇〇七年、一七頁。

2 ケルゼンが『社会学的国家概念と法学的国家概念』（一九二二年）の中で「超人（Übermensch）」という語を「有機体としての国家」に対して用いると、ケルゼンのウィーン大学の同僚である公法学者アレクサンダー・ホルト＝フェルネクは一九二六年に『超人としての国家』と題する国家有機体用語の論文を著してケルゼンを批判する。さらにそれを受けてケルゼンも同年に同じ表題の論文（『超人としての国家、一つの回答』）を著して反論するなどして、「超人」という語は法律家たちの間でニーチェの「超人」とは直接関係のない文脈で、「国家」に関する議論において用いられた。cf. Richard Frank Krummel / Evelyn S. Krummel: *Ausbreitung und Wirkung des Nietzscheschen Werkes im deutschen Sprachraum bis zum Ende des Zweiten Weltkrieges.* Berlin/ New York1998. pp.216 - 217; Axel-Johannes Korb: *Kelsens Kritiker.* Tübingen 2008. pp.203-204.

3 Hans Kelsen: Gott und Staat. In: *Die Wiener Rechtsschule,* Hans Klecatsky / René Marcic / Herbert Schambeck (eds.), Salzburg / München 1968, vol.1, p.177. 邦訳は、ハンス・ケルゼン「神と国家」『ケルゼン選集』第七巻 木鐸社一九七七年、三六頁。（以下、本稿での引用は、邦訳がある場合には基本的にはそれに基づいているが、本稿の必要上、邦訳に従わずに部分的あるいは全面的に独自に訳したところもある。その場合もその分野の専門家である先人の優れた邦訳を参考にした上で訳出している。）

4 *ibid.*, pp.177-178. 邦訳は、前掲論文、三六頁。

5 *ibid.*, p.178. 邦訳は、前掲論文、三六－三七頁。

6 千葉智子「D・F・シュトラウスの『神話』理解」『基督教学』三五巻、二〇〇〇年、一三頁。

7 氣多雅子「宗教哲学」『宗教学辞典』星野英紀・池上良正・氣多雅子・島薗進・鶴岡賀雄（編）、丸善出版二〇一〇年、一六七頁。

8 Ludwig Büchner: Die Positivisten oder: Eine neue Religion. In: Ludwig Büchner: *Aus Natur und Wissenschaft—Studien, Kritiken und Abhandlungen, Zweite und verbesserte Auflage*. Leipzig 1869. p.21.

9 Kelsen, Gott und Staat, p.192. 邦訳は、前掲論文、五六頁。

10 Hans Kelsen: Politische Weltanschauung und Erziehung. In: Die Wiener Rechtsschule, vol.2, pp.1501. このケルゼンの論文に関しては、今井弘道「思想史的ケルゼン研究序説」『北大法学論集』一九八一年、第三二巻第一号一－一一三頁の中の詳細な解説を参照。

11 吉永圭『リバタリアニズムの人間観』風行社二〇〇九年、一五四頁から引用。原文は、Wilhelm von Humbold: Ideen zu einem Versuch die Grenzen der Wirksamkeit des Staates zu bestimmen. In: *Gesammelte Schriften*. Albert Leitzmann (ed.), vol.1, p.145. フンボルトが『国家活動の限界を確定せんがための試論』で展開している国家観や教育観については、吉永、前掲書、一三三－一六五頁の詳細な解説を参照。

12 Kelsen, Politische Weltanschauung, p.1506.

13 *ibid*., p.1505.

14 *ibid*., p.1504.

15 Friedrich Nietzsche: Also sprach Zaratustra. In: *Nietzsche Werke. Kritische Gesamtausgabe*. VI/1, Giorgio Colli und Mazzino Montinari (ed.). Berlin 1968, pp.57-60. 邦訳は、『ニーチェ全集9 ツァラトゥストラ（上）』吉沢伝三郎訳、ちくま学芸文庫 一九九三／一九九四年、八八－九二頁。ここではケルゼンが「政治的な世界観と教育」で引用した部分だけを示した。cf. Kelsen, Politische Weltanschauung, p.1504.

16 Kelsen: Politische Weltanschauung. p.1507.

17 Humboldt, op. cit., p.106. 邦訳は、吉永、前掲書、一四二頁に基づく。

18 Nietzsche, Zaratustra, pp.10-11. 邦訳は、『ニーチェ全集9』、二六頁。

19 Kelsen, Politische Weltanschauung, p.1505.

20 *ibid*., p.1504.

21 *ibid*., p.1504.

22 Kelsen, Politische Weltanschauung, p.1505.

23 Hans Kelsen: Über Grenzen zwischen juristischer und soziologischer Methode. In: *Die Wiener Rechtsschule*, vol.1, p.6. 邦訳は、ハンス・ケルゼン「法学的方法と社会学的方法の差異について」『ハンス・ケルゼン著作集』第四巻（法学論）新正幸・今井弘道・竹下賢・長尾龍一・森田寛二訳、慈学社出版二〇〇九年、一七頁。

24 *ibid*., p.6. 邦訳は、前掲論文、一七頁。Hans Kelsen: *Hauptprobleme der Staasrechtslehre*. 1960. p.7. 邦訳は、ハンス・ケルゼン『国法学の主要問題（上）』蠟山芳郎訳、春秋社、一九三五年、一三頁。

25 Kelsen, Über die Grenzen, p.6. 邦訳は、ケルゼン「法学的方法と社会学的方法の差異について」、一七頁。

26 Hans Kelsen: Die Rechtswissenschaft als Norm- oder Kulturwissenschaft. In: *Die Wiener Rechtsschule*, vol.1, p.38. 邦訳は、ハンス・ケルゼン「法科学は規範科学か文化科学か」『ハンス・ケルゼン著作集』第四巻、五二頁。

27 *ibid*, pp.8-9. 邦訳は、前掲論文、二〇頁。

28 *ibid*, p.9. 邦訳は、前掲論文、二〇頁。

29 Stephen Jay Gould: Ever Since Darwin. Reflecting in Natural History. New York/London 1979. p.36. 邦訳は、スティーヴン・ジェイ・グールド『ダーウィン以後』坂上孝・上野成利訳、早川書房一九九五／二〇〇九年、五四頁。

30 Nietzsche, Zaraturstra., p.8. 邦訳は、『ニーチェ全集9』、二二頁。

31 Friedrich Nietzsche: Der Antichrist. In: *KGW*., VI/3, p.168. 邦訳は、『ニーチェ全集14 偶像の黄昏 反キリスト者』原佑訳、ちくま学芸文庫、一九九四／二〇一三年、一六七頁。

32 ドイツ語の話法の助動詞sollenの用法には、「当為・義務」以外に、「運命・必然」がある。自然科学的な「存在」の問いであれば、助動詞を用いずに、動詞を直説法現在で用いるのが普通だが、助動詞sollenが用いられていても「運命・必然」を意味するなら、それは一種の自然科学的な問いになるだろう。ニーチェからの引用で「取って代わる運命にある」と訳した部分は原文では〝ablösen soll〟であり、とりあえず「運命・必然」を表すsollenとして解釈して訳した。他方、「育種すべき」と訳した部分は〝züchten soll〟であり、ここでもsollenが用いられているが、こちらは「当為・義務」を表すものと解して「〜べき」と訳した。ちなみにアメリカの批評家ヘンリー・ルイス・メンケン（一八八〇－一九五六年）は前者をshall、後者をmustで訳している。cf. Friedrich Nietsche: *The Selected Wrighting of Friedrich Nietzsche*, H. L. Mencken (trans.). Radford 2008. p.568.

33 ポール・ワインドリング「ヘッケルとダーウィニスムス」坂野徹訳、『現代思想』第二一巻第二号、一九九三年、一六一頁。

34 グールドによれば、『宇宙の謎』は「出版界においてもっとも目ざましい成功を収めた出版物の一つ」であり、「一年目で十万部売り、一九一九年までに十版を重ね、二十五の言語に翻訳され、一九三三年までにドイツ国内だけでも五十万部近く売れた」という。スティーヴン・ジェイ・グールド『個体発生と系統発生』仁木帝都・渡辺政隆訳、工作舎一九八七年、一二七頁。

35 Ernst Haeckel: *Die Welträthsel*. Bonn 1899. p.313.

36 Kelsen: *Allgemeine Staatslehre*. p.381.

37 Oscar Hertwig: *Der Staat als Organismus*. Jena 1922. p.6.

38 Kelsen, *Allgemeine Staatslehre*, p.11. 邦訳は、ケルゼン、『一般国家学』、一七頁。

39 Hertwig, op. cit., p.6.

40 *ibid.*, pp.6-7.

41 ケルゼンはこの序文を執筆した時点ではまだヘルトヴィヒの著作を読んでいなかったかもしれないが、彼は『社会学的国家概念と法学的国家概念』においてハーバート・スペンサーの「超有機的な結集」という考え方に言及して、スペンサーが国家を生物の進化におけるより高い段階として位置づけていることを指摘している。Hans Kelsen: *Der soziologische und der juristische Staatsbegriff*. Tübingen 1922. p.47. 邦訳は、ハンス・ケルゼン『社会学的国家概念と法学的国家概念』、法学思想21研究会訳、晃洋書房、二〇〇一年、五六頁。

42 Kelsen, *Der soziologische und der juristische Staatsbegriff*, p.3. 邦訳は、ケルゼン、『社会学的国家概念と法学的国家概念』、三頁。

43 *Novalis Schriften*. Paul Kluckhohn (ed.). Leipzig 1928. vol.3, pp.286-287.

44 カール・シュミット『政治的ロマン主義』大久保和郎訳、みすず書房、一九七〇年、一五七頁。

45 フリードリヒ・エンゲルス「ルートヴィヒ・フォイエルバッハとドイツ古典哲学の終焉」藤川覚訳、『マルクス＝エンゲルス全集 第二一巻』大内兵衛・細川嘉六（編）、大月書店、一九七一年、二八五頁。

46 中村禎里『生物学の歴史』筑摩書房、二〇一三年、二一四頁。

47 シュライデンとシュヴァンによる細胞説については、前掲書以外に、小林博行「ヘッケル『一般形態学』における個体性の体系」『モルフォロギア』第一五巻、一九九三年、四六－六三頁を参照。

48 シュヴァン「動物および植物の構造と成長の一致に関する顕微鏡的研究」『科学の名著』第四巻（近代生物学論集）、佐藤七郎・大石圭子訳、朝日出版社、一九八一年、三〇七－三〇八頁。

49 Rudolf Virchow: *Die Cellularpathologie in ihrer Begründung auf physiologische und pathologische Gewerbelehre*. Berlin 1858. pp.12-13. 邦訳は『科学の名著』第Ⅱ期第二巻（ウィルヒョー 細胞病理学）、朝日出版社、一九八八年、二一頁。

50 Rudolf Virchow: Atom und Individuum. In: Rudolf Virchow: *Vier Reden über Leben und Kranksein*. Berlin 1862. pp.55-

56.

51 林真理「細胞概念の展開」『人類学的比較再考』出口顯・三尾稔（編）、国立民族学博物館調査報告、第九〇巻、二〇一〇年、六九頁。

52 Kathrin Sander: *Organismus als Zellenstaat*. Freiburg i.Br. 2012. p.11.

53 Ernst Haeckel: *Die Perigenesis der Plastidule oder die Wellenerzeugung der Lebenstheilchen*. Berlin, 1876. pp.19-20.

54 林、前掲論文、六九頁。

55 Haeckel, *Die Perigenesis*. p.20.

56 ワインドリング、前掲論文、一六一頁。

57 スチュワート・ジョーゼフ・ウルフ『イタリア史　１７００－１８６０』鈴木邦夫訳、法政大学出版局、二〇〇一年、八二七－八二八頁。

58 ワインドリング、前掲論文、一六一頁。

59 前掲論文、一六一頁。

60 Haeckel, *Die Perigenesis*. pp.20-21.

61 Ernst Haeckel: *Italienfahrt, Briefe an die Braut 1859-1860*. Leipzig 1921. pp.174-175.

62 ワインドリング、前掲論文、一六三頁。

63 前掲論文、一六三頁。

64 前掲論文、一六三頁。

65 Georges Canguilhem: *Knowledge of Life*. New York 2008. p.44.

66 Paul v. Lilienfeld: *Zur Vertheidigung der Organischen Methode in der Soziologie*. Berlin 1898, p.8.

67 Kelsen, *Der soziologische und der juristische Staatsbegriff*, p.47. 邦訳は、ケルゼン『社会学的国家概念と法学的国

家概念』、五六頁。
68 Wilhelm Bölsche: *Das Liebesleben in der Natur*. vol.2 Leipzig 1900. pp.124-125.
69 *ibid*., pp.128-129.
70 *ibid*., p.129.
71 *ibid*., p.129.
72 Immanuel Kant: Kritik der reinen Vernunft. In: *Immanuel Kants Werke*. Ernst Cassirer (ed.), Berlin 1912, vol.3, p.535. 邦訳はカント『純粋理性批判』篠田英雄訳、岩波書店、一九六二／二〇一〇年、下巻、九〇頁。
73 中村、前掲書、一二一頁。
74 松岡幹夫「北一輝における信仰と社会思想の交渉」『相関社会科学』第一二号、二〇〇三年、七一頁。
75 北一輝『自筆修正版 国体論及び純正社会主義』長谷川雄一・クリストファー・W・A・スピルマン・萩原稔（編）、ミネルヴァ書房、二〇〇七年、一三三－一三四頁。
76 嘉戸一将によれば、「北は神類という言葉によって、主権者としての人を、神の如き全能者になぞらえているのでもなければ、全能の権能を有する役柄を演ずる者と考えていたのでもない。北は、文字通り、人が神そのものになると信じていた」という。嘉渡一将『北一輝―国家と進化』、講談社、二〇〇九年、八六頁。なお、嘉戸は、「人類や人間を超えた存在の概念によって語る〔北の〕方法はニーチェの超人を想起させる」と指摘している。前掲書、九一頁。

Ⅳ　現代：技術時代のユートピア

反暴力のユートピア
――ローベルト・ムージルの『特性のない男』における神秘主義的言説の検証

北島玲子

はじめに

ローベルト・ムージル（一八八〇－一九四二年）はモデルネの多くの作家と同様、近代に対する認識批判をみずからの文学の根底に据えている。それを端的に示すのが可能性感覚という概念であり、『特性のない男』においてそれは次のように定義されている。「可能性感覚は、現にあるものと同じくありうるかもしれない一切を考える能力、存在するものを存在しないものより重要視しない能力、と定義できるだろう」（一－一六）。ただしそれは、現実を不動の前提とした上で、現実においては実現されないものに現実と同等の価値を置くことを意味するのではない。自明と見える現実そのものが一種の「要請、仮構」（一－一六）にすぎず、「すべてがよりよってこうなったことの充分な根拠はどこにも見つけられない」（一－一三一）がゆえに、すべては「ひょっとすると別様でもあるかもしれない」（一－一六）と考えることができるのである。確固と見えるものは、必然の装いをもつに至った仮構ではないかというこうした視点は、もちろんムージルに特有のものではなく、ニーチェをはじめとする近代批判の言説に共通するものである。世界に統一的な意味づけを与えるのはまやかしであるという意識、「いかなる物も、自我も、形式も、原則も確かではない」(一-二五〇)との認識はしかしながら、否定的にのみ捉えられているわけではない。堅固に見えているものの必然性に揺さぶりをかけることは、現実に対する批判の意味をもつにとどまらず、現実のみを注視しているときには見えないものへの視線を可能にするからである。現実の偶然性、恣意性への批判が、ユートピア的なものへの志向へ反転するという動きは、ムージルのテクストの最大の特色であろう。

彼の代表作である『特性のない男』においても、それは当てはまる。第一巻における近代ヨーロッパ社会の批判的風刺的検証は、第二巻においては、主人公ウルリヒと妹アガーテによる愛のユートピアの探求へと反転する。そのさい援用されるのが、神話、神秘主義、「千年王国」など、近代以前の言説である。しかしながら、近代以前の言説の「再生」はこの小説においては、二重の形で批判的に吟味される。第一に、『特性のない男』第一巻において、現状の行き詰まりを打開するためにもちだされる近代以前の諸言説、とりわけ神秘主義的言説が、ウルリヒや語り手の批判にさらされることによって。そして第二に、ウルリヒとアガーテが求める兄妹愛のユートピアが、神秘主義的言説に依拠しながらも、彼ら自身によって徹底的に省察を施され、相対化されることによって。

ムージルは一九二〇年に、「合理主義と神秘主義、これが時代の両極である」[1]と書きつけているが、二〇世紀の始めは、近代的合理化が加速する一方で、それへの対抗として非合理的なもの、神秘主義的なものへの関心が高まった時代でもあった。「新神秘主義」と呼ばれる思潮が哲学や文学の領域に広がり、機械工学を学んだエンジニアでもあったムージルも、当時よく読まれたエマーソンやメーテルランクの読者であった。[2]

本論攷では、近代以前の言説の再生が『特性のない男』においてどのような意味をもつかを検証する。一章では、『特性のない男』で展開される近代精神による近代批判が、どのようにして「別の状態」のユートピア、神秘主義的なものの追究に反転されるかをたどる。二章では、二〇世紀始めの神秘主義的言説の再生が、『特性のない男』においてどのように批判的に描かれているかを確認する。三章においては、ウルリヒとアガーテが求めるユートピアが、神秘主義者たちの証言や千年王国のトポスとどのように関係するかを見定める。四章では、近代以前の言説と重ねられた別の状態のユートピアが、時代状況に対する批判として、どのような積極的意味をもっているかを考察する。

一　近代精神による近代批判とユートピア的思惟

軍人、エンジニア、数学者――『特性のない男』の主人公ウルリヒが、「重要人物になる」ために就こうとした職業である。ムージル自身のキャリアともある程度重なるウルリヒのこの経歴は（ムージルは軍人、エンジニアを志したあと、心理学・哲学を学ぶ）、近代ヨーロッパの歴史的歩みに対応していると考えることもできる。他国と覇権を争いながら近代国家の基礎がつくられ、科学技術によって産業が発展し、合理的システムに社会全体が覆われていく近代を、軍人、エンジニア、数学者が象徴的に体現している。『特性のない男』において、主としてウルリヒの思念や視点からなされる近代ヨーロッパの検証・批判はそれゆえ、安易な近代批判への批判という側面を同時に含むことになる。たとえば次のような一節がある。

魂のことをいくらかでも理解していなければならない人［聖職者、歴史家、芸術家］はみな、［…］魂が数学のために台無しになってしまった、数学は悪しき悟性の根源であり、人間をこの世の主人にはしたが、人間を機械の奴隷にもしていると証言する。内面の枯渇、個別的なことには厳密で全体には無関心という途方もない混合、ばらばらなものからなる荒野に打ち捨てられた人間の恐るべき孤独、人間の比類なき不安、悪意、無関心、そして金銭欲、冷酷、暴力行為、こうしたものがわれわれの時代の特徴となっているが、それらは、先に挙げた人たちの報告によればどれも、論理によって研ぎ澄まされた思考が魂に加えた損傷の結果にほかならない。そんなわけで、ウルリヒが数学者になった頃も、人間の内部には信仰、愛、素朴さがもはや宿っていないのだから、ヨーロッパの文化は崩壊するにちがいないと予言する人たちがいたが、いかにもというべきか、そうした人たちはいずれも、少年時代や学

生時代に数学が苦手だった。（一－四〇）

ここには、数学的悟性[3]を基盤とするヨーロッパ近代のもたらした悪しき帰結が列挙されているわけだが、皮肉な語り手は、こうした形で数学を批判するのは数学が苦手な者たちだと揶揄するのである。このいささか挑発的なくだりが示唆するように、ウルリヒの近代批判の特徴は、それがまさに近代精神に裏打ちされたものだという点にある。

小説のなかで初めて姿を現したときウルリヒは、手にストップウォッチをもち、家の前を行き交う自動車や馬車、市街電車や通行人の数を数え、それらのスピードやそこで費やされるエネルギー総量を割り出そうとしていた。彼が工学の世界に惹かれたのは、そこでは新式タービンのもつ機能美が、ギリシア的古典的な美を色あせたものにするからであり、善や悪の概念が不変の「定数」ではなく、他の要素との関係によって変化する「従属変数」にすぎないことが看破され、善悪に関する千年来の形而上学的思考が無駄なおしゃべりに変じてしまうからである。自然科学は自然のみならず、人間をも観察の客体にすることによって、従来の人間観や世界観を根底から変えてしまう力を獲得したのであり、その急進性にまさにウルリヒは魅了されたのである。したがってそれゆえにこそ彼は、仕事の領域においては驚くほど大胆なエンジニアたちが、仕事上の原理を実生活や人間そのものに当てはめることはせず、旧来の価値規範に唯々諾々と従って生活しているのを知って、エンジニアの道を放棄する。つまりウルリヒは近代の申し子として、しかも、近代精神を誰よりもラディカルに追求する人物として登場するのである。

そんな彼は、手垢にまみれた概念や言葉を口にする者たちに対しては、醒めた合理主義者として振る舞う。相手が女性の美しさについて語れば、皮膚を支える脂肪組織の話をし、恋愛が話題になると、年間の出生率の自動的な変化を示す統計結果をもちだす。人間の精神や魂が強調されると、人間をその肉体を構成している要素に分解して説明してみせる。これはもちろん、時代の先端をゆく精神がことさらに示す偽悪的暴露的なポーズでもあるが、ウルリヒの場合、ことはそれだけに留まらない。彼にとってユートピア的思惟は、厳密さを追求する合理的思考によって可能となるからである。

ユートピアについて次のように説明されている箇所がある。


ユートピアは可能性とほぼ同じことを意味する。ある可能性が現実でないということは、目下のところ巻き込まれている状況ゆえに、その可能性が現実であるのを阻まれているということにほかならない。というのも、もしそうでなければ、その可能性は不可能性にすぎなくなってしまうだろう。可能性を束縛から解き放ち、それを展開させれば、ユートピアが生じる。（一－二四六）

偶然的な状況によって現実となることを阻まれている可能性を、その発現を妨げているくびきから解き放つことができれば、そこからユートピアが生じるというのだが、ここで注目すべきは、ユートピアを展開させる方法が、自然科学における厳密な観察方法のアナロジーとして説明されている点である。

それは、研究者が複合現象におけるひとつの要素の変化を観察し、そこから結論を引き出す過程と似ている。ユートピアとは、ある要素が引き起こしうる変化を観察し、その変化が生と呼ばれる複合現象にもたらすかもしれない結果を観察する実験を意味する。（一―二四六）

さまざまな要素からなる複合体において、ひとつの要素が変われば全体がどのように変化するかを見極める自然科学的な方法によって、生という複合体を徹底的に厳密に考察すれば、これまでとは異なる世界の相貌が開けるかもしれない。そうした態度にとっては、本当は暫定的でしかない凝り固まった規則や規範ほど無意味なものはない。ここで言われているユートピアは、思いこみや先入観に惑わされず、醒めた観察と推論を一歩一歩積み重ねることによってもたらされるのである。

ここでは詳述する余裕がないが、『特性のない男』第一巻において「正確さのユートピア」、「エッセイズムのユートピア」として検証されるのは、厳密な観察と思考によって、世界の異なる布置を捉えようとするこうした試みである。しかしながらこうしたユートピアは、第一巻の終わり近くで、別の連関のなかで再検証される。そこで使われるのが、ウルリヒの生を分断している二本の樹の比喩である。彼の生は早くから、活動をことととする樹の印を帯びていた。それはあるときには既成のものを拒否し、新たな秩序を求める論理的倫理的試みとして、あるときには単なる肉体の鍛錬への要求（彼の住居にはボクシング・パンチが置いてある）として発現する。ウルリヒの可能性感覚も、正確さのユートピアも、エッセイズムのユートピアも、現実を批判し、現実に敵対する態度の極みであるが、「紛れもない仮借のない情熱で現実に働きかけ」（一－五九二）ようとする点で共通していて、その限りにおいて「暴力」の印を帯びているという。暴力とは、「あらゆる疑い深く、即物的で、醒めた態度の発露」（一－五九一）を意味しているからである[4]。それに対して、もう一方の樹のイメージで表される生は、影のようであり、夢想じみていて、積極的な活動には結びつかない。その根底には、世界に対して子供が抱く関係、すなわち信頼と帰依の思い出があり、ウルリヒにとって愛はこの領域に根ざしている。

つまりはそれが現実批判、現実解体という形であれ、現実へ働きかけるという性質ゆえに、ここでは可能性感覚も正確さのユートピアもエッセイズムも、人間の活動を促してきた醒めた思考、暴力の側に組み入れられ、愛や夢における原理と対比させられているのである。可能性感覚の追求もエッセイズムも、人間の認識過程を厳密に吟味することによって得られる態度であり、そこには現象や現実とより妥当な形で関わりたいという欲求が働いている。こうした態度はもっぱら自然科学に代表される、合理を目的とする領域に向けられてきた。それに対して愛や道徳については、厳密であり正確であることを放棄することによって、これまで数限りない言葉が費やされてきたのである。しかしながら、自明だと思われている事柄は別の可能性を隠蔽した結果にすぎない、という可能性感覚による批判精神をもって、愛や道徳の問題を追求してゆけば、世界はどのようなものとして立ち現れるのか、それが以後のウルリヒの課題となる。かくしてウルリヒは、（ムージルの皮肉な言い方を借りれば）これまで女性や「男性の変種」の専売特許であった愛の問題に、醒めた精神をもって対峙しようとするのである。それが第二巻において、妹アガーテとの愛の問題、そこで果たされる神秘的な合一体験という形で問われることになる。それは「別の状態」のユートピアの探求であり、そのさいにもちだされるのが神話、神秘主義、千年王国など、近代以前に起源をもつ言説やトポスである。

「別の状態」という言葉をムージルが最初に使うのは、バラージュの映画論『目に見える人間、あるいは映画の文化』[5]の書評として書かれたエッセイ「新しい美学のきざし—映画のドラマトゥルギーについての覚え書き」（一九二四年）においてであり、「別の状態」は「通常の状態」の対概念として説明される。「通常の状態」は測定し、計算し、実証的に思考する精神の様態で、これによって人間は地上の支配者となることもできたし、悪の特性を帯びることにもなった。一方、「別の状態」を代表するのは愛や宗教的忘我であり、「その世界の像には尺度も精密さも、目的も原因も存在せず、善も悪も一致して消え去り、それを際立たせる必要もない。このような関係すべてにかわって、われわれの存在と、物や他の人間存在との、満ちては引いていく神秘的な合流が現れる」(二―一一四四)。これはすでに述べた、「暴力」の印を帯びた樹と、「愛」の印を帯びた樹という二分法にも対応するものであるが、ここで確認しておくなら、これは単なる対立関係にあるのではない。「通常の状態」は、可能性感覚による視点の反転によって、「別の状態」へ移行しうるからである。

第一巻においては、もっぱら「暴力」の印のもとで世界と関わってきたウルリヒは、第一巻の最終章においてこうした「反転」[6]を体験する。父の死を知らせる電報を受け取り、幼なじみクラリセの誘惑を斥けた彼は、「身体の全感覚」が変化するのを感じる。「もともと境界のはっきりしない」彼の身体意識は、「さらに柔らかな、さらに開いた状態へ移行した」(一―六六三)。

それはまるで、固く結んだリボンの結び目がほどけてしまったかのような弛みだった。あたりの壁も物も実際には何も変わらず、神を信じない彼の部屋に神が入ってきたのでもなく、ウルリヒ自身が判断の明晰さを放棄したわけでも決してなかったので[…]、変化したのは、彼と周囲の関係だと考えるしかなかった。しかもその関係のうち変化したのは、客体の部分でもなければ、それに即物的に適合している意識や悟性でもなかった。ふだんは地下水のように深いところに広がっていて、即物的な知覚と思考の主客という二本の支柱を支えている感情が変化したように思えた。(一―六六四)

可能性感覚ゆえに確固とした自己をもてないウルリヒの、それでも他者や世界と区切られていた自己意識が弛み、周囲の世界へと拡散してゆく瞬間である。ウルリヒと周囲のものとの関係はそれによって変化する。見るものと見られるもの、認識するものと認識されるものは「緩やかにほどけ、混じり合い」、そうした関係自体の生成を含み込む、より広く深い次元がここで看取されている。「これは、別の態度なのだ。ぼくは別なものになる、それによって、ぼくと結びついているものも、別なものになる」(一-六六四)。すべては「別様でもあるかもしれない」という可能性感覚によって予感していた別の状態を、ウルリヒが感得する瞬間である。

とはいえ、こうした経験はウルリヒにとってはじめてのものではない。彼は「少佐夫人との恋」においてすでに、世界の神秘的な変容を経験しているからである。恋の源泉から遠ざかろうとウルリヒは、とある島に滞在し、そこで遠くにいる恋人とのあいだに愛の結びつきを感じ取る。海と空を見ながら岩に寝そべっていると、通常の世界におけるさまざまな区別は消失してしまう。大きさの区別も、人間と動物、生物と無生物の区別も、空間による隔たりもなくなり、彼は風景そのものと一体化して「世界の中核」に入り込む。

遠く離れた恋人と彼の距離は、すぐそばの樹との距離と同じであった。世界の内部に存在しているという感情は、夢のなかで二つの存在が交じり合うことなく互いに通り抜け合うことができるのと同じく、隔てる空間なく存在するものたちを結びつけ、それらの関係のすべて

を変化させた。(一−一二五)

変容した世界において、遠く離れた恋人との合一感、あらゆるものとの神秘的な結びつきを経験したウルリヒは、唯一投函することになる最後の手紙を書く。そこには、「大いなる愛のために生きるということは、ため込みや横領や貪欲の領域に由来する所有、わがものであれという願望とは、本来まったく関係がないのです」(一−一二六)としたためられていた。通常の価値基準が失効するこうした体験は「忘れられた」ままであったのだが、「反転」のこの場面でウルリヒはそれを思い出す。

するど、言葉では表せない、あふれ出すような形で、ただただこれ以上否定する力が失われたかのように、突如として彼は、何年も前にすでにいたことのある場所に自分がまたいるのを悟った。彼は笑みを浮かべながら頭を振った。この状態を「少佐夫人の発作」と嘲笑的に名づけた。彼の理性によれば、危険はなかった。こんな愚行を一緒に繰り返すことのできる相手など、どこにもいなかったからだ。(一−六六四)

これは第二巻において吟味される別の状態のユートピアへの橋渡しであると同時に、それにどう対峙するかの態度表明ともなっている。つまりウルリヒはこうした経験を、一時的に理性を脅かす「発作」と呼んでみせて距離を取り、さらには、再度こうした出来事に遭遇することがあれば、「このうえなく正確に」（一‐六六五）それに取り組もうと決心するのである。

妹アガーテとの再会によって、「愚行を一緒に繰り返すことのできる相手」を得たウルリヒが、愛のユートピアとどのように「このうえなく正確に」対峙するかを考察するまえに、『特性のない男』において神秘主義的言説が、そもそもどのような機能を負わされているかを見ておく。

二　神秘主義的言説の批判的検証

『特性のない男』の舞台はウィーンである。一九一三年の夏に始まる未完のこの小説は、それからほぼ一年が経ったある夏の日の場面で絶筆となっている。この小説の第一巻（第一部と第二部）が出版されたのは一九三〇年、第二巻第三部の三八章までが発表されたのが一九三二年、ムージルが生前に発表したのはここまでである。その後ムージルは続きを書き継ぎ、三九章から五八章までの二〇章を一九三七年に出版社に渡し、一九三八年の始めにその校正刷りがムージルの手元に戻ってくる。しかし一九三八年三月にオーストリアはナチス・ドイツに併合され、出版社のフィッシャーはストックホルムに、ムージルはチューリヒを経てジュネーブに亡命し、その校正刷りをムージルはその後も書き換えていくことになる。その書き換え作業は複雑であり、それをここで詳述することはできないが、ムージルは最後の二年間は校正刷りの四七章以降の書き換えにもっぱら従事し、その五二章「ある夏の日の息吹」の途中まで書いて亡くなる。本論攷では、『特性のない男』の続き部分の遺稿に関しては、校正刷りの三九章から五八章、最晩年の清書稿四七章から五二章を主な対象とする。

一九二〇年半ば以降から本格的に書かれた『特性のない男』[7]には、第一次世界大戦直前のハプスブルク帝国の状況のみならず、ムージルが執筆していた時期――いわゆる両次大戦間――のオーストリア、ドイツの歴史状況が反映されている。それは、ブルデューの言葉を借りて言うならば、思想が「通俗化」され、きわめて独特なイデオロギー的雰囲気が蔓延した時代であった。[8]あるいはムージル自身の言い方にならうならば、「通俗哲学と茶飲み談義」(二―一〇八七)が横行し、「何千という窓から、何千という声、思想、音楽がいっせいに」はやしたて、さながら「バビロンの精神病院」(二―一〇八八)のようであった。この時期に跋扈《ばっこ》した、近代の諸価値失墜の空位を埋めるためのイデオロギーの多くに共通するのは、合理主義や知性主義への反動であり、大地や自然が賛美され、魂や宗教といった近代以前の諸価値がふたたびもちだされ、神秘主義的な言説があふれ、似非科学である人種論や社会ダーウィニズムが注目され、ゲルマン文化が賞揚された。

『特性のない男』の第一巻においてはまさに、こうした思想的潮流のポートレートが批判的に描き出されている。[9]神の権威や国家の機能が失われ、哲学的な真理も道徳の根拠もその絶対性を失い、無数の見解、意見、思考、あらゆる時代の様式が無数の神経網のように絡み合い、善悪や上下の区別も関数概念にすぎなくなっている二〇世紀始めの混迷状態、そしてそこからの脱出、救済を求め、乱立しているものを「ひとつに結びつける光源」（一－一五四）を見出すための右往左往が、「平行運動」[10]という架空の舞台設定のもとに繰りひろげられる。「人類と祖国の真の目的に一致する」（一－一三九）理念を探す者、「魂と経済の、あるいは理念と権力の合一」（一－一〇八）を求める者、単純さや大地との結びつきを賞賛する者、何かといえば魂という言葉を口にする者、ゲルマン的キリスト教を信奉する反ユダヤ主義者、暴力による救済を説く哲学者などが『特性のない男』の言説空間を埋めていく。

妹との愛のうちに神秘的な合一を求めようとするウルリヒの試みもまた、そうした背景から生まれたものである。しかしながらその一方で、ウルリヒの求める合一の試みは、他の人物たちの試みとの対比によってその特徴が際立たされている。「特性のない男」であるウルリヒは、他の登場人物たちがもつ特性をある意味ではすべて備えているがゆえに、それぞれとの差異によって、ウルリヒの特徴が際立つように小説は構成されているのである。ここではアルンハイム、ハンス・ゼップの二人を取り上げ、失われた統一を求めるためにもちだされる神秘主義的な言説が、ウルリヒという鏡にどのように批判的に映し出されているかの一端を確認する。

アルンハイムはプロイセンの産業界の大立て者にして作家である。彼はけたはずれに裕福で、あらゆる問題をテーマに著書を出している「大作家」であるが、ムージルのいう「合理主義と神秘主義」の両極への分裂を、分業の原理によって処理している点では同時代人たちの典型でもある。彼らが合理的精神、「金銭、秩序、知識、計算、測定、計量、要するに金銭の精神、金銭と類縁関係にある精神」を崇めながら、同時にそうしたものを遺憾に思っているのと同様に、アルンハイムは軍事と結びついた近代資本主義の担い手でありながら、それとは「別の道を通って向上」(一-五〇九)すべきだという欲求を抱えている。それは彼にあっては書物の執筆という形で果たされ、その著作には「宗教」、「神話」、「単純さへの回帰」、「魂の王国」、「経済の霊化」などの言葉が並ぶ。利権のためにディオティーマのサロンに出入りしながら、ディオティーマと魂の結びつきを求め、「経済と魂の合一」という言葉を臆面もなく口にするのも、近代人の分裂とその克服の欲求を典型的な形で示している。アルンハイムはウルリヒから終始距離をもってあしらわれ、彼とディオティーマの魂の結びつきは風刺的に描かれるが、二人の関係はウルリヒとアガーテの関係のネガティヴな先取りともなっている。

たとえばアルンハイムとディオティーマが、沈黙を愛の最高の段階としてそれに身を任すシーンが出てくる(一-五〇三以下)。それはのちにウルリヒとアガーテの関係において、「愛の言葉は秘密の言葉であり、それが最高度に完成されると、抱擁の場合と同様沈黙となる」(二-一二一七)と言われることに対応している。アルンハイムとディオティーマの関係はその後、双方の現実との妥協によって破綻し、言語にかわる沈黙の重要性の指摘は、二人のあいだには結局は語るべきものがなかったという皮肉な意味を帯びてしまう。それに対してウルリヒとアガーテは、言葉では言い表せない、沈黙こそがふさわしい瞬間を迎えるたびに、それでもその体験を省察の俎上に載せ、言葉による吟味をやめない。

時代にかなった合理主義的思考をわがものとしているという点で、ウルリヒとアルンハイムのあいだにはある種の親和性があり、それゆえ第一巻の最後でアルンハイムはウルリヒに親しげな態度を見せ、重要なポストの提供を申し出る。それをきっぱり拒絶することによってウルリヒは、合理主義と神秘主義を分業させるというアルンハイム流の帳尻合わせを拒否し、醒めた省察にたえうる神秘主義的状態の探求へと赴くのである。

アルンハイムが表舞台の登場人物であるとするならば、ハンス・ゼップは父親世代の資本主義的思考に敵対意識を燃やす、まだ何者でもない若者の代表である。彼が市民的価値を批判するさいの論調は、ウルリヒのそれと酷似していて、たとえば次のようなゼップの言葉はウルリヒの口から出たものであってもおかしくない。

たとえば知るということは、見知らぬものを自分のものにすることにほかならない。人はまるで動物のように、見知らぬものを殺し、引き裂き、消化してしまう。概念とは、殺されて動かなくなってしまったもの。信念とは、もう変えることのできない冷たくなった関係。[…]性格とは、自己革新を怠ることに等しい。(一‐五五六)

しかしながら、ウルリヒが悟性のもつ硬直した暴力性を認識しつつも、そこからユートピア的なものを引き出そうと試みるのに対して、ハンスはそれへの反動から、「完全に無私なものたちの共同体」(一-五五五)を標榜する。それは自分を忘れ、自分と手を切り、「自分を開くこと」(一-五五七)によって可能となる高揚状態であり、ウルリヒが求める欲望や所有とは無縁の「愛」と、一見類似している。じっさいウルリヒは、ハンスの恋人ゲルダに向かって、ハンスが愛のことだけを話していると指摘する。

聖者の愛、隠者の愛、煩悩の岸から離れた愛のこと、つまり、この世のあらゆる関係の解体、弛み、いや、その裏返しとしてつねづね描写されてきた愛のこと、いずれにせよ、感情のことだというだけではなく、思考と五感の変化を意味する愛のことだけを。(一-五五八)

ここでウルリヒがハンスに仮託して語っている言葉は、ウルリヒ自身のことを説明する言葉とみなすこともできるほどである。しかもそのあとウルリヒは、言葉が上滑りしているのを感じながらも、通常の世界の境界線が消え失せ、無生物の世界までもが、愛する者たちの仲間入りをする瞬間について、あるいは愛しあう者たちがもはや彼ら二人だけではなくなり、彼らに向かってやってくるすべてのものに、みずからを贈るような体験について、滔々と語ってみせる。それに対してハンスは、ウルリヒは科学者として語っているにすぎないと非難しながらも、ウルリヒが自分の思っていることをやすやすと、しかも詳細に話したことに驚き、腹を立てる。

ハラルト・グシュヴァントナーは、二〇世紀始めの神秘主義的伝統の復活が、前衛的な文学や無害なエキゾティズムにおいて重要な役割を果たしただけではなく、民族主義的な文学にもそれが見られると指摘しているが[11]、ハンス・ゼップにおいても神秘主義的な傾向は、民族主義的反ユダヤ主義的傾向と結びついている。どちらも「ロゴスと知性の支配、〈生の機械化〉、生活世界の分業」に対抗し、「生の全体的な意味の樹立[12]」を求める点で共通していて、ゼップにとってはユダヤ的なものこそが「資本主義、社会主義、科学、理性」(一‐三一三)を意味しているのである。合理主義的理性が提出する疑念に答えられない従来の宗教がすたれる一方で、「神秘主義的恍惚の根源的体験」が「多種多様な非合理主義運動の魂」(一‐五五二)をつくりあげているこうした状況を、ウルリヒは強く意識していた。神秘主義的なものへの反転というイメージをゼップと共有しながらも、冷静な分析と正確な言語化を忘れないウルリヒは、特定のものを攻撃するための主義を掲げて、その目的のために共同体に帰依することの危険性を察知していた。ウルリヒの次の言葉は、ゼップの主張とは異なる「神秘主義的恍惚の根源体験」の表明となっている。

人間が感じる最高の高揚は、目にするものは何でも自分のものにしてしまう通常の利己的な態度から生じるものでもなければ、ゼップたちが主張するような、自分を開いて身を任せ、自己を高揚させることから生まれるのでもない。それは何も変化しない、じっと動かぬ水面のように静かな状態なのだ。(一‐五五九)

特定のイデオロギー性を帯びた共同体に身を委ねることによって得られる忘我状態とは区別され、静かな水面という比喩を使って語られている状態とは、それではどのようなものなのだろうか。

三　神なき神秘主義

みずからの求める状態を説明するために、ウルリヒはさまざまなイメージを援用する。あるときは内と外とが未分化で、「何かに向かって這っていけば、それが羽根をはやして飛んできた」(一九〇二)幼年時代の思い出をもちだし、あるときには科学者らしく、ある心理学者[13]の研究に言及する。それによると、「何かの中にあること」と「何かを外から眺めること」、「凹感受性」と「凸感受性」といった対立し合う表象群の背後には、人間の感受性の統一という太古からの経験が潜んでいるという。あるいはまた、完全な人間が神々によって二つに分けられ、失われた半身を求めるというプラトンの神話、さらにはイシスとオシリス、ヘルマアフロディーテ、ピグマーリオンなど、性の異なる二者であって一者であることを示す神話形象が呼び出される。しかしわけても大きな役割を果しているのが、神秘主義者たちの証言と千年王国のヴィジョンである。

ウルリヒは父の葬儀のために実家に戻り、そこで久しぶりに妹アガーテと再会する。ウィーンに帰るまでのあいだ、二人はたいてい家で書物を読み、会話を交わして過ごす。彼らが読むのは主として、神秘家たちの生活記録や個人的証言であり、以後彼らは、神秘家たちの恍惚証言をことあるごとに読み上げ、引用することになる。ウルリヒはそれらに関して次のようにコメントしている。

これらはキリスト教徒、ユダヤ教徒、インド人、中国人の証言だ。これらの証言を個別にみれば千年以上の開きがある。にもかかわらず、どの証言においても、ふつうのものとは異なるが、同じ一貫した構造が、内面の動きに認められる。こうした証言は神学や天地開闢説の体系の庇護下で生まれたのであり、証言間の違いは、そうした体系との関係から生じる相違にすぎない。ぼくたちはそれゆえ、第二のというべき、ふつうではない状態、人間が参入でき、あらゆる宗教よりも根源的な、きわめて重要な状態があると仮定してもいいのだ。(一―七六六)

ムージルが参照したマルティーン・ブーバーの証言集『忘我の告白』[14](一九〇九年)にはじっさい、紀元前の中国の思想家たちの証言をはじめとして、インド哲学、ギリシア哲学、イスラム神秘主義、ユダヤ神秘主義、そしてこの書物の中心をなすキリスト教神秘主義(一二世から一七世紀、ただし一九世紀のものも含まれている)の忘我体験が集められている。ウルリヒによれば、それらは異なる時代、異なる文化的コンテクストから生まれたものでありながら、共通する構造を備えていて、宗教よりも根源的なものであるという。制度化され文明化された宗教からは、これらは妄想だとみなされるにいたったが、ウルリヒにとっては、神秘主義者たちが述べる状態は、あらゆる人間が「知性」をもって参与可能なものなのである。それらの証言はもっぱら神との合一体験のそれであり、それゆえ現在の感覚にはそぐわない点もある。しかし彼らの語る「あらゆる物と魂の力の軽やかな〈合一〉、言い表しがたい驚嘆すべき心の高揚、すべてが瞬時にと思われるほど素早い認識」、あるいは「情熱とは無縁の途方もない平安、沈黙、思考と意志の消滅」等々は、今日においても経験可能なものである。「ふとしたときに心臓が、［…］無限のやさしさと無限の孤独のあいだのどこかにあって、しかもどこにもないあのユートピア的領域に入り込むときには」（一 - 七五三）。

ここで二つの点を確認しておきたい。第一にアガーテとウルリヒの二人は、神との合一を体験した者たちと同じ道に分け入ろうとするさいに、「敬虔な気持ちをもたず、神や魂を信じることなく、それどころか、彼岸や彼岸での再生さえ信じることなく」（一 - 七六一）、それを試みようとする点である。ウルリヒは、認識批判によって看取した別の状態を、神秘主義という前近代の言説を援用しながら追究するが、そのさいに醒めた近代的思考による検証を忘れない。第二に、これまで人生から一年の休暇を取っていると称していたウルリヒは、ウィーンで妹と二人で暮らす決心をしたことによって、「休暇中の人生」に終止符を打った（一 - 八〇一）という点である。逆説的に感じられようとも、公的な世界から退き、妹と別の状態のユートピアを探求するという試みこそが、ウルリヒにとっては、距離を置きつつ眺めていた生と向き合うことを意味するのである。

別の状態をめぐる兄妹の会話において、神秘主義者の言説とともに重要な役割を果たすのが千年王国のトポスである。ウルリヒがこの言葉を最初に使うのは第二巻一五章、人生からの休暇を終える決心をしたときである。[15]「わたしたちは隠者のように暮らすのでしょうね」というアガーテの言葉を受けてウルリヒは、「ぼくたちは千年王国へ入っていくのだよ」と答える。千年王国はゼップとの対話で先取りされていたように、「川のように目的地に向かって流れるのではなく、海のような状態」として表象される。「この海は、クリスタルのように澄んだ永続する事件に満ちた動かない隔絶した」(一 - 八〇二) 世界であり、人間の想像力が生み出したものでありながら、既知の王国ではない王国であるという。

そしてそんなふうに、ぼくたちは暮らすだろう。あらゆる我欲を捨て去ろう。財産も認識も、恋人も友だちも、原則も、ぼくたち自身さえも貯えないでおこう。そうすれば、ぼくたちの感覚は開かれ、人間や動物に向かって開放されるだろう。もうぼくたちのままでいることができず、全世界のなかに織り込まれることでしか、身を支えることができなくなるほどに、ぼくたちの感覚は開ききるだろう。(一 - 八〇一以下)

ここで千年王国に託して語られていることは、これまで見てきた別の状態についての説明、少佐夫人との恋における経験、神秘主義者たちの証言と基本的に変わらない。外部と内部の境界が失効し、自己という利己的で狭隘《きょうあい》な意識が消失し、他者および世界そのものと一体化する状態が、今度は千年王国というトポスによって説明されているのである。ヨハネの黙示録を拠り所としている「千年王国」という言葉はそもそも、本来のキリスト教的終末論から離れて、ユートピア的運動が目指す理想郷を表現するものとして使われてきた。『千年王国の追究』においてコーンは、そうした広い意味での千年王国の特徴のひとつとして、「それは彼岸の天国においてではなく、この地上において実現されるという意味で、現世的である」点を挙げているが、[16]『特性のない男』における千年王国は、もちろん彼岸のものではないが、さりとて具体的な地上の王国をイメージしているわけではまったくない。それはときとして顕現するひとつの状態であり、それが持続することもない。

ところで千年王国という語は、『特性のない男』第二巻第三部全体のタイトル（「千年王国へ――犯罪者たち」）にも使われている。第二巻の三八章までが出版されたのは一九三二年一二月、まさにヒトラーが政権を取る直前であった。ほどなくしてこの言葉が著しく忌まわしい政治的な意味を帯びてしまったために、第二巻の書評者たちも、「他のいかなる時代にもまして、そこから遠いこの時代に」、ムージルがこうした言葉を使ったことにとまどいを見せている。[17]しかしながら『特性のない男』における千年王国というヴィジョンは、神秘主義者たちの証言と同様、まずは歴史的コンテクストから切り出されて使われているのである。それが歴史的時代的なコンテクストから切り離されていることの意味については、最後に触れることにして、ここではウルリヒの千年王国に関する言葉のあとには、この発言は「冗談だった」という語り手のコメントが続くことを指摘しておく。『特性のない男』の第一巻においては、時代の徴候としての神秘主義的言説に批判的な距離が取られていたが、第二巻においてもそれは変わらない。二人の会話は語り手のコメントによって相対化されるのはもちろんのこと、彼ら自身による省察によってたえず批判的に吟味される。さらには、二人の気持ちにはつねにずれが生じ、ユートピアの成就は先延ばしされるのである。

千年王国に言及されたこの場面はしかし、のちに繰り返し想起されるという意味で、同じく何度も引用される神秘主義者たちの証言と同じく、特権的な位置を占めている。それゆえここで、千年王国というトポスが、遺稿部分においてどのような形で再度呼び出されるかを確認しておきたい。

ムージルが生前に発表した第二巻三八章までにおいては、二人は別の状態について自分たちの過去の経験によりながら、あるいは既存の言説によりながら吟味し合い、そうした状態が到来するのを待ち受けるのであり、それが実際に果たされるのは遺稿部分においてである。たとえば四六章「真昼の月光」では、二人は夏の日射しのなかで例によって会話を交している。ここでもまたウルリヒの考察は、認識の問題へと向かう。自我も含めて一切は、他との関連によって世界のうちに秩序づけられるのであり、それゆえその関連が失われるとすべてがその意味を喪失し、人間は深淵であると同時に創造の可能性を孕む根源的な状態に置かれる。しかしウルリヒにとっては、世界をこのように解体的に認識することこそが、「時代にかなった神への道」（一ー一〇九二）なのである。視点を変化させさえすれば巨大なシステムは崩れ落ち、世界は一変する。そして事実アガーテは、降り注ぐ日光をあびながら、自分と兄とを結びつける方向線を軸に、世界がその細部を変えぬままに変容を始めるのを感じる。そのとき世界は甘美であると同時にもの悲しく、人間的な官能性を帯びながらも死と無力さの印象を呼び覚ます。時間もまた、停止するかと思えば、すっと流れ、どれだけ時間が経ったのかわからなくなる。こんな風に、相反する言葉を連ねながら表現するしかない変容した時空のなかでアガーテは、ウルリヒの唇に落ちる太陽の光を自分の上にも感じ、自分が「彼とひとつである」と思う。しかしアガーテはそうした状態においてさえ、ウルリヒといるこの「魔法をかけられた庭」（一ー一〇九四）が、「現実というより願望」であると感じる。「じっさい彼女は、千年王国がすでに始まったなどとは信じていなかった」（一ー一〇九五）。変容した世界が千年王国という言葉に集約させられ、しかもそれに対してまたもや距離が取られるのである。

絶筆となった晩年の清書稿五二章「夏の日の息吹」においても、神秘主義者たちの証言とともに、千年王国のヴィジョンがふたたび呼び出される。二人は庭の芝生に寝転がっている。樹々の梢から色あせた花びらが、風のない夏の日射しのなかを静かに散り落ちていく。この「葬列にして自然の祭」においては「春と秋、言語と自然の沈黙、生の魅惑と死の魅惑」が混じり合い、

「そのとき心臓が胸から取り出された」[18]（一 - 一二三二）という神秘主義者の言葉通り、「二人の心臓は止まって胸から取り出され、空中の行列に参加しているかのようであった」（一 - 一二三二）。矛盾し合うものが矛盾のままに受け入れられ、内部と外部が浸透し合い、分かたれているものがひとつになる瞬間である。

このときアガーテは、かつてこの庭が今と同じく、神秘的なほど淋しく、かつ生き生きと見えたときのことを思い出すが、それは先に見た四六章での体験のことを指していて、ここではそれが次のように再現されている。

時間は停止し、一千年がまばたきをする程度の軽さになった。時間はもはや存在していないはずなのに、ひとつひとつを順に感じた。空間はもはや存在しないかのようなのに、彼女がこの夢に不安にならないようにと、兄がかたわらにいた。こうした矛盾にもかかわらず、世界はすみずみまで変容の輝きに満たされていた。（一 - 一二三三）

この体験はぬくもりを帯びた直接性をもち、その後に続いた体験は、それにくらべれば「おしゃべりによって生ぬるくなった」と感じられるという。しかし直接性は失われたかわりに、兄との対話によってこの体験は「敷衍と裏づけ」（一 - 一二三三）を得たのであり、アガーテはこのときは無意識のうちに陥った恍惚状態を、今度はあらかじめ心積もりして迎えようとする。しかしそうしたことは意志の力によってできるものでもなく、アガーテの想念はそこから離れていき、そこでまたウルリヒとの分析的な会話が始まるのである。

こうして兄妹は別の状態について、神秘主義者の言説や千年王国のヴィジョンによりながら吟味し、ときにはそうした状態に入り込む瞬間を体験するが、にもかかわらず、それが最終的な到達地点として描かれることはない。兄妹の省察と会話が果てしなく続き、二人の求める別の状態のユートピアが、どのように結着されるかは未決定のまま小説は途絶える。

四　時代批判としての兄妹愛のユートピア

『特性のない男』において、神秘主義的言説を援用しながら慎重に吟味される別の状態の特徴を、ここではあらためて三つの観点から考察し、『特性のない男』において別の状態のユートピアがどのような意味をもちえているかを明らかにしたい。三つの観点とは、第一に別の状態の言語化の問題、第二にその非暴力性の問題、第三にそれがもつ同時代との関係の問題である。

第一の点は、ムージルの言語批判の問題と関わっている。ムージルにとって言語はまずは、それが言語として流通するためには反復可能でなければならないという意味において、「刺激とそれに対する反射による軌道、〔…〕、固定化、反復による習慣、連続、単調さ」（一‐三七八）をこととする領域に、すなわち秩序のステイションに根ざしている。人間は言語によって世界を理解可能なものに飼い慣らしてきたのであり、世界は言語によって体系化されている。しかしながら、それゆえにこそ言語は他方で、世界の秩序からはみ出るもの、その都度一回きりのものを表現することはできない。『特性のない男』において追究される別の状態においては、世界を秩序づけている言語体系そのものが崩壊するのであり、そこで経験されるのは「二度とはない一回きり」(一-一二一二)のもの、あらゆる概念から身をかわす「別のもの」であり、本来的には言表不可能である。

こうしたことは神秘主義者たちの体験にももちろん当てはまる。ブーバーは『忘我の告白』の序論において、合一体験がその本質からして表現不可能であることを指摘している。

> ある体験が比類ないものだということを示すために、それを伝えることはできないという言い方がされるが、そうしたあらゆる体験のなかで忘我の体験は、その本質からして表現不可能な唯一のものである。それは、忘我を体験する人間が、いかなる二元性も到達できない一なるものになってしまうからである。[19]

ある現象を言語で言い表すための前提である対象と言語の二元性が、主客が一体となる体験においては失効するがゆえに、忘我の体験を語ることはできないというわけである。「神秘家たちが語るや、それはすべてに対応する言語の手に陥ってしまうが、その言語は体験や合一の根底だけには対応できない。彼らは語るや、別のものを語ってしまう[20]」のである。しかしながら忘我状態を体験した者は、にもかかわらずそれを言語で表現しようとする。

彼は語りに語る。彼は黙っておくことができない。炎が彼を言語へと駆り立てる。表現することはできないとわかっているが、にもかかわらず彼はますます語ろうとする。彼の魂が死ぬほど疲れ果て、言葉が彼を見放すまでは。[21]

ウルリヒも神秘主義者たちの証言が内包するジレンマを意識していて、それをアガーテに指摘してみせている。言語化不可能な彼らの特異な体験は、言語化しようとするや既存の言語構造やイメージに絡み取られ、本来の力を失うというジレンマである。

というのもその瞬間から彼ら［神秘主義者たち］はもはや、名詞も動詞も存在しない表現しがたい知覚をわれわれに語るのではなく、主語や目的語をもった文章で話すようになるからである。［…］こうして彼らは、自分の魂が肉体から引き出されて主のなかに沈められる、あるいは、主が恋人のように彼らのなかに押し入ってくる、と言うようになる。神に捉えられ、のみこまれ、目をくらまされ、奪われ、征服された、と。［…］そこには現世のお手本が紛れもなく存在している。こうした描写はこうなると、もはや途方もない発見とはいえず、愛の詩人が自分の詩に装飾を施すのに使う何の変哲もないイメージと変わらない。（一

－七五四）

そしてさらには、それがどれほど希有な体験であれ、こうした形でいったん定着した言説は、今度はそれ自体が繰り返し使用可能なクリシェとして機能する。ウルリヒとアガーテが自分たちの求める状態をできる限り正確に言語化しようとするとき、神秘主義者たちの言説をもちだすことがそれをいみじくも示している。ムージルの初期の短編集『合一』においては、イメージを結ばぬ比喩を多用し、了解可能性の限界に迫る言葉で、輪郭づけを拒むかのように表現されていた合一体験は、『特性のない男』においては既存の言説、既知のイメージを援用しながら説明されていて、言語実験的な様相は薄れていると言える。しかしそれは、神秘主義的言説の単なる「再生」を意味しているわけではない。そもそも言葉を使うということは、言葉にはそれに先立つ言葉が存在するという言語のア・プリオリを引き受けることであり、既存の言葉やイメージが引用されるのは、まさにそうした消息への意識を促すためである。『特性のない男』において「二度とはない一回きり」の体験が、繰り返し神秘主義的言説に関係づけられるのは、言表不可能なものの表現のもつそうした自己撞着性を示しつつ、にもかかわらず、言語化不可能なものを可能な限り明確に言語化することこそが、『特性のない男』における課題だからである。

　第二にウルリヒとアガーテのヴィジョンが暴力と無縁な点である。本論攷の一章で暴力と愛の樹の比喩について言及したが、絶筆となった遺稿の五二章にも、基本的に同じ対比を別の表現に置き換えた二分法が出てくる。ウルリヒは妹との体験を二種類の情熱との関係において考察していて、それによれば、二種類の情熱の一方は「食欲的」と形容することができ、人間を行為へ、運動へ、享楽へと駆り立てる。そのなかで感情は消耗させられて姿を変えるが、それがまた新たな感情を生み出すエネルギーとなり、たえず人間を活動へと追い立てる。他方「非食欲的」な、あるいは「瞑想的」なもうひとつの生き方は、感情を特定の行為へと移行させせない。

ウルリヒとアガーテの二人は、果てしなく対話を交わすだけで、何の行動も起こさない。愛についての言説を吟味し合い、ときには神秘的な変容の瞬間を体験はするが、その体験をまたもや考察の俎上に載せてふたたび言語のなかに回収してしまう。これはすでに述べたように、二人が自分たちの体験からつねに距離を取りながら、言語化不可能な体験を厳密に言語化しようとするためであり、それが彼らをさらに行為から遠ざける。「他の感情と同様、愛の場合にも、行為から離れていればいるほど、その炎は言葉のなかでますます大きく広がる」のであり、「兄妹が会話にふけるようになり、ときにはそれが呪縛のように思われたのは何よりも、どう振る舞えばいいのかわからなかったからである」（一－一二二〇）。こうして二人は行為へと促されることなく、互いだけを見つめ合い、愛しているという言葉ではなく、愛についての言葉を投げかけ合う。このように二人の関係は、行為へと促す「食欲的」情熱、「暴力」の要素を欠いている点にその特徴があり、それゆえに現実に働きかける力ももたない。それは別の状態のユートピアが袋小路に陥っていることを意味するのであろうか、それとも、にもかかわらずそれには積極的な意味があるのだろうか。それに答えるためには、ウルリヒとアガーテの試みをふたたび、その背景となっている舞台との関係において考えなくてはならない。

ウルリヒとアガーテが父の家からウィーンに戻ってきたとき、平行運動にも変化が訪れていた。結論の出ない議論に明け暮れていた平行運動は「行動」という合言葉を見つけ、アルンハイムが平行運動に関わっていた真の目的が次第に明らかになり、ディオティーマのサロンの求心力は弱まっていく。そうしたさなかに、平行運動はある議決を採択する。それはゼップとおぼしき者と、平和主義者の作家フォイアーマウルとの「宗教戦争」から生じた共同宣言で、「誰であれ、自分の理念のために殺されるのはかまわない。だが、他人の理念のために死ぬよう誘い込む人間は殺人者だ」(一－一〇三五)という内容であった。それを聞かされたウルリヒは次のように言う。人間は熱狂なしに生きていけない。熱狂とは、ふつうに考えられているのとは違って、ひとつの感情が他のすべてを奪い去るものではなく、「人間のすべての感情と思考とが同じ精神をもつ」状態のことである。しかしながら人間は「興奮剤、想像力、暗示、信仰、確信、ときには愚かさという単純化する作用」によって、そうした状態をつくりだそうとする。そうしたまやかしの状態に身を任せるのではなく、「真の熱狂」(一－一〇三七)の条件を探さなければならない、と。「真の熱狂」というときにウルリヒの念頭にあるのは、もちろん別の状態における神秘主義的な忘我、何も起こらず、いかなる行為とも結びつかない高揚状態のことである。ウルリヒにとってゼップ流の民族主義も、フォイアーマウルの平和主義[22]も、ましてやその折衷として出された宣言文にも何の意味も認められない。それはまやかしの熱狂を生み出す興奮剤にすぎないからである。それどころかそうした興奮剤は、「あらゆるイデオロギーは、それがたとえ平和主義的なものであれ、戦争をもたらす」(一-一八九〇)という遺稿のなかの言葉通りの運命を現実にもたらすことになる。平行運動のひとつの結末が描かれているこの第二巻三八章で、ムージルが生前発表した部分は終わっている。

『特性のない男』が描いている時代、そしてまた、ムージルがこの小説を書いている時代はともどもその後、戦争という暴力の発動の場、ひとつの目的へと向けられた熱狂、忘我の状態へとつきすすんでいく。遺稿においてウルリヒとアガーテは、そんな現実に背を向けるかのように、愛についての会話を続ける。彼らにとって愛こそは、暴力から生まれた既存の世界とは異なる「可能的な世界」(一-一一二五)だからである。しかしながら、彼らが求めるものは、二人だけで交わされる会話のなかに霧散していくように見えようとも、他者との関係を閉ざすものではない。そもそも神秘主義的な合一は、二者のあいだに生じるだけではなく、あらゆる他者とのあいだに生じうるものであり、かつてウルリは千年王国について、「ひょっとすると千年王国の内実は、最初は二人だけに示されるこうした力が増大し、ついには、あらゆるものの沸き立つような共同体へといたることにほかならない」(一-八七五以下)と述べている。この場合の力とはもちろん暴力ではなく、「やさしさと没我の要請」(一-八七五)である。二人はときとして人中《ひとなか》を歩きながら、「汝自身を愛するがごとくに汝の隣人を愛せよ」という掟をめぐって議論するのであり、二人が会話を交わし、千年王国を夢想する「庭」そのものも、二人を外界から遮断する家と、人の行き交う道路を媒介する場所であった。とはいえ、現実への働きかけを遮断することによって「人生からの休暇」を終えた二人が、その後どのような形で現実への橋を渡すことができるのかは、すでに述べたように不明のままである。

暴力の問題は第三の点、別の状態のユートピアと時代の関係の問題でもある。『特性のない男』をムージルは完結しないままに亡くなるが、ムージル自身はそれを完結させることを最後まで望んでいた。彼は終結部に関するメモをいくつも残していて、少なくとも当初の目論見では、第一次世界大戦の勃発で小説を終わらせようとしていたことが窺える。これは舞台設定からしてもごく自然なことに思えるが、その場合に注意を引くのは、別の状態と戦争とが関連づけられていることである。

あらゆる路線は戦争に通じる。誰もが戦争を自分なりに歓迎する。
戦争勃発における宗教的要素。
行為、感情、そして別の状態はひとつである。(一－一九〇二)

周知のように第一次大戦が勃発したとき、知識人の多くは戦争を歓迎し、その文化的意味づけを熱心に行なった。実際に戦地にも赴き、病気で戦線離脱したのちも『兵隊新聞』などの編集に関わったムージルも例外ではなかった。彼は開戦直後の一九一四年九月に「ヨーロッパ性、戦争、ドイツ性」というエッセイを書き、みずからも感じている「名状しがたい恭順の念」について語っている。人びとはこぞってひとつの感情に溶かし込まれ、個々人はもはや何者でもなくなっている。「死はもはや恐ろしいものではなく、生の目的にはもはや魅力がない。死ななければならない者、所有物を犠牲にする者たちには生があり、彼らこそが豊かなのだ。今日これは誇張ではなく、ひとつの体験である」(二―一〇二二)。

戦争は通常の生の連続性を断ち切る例外状態であり、死という観念のなかで、個人が全体と一体化できる陶酔的な体験であった。彼は二〇年代になっても、開戦当時の状況を分析し、国民全体が巻き込まれた陶酔状態が安易に忘れられようとしていることに違和感を表明している。一九二一年のエッセイ「理想としての国家、現実としての国家」においてムージルは、開戦当時の様子を次のように振り返っている。「戦争は宗教にも似た不思議な体験である」という決まり文句が口にされ、個人を越えた出来事のなかに溶かし込まれる高揚感に人びとは酔いしれ、「何百年間も眠っていた神秘主義的な根源的諸特性が突然、朝の工場や在外支店のように実際に、目を覚ましたかのようだった」(二―一〇六〇)。国民全体を捉えたこうした事態を、「酩酊、異常な精神状態、集団睡眠、資本主義や民族主義によるまやかし」(二―一〇六一)だったといって済ませることができるのか、とムージルは問うているのである。

第一次世界大戦の勃発がムージルに衝撃をもたらしたのは、国家概念を越えたヨーロッパという理念をヨーロッパが共有しているという前提が崩れ、個人と国家の一体感を可能にするナショナリズムが、近代の合理的な生活原理や志向を突然放棄させ、前近代的な陶酔感を人びとの心に呼び覚ましたからであった。ムージル自身はそうした熱狂からすぐに距離を取ることになるものの、多くの人が共有した陶酔状態を過小評価することへの危惧をその後も抱き続ける。ムージルにとってそれは、第一次世界大戦以前の問題に限らない、いまだ進行中の問題だったからである。それゆえ本稿の二章ですでに見たように、ムージルは『特性のない男』において、神秘主義的な言説の再生という時代風潮との対決を行い、ウルリヒとアガーテの求める別の状態を、戦争によって引き起こされる、あるいは戦争をもたらす例外状況、陶酔状態から区別しようとしたのである。

ウルリヒとアガーテの愛は、暴力という原理とは無縁であり、父権的国家を支える異性愛や好戦的な男性同盟的な結びつきを解体する、性を超越した兄妹愛として追究されている。ハンス＝ゲオルク・ポットは、こうした兄妹愛のユートピアは戦争やテロルへ行き着くことはないがゆえに、あらゆる全体主義的なユートピアに対置される、唯一考察に値する選択だと述べている。[23] 人間をあらゆる活動へと促す暴力を欠いているがゆえに、こうしたユートピアは現実との接点を容易に、あるいは安易にもつことはできない。しかしながら、特定のイデオロギーに回収されないそうした愛のユートピアを、さまざまな言説との差異を重ねながら明確に言語化しようとすることで、ムージルは時代のまやかしの熱狂に対抗したのである。

おわりに

『特性のない男』における神秘主義的な合一体験は、それ以前の短編における純粋に認識論的なそれとは異なり、ムージルの社会的政治的状況への危機感と強く結びついている。

統一的な価値崩壊による喪失感や混乱は、失われた統一を性急に求めるイデオロギーの乱立を招来する。その最も魅惑的かつ危険なものは、テロルによる救済の約束であった。[24]『特性のない男』においてそれは、反ユダヤ主義者ゼップの主張において、あるいは、狂気を欠いた世界を暴力によって救済しなくてはならない、と説く哲学者マインガストによって代弁されている。また本論攷では触れなかったが、『特性のない男』においては、理性と秩序の他者たる人物にも重要な役割が与えられている。ウルリヒをも魅了し、「人類が全体として夢見ることができるなら、モースブルガーが生じるであろう」(二-七六)と夢想させた殺人者モースブルガー、マインガストを崇拝し、モースブルガーを精神病院から救い出そうとする、みずからも狂気の徴候を帯びたクラリッセである。ウルリヒとアガーテのネガティヴな対というべきこの二人から、ウルリヒが次第に距離を取るのはもちろんのこと、モースブルガーの孤独な夢想やクラリッセの救済を求める妄想にも、あらゆる暴力的な力から開放されて世界と静かに一体化する瞬間が与えられていて、ムージルが「別の状態」のユートピアを、早急で暴力的な救済のイデオロギーから区別しようとしていることを裏づけている。[25]

ムージルが死ぬ直前に残した終結部分に関するメモには、次のような一節がある。

年を取り、第二次世界大戦を体験している現在のウルリヒが、この経験に基づいて彼の物語、そしてわたしの本にエピローグをつける。［…］それによって、この物語やそれが今の現実や未来に対してもつ価値を考察することができる。（一一一九四三）

第一次世界大戦どころか第二次大戦までが起きてしまっているのに、遅々として進まない小説を書き続けながらムージルは、『特性のない男』を現在および未来に対して価値あるものにしようと、最後まで考えていたことがここからも窺えるであろう。

ムージルは別の状態を、特定の内実をもったイデオロギーとして示そうとはしなかった。ひとつの固定した布置をつねに解体し、つねに新たな視点で現実を捉え直すことを可能にする場が別の状態である。ムージルが神秘主義者たちの言説、あるいは千年王国のトポスを、時代の脈略と関係づけることなく援用し、別の状態と共通する構造に焦点をあてたのはそのためである。そうした構造に立脚しつつ、ムージルが展開した兄妹愛のユートピアはしかしながら、近代的諸価値の失墜を埋め合わせるための同時代の暴力的なディスクールに対する、この上なくラディカルな批判ともなっているのである。

［註］

ムージルの作品、エッセイからの引用は左記を使用し、本文中の括弧に巻数およびページ数を（一－一三四）のように示す。

Robert Musil: Gesammelte Werke. 2 *Bde*, Adolf Frisé (eds.). Reinbek bei Hamburg 1978.

1 Robert Musil: Tagebücher. 2 *Bde*, Adolf Frisé (eds.). Reinbek bei Hamburg 1976, vol. 1, p. 389.

2 ムージルの初めての小説『寄宿生テルレスの混乱』には、メーテルランクの『貧者の宝』の一節が、エピグラムとして掲げられている。しかしのちにムージルはメーテルランクから距離を取るようになり、『特性のない男』においては彼は「サロンの哲学者」と呼ばれ、彼の書く文章は「香水をぶちまけられたパンのようにひどい味がする」（一－一二二）などと揶揄されている。

3 ムージルは数学に近代的合理性のシンボルだけを見ていたわけではない。小説『寄宿生テルレスの混乱』やエッセイ「数学的人間」においては、明確に見える数学がその根底に、たとえば「虚数」など不可解なものを抱え込んでいる点に目が向けられている。

4 「道徳（モラル）」という概念は『特性のない男』においては多義的に用いられる。それは生を規制するための秩序を代表するものとして、また、それが属している全体に依存する相対的な概念の代表として使われることもある。しかしウルリヒにとって道徳とは何より「生きる可能性の果てしない全体」（一－一〇二八）であり、それゆえ愛とならんで問うに値する問題となる。

5 Béla Balázs: *Der sichtbare Mensch oder die Kultur des Films.*

6 『特性のない男』第一巻最終章一二三章の章タイトルそのものが「反転」（Die Umkehrung）である。

7 『特性のない男』の前身とおぼしき草稿は一九二〇年以前にまで遡ることができるが、『スパイ』『救済者』『双子の妹』などのタイトルを経て、『特性のない男』になったのは一九二七年頃。ただし最初のうちは主人公の名前はまだアンダースであり、その後まもなくウルリヒに変わる。

8 Pierre Bourdieu: *Die politische Ontologie Martin Heideggers*, aus dem Französischen von Bernd Schwibs. Frankfurt am Main (edition suhrkamp) 1988, p. 17.

9 Hans Feger / Hans-Georg Pott / Norbert Christian Wolf (eds.): *Terror und Erlösung. Robert Musil und der Gewaltdiskurs der Zwischenkriegszeit.* München 2009, p.9.

10 平行運動とは、一九一八年にプロイセンでヴィルヘルム二世即位三〇周年の祝典が計画されているのに平行して、オーストリアにおいてフランツ・ヨーゼフ一世即位七〇周年の記念祝賀を、それに先んじて執り行おうとする計画。ウルリヒの親戚の女性ディオティーマのサロンがその話し合いの場となる。

11 Harald Gschwandtner: *Ekstatisches Erleben. Neomystische Konstellationen bei Robert Musil.* München 2013, p.23.

12 Hartmut Eggert: *Vom Reich der Seele. Mystiker und Mythologen des Geistes, des Blutes und der Technik*: In: *Faszination des Organischen. Konjunkturen einer Kategorie der Moderne*, Hartmut Eggert / Erhard Schütz / Peter Sprengel (eds.), München 1995, p.69.

13 ムージルがベルリンで実験心理学を学んでいたときの友人、エーリヒ・モーリッツ・フォン・ホルンボステル。

14 ムージルはブーバーのこの本を直接読んだのではなく、『特性のない男』で引用されている証言は以下の書に拠っている。Carl Girgensohn: *Der seelische Aufbau des religiösen Erlebens*. Gschwandtner, p. 35を参照。

15 「千年王国」という言葉自体はそれ以前にすでにアルンハイムによって使われている（一 - 五〇八）。

16 ノーマン・コーン『千年王国の追究』江河徹訳、紀伊國屋書店　二〇〇八年、四頁。

17 Karl Corino: *Robert Musil. Eine Biographie*, Reinbek bei Hamburg 2003, pp.1115-1116.

18 マルガレータ・エープナー（一二九一 - 一三五一年）の言葉。

19　Martin Buber: *Ekstatische Konfessionen. Gesammelt von Martin Buber.* Heidelberg 1984, p.XXVIII.

20　*ibid.* p. XXXII.

21　*ibid.* p. XXXVI.

22　『特性のない男』においては、平和主義が結局は戦争の裏返しにすぎないことを語る言葉が頻出する。「平和主義とは、確実で長続きする軍需産業のことだ」、「平和への渇望がある程度高まり、もはや止められなくなるたびに、それが原因でいまだに戦争が起きている」(一－一〇〇六)。

23　Hans-Georg Pott: *Anderer Zustand / Ausnahmezustand.* In: *Terror und Erlösung. Robert Musil und der Gewaltdiskurs der Zwischenkriegszeit*, Hans Feger / Hans-Georg Pott / Norbert Christian Wolf (eds.), München 2009, p. 154.

24　註8および註23で挙げた『テロルと救済』においては、ムージルとマックス・シェーラー、マックス・ヴェーバー、エルンスト・ユンガー、カール・シュミット、ルードヴィヒ・クラーゲスら同時代の思想家との関係が論じられている。本論攷においては、同時代の言説との比較によって、ムージルの「別の状態」のもつ意味をより精緻に検証するという課題は果たせなかった。

25　本論攷では触れることのできなかったモースブルガーとクラリッセの問題に関しては、以下の拙著を参照のこと。北島玲子『終わりなき省察の行方―ローベルト・ムージルの小説』上智大学出版　二〇一一年、二二七－二六六頁。

労働への動員か遊戯への接続か

――エルンスト・ユンガーの「有機的構成」とベンヤミンの「集合体」について

大宮勘一郎

本論は、ドイツの小説家エルンスト・ユンガー（Ernst Jünger: 一八九五－一九九八年）と、同じくドイツの批評家ヴァルター・ベンヤミン（Walter Benjamin: 一八九〇－一九四〇年）の「人間」に関する思想を比較検討する試みである。ユンガーとベンヤミンを比較することは、政治的志操信条と社会的立場・地位において大きく異なり、対立さえしていた両者が、「人間」を考える際の新たな枠組みの構想において少なからず接近しているという点を考えるなら、単に水と油を比べる以上の意味を持つであろう。「人間」について、立場を超えて類似した観察がなされ、類似した枠組みが提示されたという事実は、この問いが特定党派の問いではない時代の問いとして浮上したことを示しもする。

ユンガーとベンヤミンが「人間」についてそれぞれ独自の思考を繰り広げたのは、大まかに言って一九三〇年代の各著作においてであるが、それらにおいて両者は、自由で自立し、かつ自律的な個人を本位とする従来の近代的人間観や人間的諸価値が、あるいは失効を迫られ、あるいは端的に脅かされていることを真剣に受け止め、それらに取って代わるものを模索している。この模索の過程でそれぞれにおいて浮上したのが「有機的構成」（ユンガー）と「集合体」（ベンヤミン）という概念である。いずれも近代的な「個」とは別の形で人間を捉え直す試みの産物である。

このうちユンガーについては『労働者—支配と形姿 Der Arbeiter — Herrschaft und Gestalt』（一九三二年）を検討材料とするが、その際、彼独自のイメージ言語の特質を一において考察し、そのうえで彼の人間観の鍵概念である「有機的構成」を二において論じる。ベンヤミンについては、三において『技術的複製可能性の時代における芸術作品 Das Kunstwerk im Zeitalter seiner technischen Reproduzierbarkeit』（一九三六年）第二版を「集合体」概念に着目しつつ、考察対象とする。その際、これがユンガーの「有機的構成」と類似しつつも対照的な概念であることを明らかにしてゆく。

一　ユンガーとイメージ

エルンスト・ユンガーは、評価の分かれる著作『労働者』において、一九世紀的市民の末裔である「大衆 Masse」に代わって、新時代の支配を担うべき存在として、「労働者」を指名し、その組織的一体の原理である「有機的構成 organische Konstruktion」の概念を呈示した。

そもそもユンガーの『労働者』は、考察とはいえ、ジャンルとしては論考というよりエッセイに近いもので、その叙述のスタイルに沿った読み方が求められる。序にあるように「労働者の形姿を可視的なものにする」[1]ことがこの著作の目的であるならば、その可視性は、論旨の明快さや手堅さとは別のところで現れる。それは、語の選択や繰り返される表現、また、可視性を予兆的に示す場や機会の指摘といった、往々にして論の流れの傍らに残される、あるいは論の流れをそもそも阻むようなところである。かつてカール・ハインツ・ボーラーは、「戦慄 Schrecken」や突発的「衝撃 Schock」を鍵概念としつつ、ユンガーの思想的著作もまた理論的考察であるよりは美的アヴァンギャルド、踏み込んで言えば美的アナキズムの実践であると捉えたが、では理論的要素はそのような美学的実践を外側から彩る装いにすぎず、内側には皆無かと問えば、そうとばかりも答え切れない。少なくともアヴァンギャルディズムや戦慄といった決まり文句とは幾分異なったものの姿が、突如襲いかかるものの「衝撃」という目眩ましの中から見え隠れする。では、そのようなところではいったい何が起こっているのだろうか。

例えば、労働者存在に固有な特徴として幾度も繰り返される語に「位階秩序 Rangordnung」、「身分 Stand」、「騎士（の）Ritter, ritterlich」、「騎士団 Orden」などがあるが、これらに共通な時代錯誤《アナクロニズム》は見逃しようがない。これらは無論偶然ではないが、単なるアナロジーとして用立てられているのでもない。「過去」の参照から「おのれの歴史」への覚醒へ、という手法自体は、ドイツ文学、とりわけ後期ロマン主義を受け継いだもので、ユンガーの文学的出自が新ロマン主義辺りにあるのではないかと疑わせるところだが、ここで行われているのは、共同体的統合のための伝統の組織化とは異なるものである。むしろ、一九世紀的近代を超え出るような存在に、前近代的なものが噴出することをとらえた表現なのだから、その限りこれは自覚的なもので、かつまた所謂「異化 Verfremdung」のような効果《エフェクト》を当て込んでのものではないと考えられる。むしろ初期ロマン主義的な自覚的アナクロニズムすなわち錯時法を認めるべきところであろう。

> 騎士の生が、生の態度の一つひとつがどれも騎士的意味によって支えられていたという点において表出されるのと同様に、労働者の生もまた、自律的で、おのれ自身の表現であり、従って支配の表現なのであるか、そうでなければ埃まみれの諸権利に、過ぎ去った時の気の抜けきった享楽に与らんと奮闘すること以外の何でもない。
> 〔……〕労働は拳の、思考の、心臓のテンポであり、日夜の生であり、学問であり、愛であり、芸術であり、信であり、祭礼であり、戦《いくさ》である。労働は原子の振動であり、星辰と太陽系を動かす力である。[2]

ここにあるのは、「騎士」の概念でも労働や労働者の概念でもない。むしろイメージ（Bilder）が言葉として迸り出ていると読める。中世の「騎士の生」の絵柄に近代の「労働者の生」が重ねあわされつつ描出されるのだが、そこに表向きの時間的混乱をもたらすのはイメージに本来的で固有の作用なのである。しかもそのようなイメージ作用は、単なる混乱を生じさせるのではない。イメージにおいてこそ、あるいはイメージにおいてのみ、未だ過ぎ去ったわけではない過去が、単なる資料としてではなく、ある拘束力を備えたフォルムとして残存し甦っているのである。素材ないし質料（Stoff）は永続せず、移ろいやすく可死的だが、フォルムの拘束作用には持続的で、執拗ともいえる生命が認められる。ユンガーが「騎士」のイメージに労働者を託す際に恃《たの》んでいるのは、このフォルム固有の生命力である。無論それは、歴史上の意味づけからは大幅に自由な参照でしかないことも忘れてはならない。ここにあるのは、騎士という存在のフォルムが労働者において甦っていることの直観、すなわちフォルムへの直観である。

そこで労働者を語りながら参照項となっているのが、「騎士の生 das ritterliche Leben」の規律である。近代の美的主観や政治的主体の淵源とされることの多い「騎士」から労働者が受け継ぐべきなのは、ユンガーによれば、近代芸術がそう読み込んだような、生の意味に満たされた主観性＝主体性とはやや別のことである。騎士の生がどこまでも意味に満たされつつ、彼を取り巻く「世界」と関わり続けていたとしても、労働者において受け継がれようとしているのはむしろ、「世界」のなかで何かをなすことを義務づけられている、ということ、すなわち、意味を問うことなしに行為を義務づけられる、ということなのである。そして、そのような労働者に自覚されねばならないのは、後述するが、個人的自由とは区別される、おのれの特異な自発性である。自らを律する「主《あるじ》 Herr」たること（*Herrschaft*：差し当たり「支配」）と、特権的権利やその享受に与ることへの固執は峻別される。別のところで再び中世の封建的秩序に仮託しつつ「レーエン秩序

Lehensordnung」などと呼ばれるように、労働者が「自由」で自律的な「主」たるためには、ある種の自発的従属が求められるのである。

——我々の自由とは、何よりもそれがレーエンだという自覚によって担われるところで、最も力強く顕現するのだ。[3]

「支配」といい「レーエン」といい、垂直的な拘束＝非拘束からなる関係を表現するものであるとはいえ、このレーエン（＝封）関係は、主君と封臣の間で結び交わされる中世の「封」のような、保護と服従という実質的意味を伴う人的紐帯ではない。労働者の「主君」なるものが存在するとしても、それは、特定の人間でも人間的集団でもない。引用1に戻るなら、意のままになることのない自動性と自然発生的ないし自然成長的な事柄のみが、徐々にスケールを星々や太陽系にまで拡張しながら労働の述語となっている（例えば「拳」や「思考」そのものではなく、そのテンポである、というように）。これはしかし、人間の内外における万古不易な力の作用連関あるいは自然法則が人間の労働にも同形に転写されているということでもない。そもそも労働という活動が、とりわけその外形において、とはつまり、後に論じるように、この活動が本質的に意味を欠いているという、まさにこの点において、上に述べた宇宙的広がりを持つ秩序への自発的参入たりえるのだ、ということであろう。星辰の運行のごとき自然法則に、人間的意味はないのだから。レーエン関係に準えられた労働は、意味を欠き、人格としての封主も封臣も特定しえない「封」の授受の純粋な形式として成り立つものとされるのである。

労働という無意味な「封」に定型的に与ることによって、労働者はこうした必然性の領域と不可避的に一体化する。そこに自由がある。むしろ、自由はそこにしかない。

これを同時代の非アカデミズム美術史家の言葉を敢えて借りるなら、それがいかに単調なものであれ労働者に「情念定型 Pathosformel」に似た何かが見出されているのだともいえる。アビィ・ヴァールブルクもまた、ユンガーと同時代において、この意味を欠いた定型の執拗な拘束力に気づかずにはいられなかったのである。ユンガーが「封」という語で表現しようとしたのは、このような定型に対する労働者の自発的従属関係のことであろう。[4] すると「騎士の生」もまた、かつて「主体 Subjekt」について言われたように労働者の特権的起源のようなものをなすのでは無論なく、同じ定型の表現の一つである、ということであろう。外的な力の作用と内的な情動の間の緊張関係が極大となったところで、両者の界面に現れ生じる「形」に共通なもの——騎士と労働者の姿を二重写しにするようなイメージ言語を繰り出すユンガーは、これを見出そうとしているのではないか。

いかにしてか、かの時代の音が、その粉砕された象徴群を囲繞する沈黙の中へと侵入してくるように思われるのだが、それはいわば海の唸りが、寄せる波の打ち上げた貝殻の中に保存されるようなのである。これこそは、我々が名前すら忘却されてしまった都市の遺構を求めておのが鋤を揮い掘るならば、それに耳を澄ます術を心得ている音なのだ。[5]

この、意味を欠いた「音」のように、騎士の生のフォルムもまた労働者の生の中で生き延びている。ユンガーが『労働者』において繰り出すイメージは、これに耳を澄ますことへと誘うものなのである。

二　ユンガー『労働者』と「有機的構成」の概念

ユンガーの労働は、人間的活動の伝統的区分をなす両者、すなわち芸工的制作（希 poiesis = 独 Herstellen）とも、公共的行為（希 praxis = 独 Handeln）とも異なる。少なくとも古代のポリス社会においては、労働（希 ponein = 独 (gezwungenes) Arbeiten）はポリス市民が「人間」として行うべき活動には含まれないものであった。言い換えれば、労働はこれらよりもさらに「下等」な活動であり、それは既に非「市民」的ないし「市民」以前的な領域、具体的には奴隷のなすべき事柄に属するものであった。

ユンガーはといえばしかし、労働が帯びていたこの負の性格に抗して、人間的活動の最も原初的（elementar）な力の発露という積極的な特質を見出すことになる。敢えて「人間的活動の」と補うのは、そこに野蛮や獣性ばかりを想定するなら、眼差しが既に近代的に曇らされていることの証左であり、ユンガー自身は、少なくともそのような混濁から自由であったからである。人間としての原初的な本質と、動物の動物性とは別のことであり、混同は許されない。ただし、この場合「人間的」であることの内実は、それ自体人間と非‐人間との間の臨界において初めて明らかとなるようなものでしかない。するとここでは、我々も常にそこへと立ち戻るべきであるような「人間」の新たな外延的定義が試みられているのだろうか。

そうではない。

なるほどユンガーによる臨界的——つまり人間的活動の臨界における——労働論とは、人間の動物的ないし本能的部分を強調する議論などではないが、人間と人間ならざるものとの間の新たな境界づけに資するものでもない。むしろ「人間」に対する近代的理解——それは主に一九世紀に定着したものである——が、徐々に無効なものとして退けられるようにイメージは繰り出される。そのようなイメージ化の過程は、革命フランスをパラダイムとした一九世紀市民社会の「ドイツ的秩序」による乗り越え、という表向きの議論よりも、さらに先走ったものであるといえる。というのも、労働者を論じる際にユンガーが何よりも忌避するのは、人間および人間活動の歴史的「意味論 Semantik」とりわけ人間学的意味論に組み入れてしまうことなのだから。

ユンガーが退けるそのような意味論をごく大雑把に再現するならば——古代においては非「人間的」ないし「人間」以前的な活動と看做されていた労働は、制作と行為の区別が大幅に無効化された中世のキリスト教世界の限定的な秩序においては「戦ウ人 bellatores」・「祈ル人 oratores」・

「働く人 laboratores」という区分に吸い上げられる。労働は、近世のとりわけプロテスタント信仰においてさらに「勤労」というかたちで倫理的位置づけを得るのを経て、一九世紀には「人間」の本質的活動としての地位上昇に浴したかのようにみえる。これには一九世紀の世俗化された「人間」観が大きく与っているだろう。

これに対して、ユンガーの見立てる一九世紀は、上のような「古き身分、**永遠の**三身分の残滓を市民的被覆の下に維持していた」[6]のであり、ゆえに「技術」とりわけその意味を欠いた「形Formen」の市民的生への介入に際して、強い抵抗を示したのであった。これに従う限り一九世紀は、労働および労働者を「人間学」的に概念化し得たようでありながら、あるいはそのような概念化に半ば成功してしまったが故に、それらの存在の本質をむしろ捉え損ない看過し続けたことになる。（この点においてユンガーと、「存在の隠蔽の歴史」を解体しようとしたハイデガーとの手法上の共通点は見逃せないであろう。）そのようなユンガーが労働者を「形姿 Gestalt」として再検討しようとするとき、そこでは脱「人間」的なものに対する予感が大きく作用していると言える。というのも——

> 労働とは活動そのものではなく、ある特別な存在、すなわちおのれの空間、おのれの時間、おのれの規則性を満たすことを求める特別な一存在の表現なのである。それゆえ労働はおのれ以外に対立というものを知らない。それは、あらゆる可燃なものを焼き尽くし変容させる

炎にも等しいのだが、そうした可燃物をめぐって炎と争うには、炎それ自身の原理によらなくては、すなわち迎火〔Gegenfeuer〕によらなくてはならないのである。[7]

労働は、労働ならざるものとの「対立 Gegensatz」を知らない。そこにあるのは全てを燃焼し尽くそうとする火と同様な単一の原理である。実際のところ、労働の広がりは、対立という、より人工的で意味論的な原理に従うことはない。ユンガーが労働者を、第四身分でも、反市民社会的集団でも、経済的存在でもない、と先ず以て一九世紀的な社会・経済的文脈から分離して概念的混同を回避していることには十分な注意が必要である。労働には主観と客観の別も成り立たない。あるのはただ「おのれの空間と時間、おのれの規則性を満たすことを求める特別な一存在の表現」としての労働の一元性だけなのである。労働する存在としての「人間」は、労働の主体でも原因でもない。むしろ「人間」は、労働という表現の一元性から逆に遡って、そしてまた新たに見出され記述されうるものとなる。

新たな人間分際〔Menschentum〕という存在は、未だ手つかずの資本である。こうした人間分際は、労働者という形姿〔Gestalt〕が用立てることのできる最も怜悧な攻撃用武器であり、最高の力の手段なのである。[8]

最尖端的かつ最高度の「攻撃用武器 Angriffswaffe」・「力の手段 Machtmittel」としての「人間分際」[9]——これは、古代や中世における人間存在の活動類型論とも、「対象的自然の加工や支配」という、マルクス以降二〇世紀に至っても維持されてきた労働観[10]とも明らかに異なる把握である。一つ前の引用にある、火には火を以て迎え抗するしかない、とはつまり、一方においては労働の一元性にもかかわらず、そこで表現を得る存在が、おのれの内にそもそも原理的に、抗争の可能性を宿しているということであり、他方でしかし、それが表現のレヴェルにおいてはもはや抗争とは見えず、労働でしかありえない、ということであろう。ゆえに、労働の典型的なありようを観察しうる機会は近代における「戦闘 Kampf」である。

個々人を見出すのが極めて困難なこの〔戦闘の——引用者〕情景においては、対象物的性格を持つものはどれもこれも皆焼尽されてしまう。その過程において、行為が最大規模を呈する一方で、何故、何のために、といった問いのほうは最小規模に縮減する。なおもこの情景を個人やロマン主義や観念論によって彩色された圏域と調和させせんとするようないかなる努力も、即座に無意味なものへと帰す[11]。

特徴的なのは、ユンガーが戦闘を個々の当事者ないし陣営を単位に、つまり二元的（ないし多元的）にではなく、さきの火のイメージからもわかるように、一元的に捉えようとしている点である。敵味方の区別は、労働としての戦闘からは消え去り、区別そのものが意味を失ってしまう。味方の勝利のために戦う存在であったはずの兵士たちが労働者として行っているのは、理由や目的とは縁もゆかりも断たれた、全く無意味なことである。そのような彼らの行為によって表現を得たものとして、敵・味方も勝敗も捨象された「戦《いくさ》という労働」だけがそこにはある。「戦闘」が労働の原像であるというのは、何よりもそれが全く意味のない行為だからだろう。

では、「なぜ」、「何のために」を問うことがもはや不可能であるとして、労働者が（例えば戦争という）労働へと一斉に動員され駆り立てられる（total mobilgemacht）とき、そこに作用しているものは何か。つまり、動員主体（Mobilmacher）は何か。ユンガーはそれをニーチェに倣い「力への意思 Wille zur Macht」と呼んでいる。ユンガーによるニーチェの「力 Macht」概念の継承については、ハイデガーがユンガー論やユンガー覚え書きにおいて、概念的不鮮明さを繰り返し難じている。実際一般読者にさえ議論上の不整合と映る箇所がある。しかし、ハイデガーが、そしてカール・シュミットもまた、いくつもの理論的難点を指摘しながらも、この著作を単なる混乱した議論として捨て置かなかったという事実には注意が必要であろう。そこでは党派的な友誼関係や義理立てにはとどまらない、この著作の核心部分への各々の直観が作用したと考える必要がある。とはいえ存在論者ハイデガーと法学者シュミットとでは眼差しの向くところが随分異なっている。本論が提示するのもまた、留保付きの理解であらざるをえないことはお断りしておく。

いずれにしても気をつけねばならないのは、ユンガーの「力 Macht」が「権力」のことではない、という点である。つまり「力」とは、複数の人間ないし集団間に生じる、一方における他方の政治的支配のことを言うのではなく、政治の概念でもない。ゆえに、あれこれの人間（ないし人間集団）が「力」への意思の主体であるわけでもない。奇妙な言い方だが、炎と同様に「力 Macht」にも対立するものがない。「迎力 Gegenmacht」はあっても、それは「抵抗 Widerstand」とは異なる。

抽象的な力なるものがないのは、抽象的自由なるものがないのと同様である。力とは存在〔Existenz〕の徴であり、これに応じて力の手段それ自体なるものもなく、手段はそれを用立てる存在〔Sein〕によっておのれの意義を獲得するのである。[12]

ここに読み取られる限りにおいて、「力」とは、表現を得た存在の、まさにその表現作用として、おのれを実現するもののことであると言ってよい。つまり、重要なのはこの「表現」がなされることなのであって、そのための武器・手段をなすのが「人間分際 Menschentum」と呼ばれ、「存在 Sein」とあるのが、不断に表現へと浮上し続ける、とはつまり労働者という形姿へと（おのれ自身の主体的意思ではなく、無人称の）「力への意思」に駆られて上り詰め、現に存在し（existieren）ようとする何ものかのこと、と考えられようか。すると「人間」ないしユンガーの語法では「人間分際」とは、労働者が形姿という表現へと至るために用立てられる「武器」・「手段」と同じだけの広がりを持つことになる。それは狭義の身体や生理的肉体を、さらには理性や知性、およびそれらに基づく判断さえをも自らの限界とはしない。つまりは一九世紀的な「人間」の枠組みを解体する。他でもなくここで呈示されるのが、「有機的構成 organische Konstruktion」という概念なのである。それは、手段・武器としての人間分際の本質を、有機的肉体と他の機械的・道具的手段や武器との結合に見出す。生身の肉体は、機械を手にし、機械と結びつき、機械を身に帯びることによってはじめて、新たな「労働者」という人間存在となる。

我々は考察の過程で既にそのような有機的構成のいくつかに触れてきた。それらにおいては、技術として物質を動員する同じ形而上学的な力、同じ形姿のもとへと、今や諸々の有機的個体もまた従属させられはじめている。かくして我々は、物量戦の単調な進行を通じ一貫して戦闘過程への影響力を得てゆく精鋭や、党派機構を突き破る新たな種類の諸力を観てきたのであり、あるいはまた、一八六〇年の劇場における正面上席が映画やスポーツ・リングの列なす観客席と異なるのと同じように、旧来の社会における集会とはまるで異なる活動を呈する僚友的共同体を観てきたのである。

〔……〕

有機的構成への帰属は、個人としての意思決定すなわち市民的自由の行使によってではなく、事実的に巻き込まれることによるのであり、これを規定するのが特種労働の性質〔spezielle Arbeitscharakter〕なのである。[13]

市民的自由を標榜する「自由主義 Liberalismus」と、ユンガーの言う「自由 Freiheit」とは似て非なるものである。個人の意思決定によってあれこれの道具や武器を手に取るとしても、それはたかだかその場限りの選好のなすところでしかない。これに対して、労働者が有機的構成へと参入することには、個人の意思を超えた避けがたい必然性がある。そして、にもかかわらずそこには真の意味での「自由」がある、というのである。国家に先立つ自由、ないし政府以前的な個人の自由権という、基本権論に由緒をもつ自由ではなく、自発的拘束のもたらす自由、といえば、思想史的文脈ではいわゆる「保守革命 konservative Revolution」の論客が、フランス的＝市民的自由との対立において、「ドイツ的自由」として繰り返し論じたテーマであった。その極めて美的な表現は、ホーフマンスタールが一九二七年にミュンヒェン大学で行った講演「国民の精神的圏域としての著作 Das Schrifttum als geistiger Raum der Nation」に認めることができる。そこで彼は、ドイツ的自由の「探索者 Suchende」として二つの類型を呈示している。一方は「恰も狂乱する者、おのれに何かが触れ、限界を課してくれることを渇望する者」、ないし「夢見られ先取りされた秩序に支配せんとする倣慢」に駆られる者であり、他方には、秩序を失い危機に瀕している「学問」に独り「仕えんとする倣慢、伝来の秩序に血の犠牲を捧げんとする倣慢」に駆られる者がいる、と。[14] いずれも社会秩序や学問秩序の市民的解体に抗しつつ、新たな拘束を自発的に希求する、という態度で特徴づけられる。もちろん「保護と服従」という中世的枠組みにおける騎士的自由を反時代的に語るユンガーをこれと比較して考えることは十分可能であり、実際この著作の冒頭すぐに、「ドイツ的自由」についての言明がある。但し、繰り返すが忘れてならないのは、彼の労働者論において特異な点、すなわち、「国民・民族 Nation / Volk」という(それ自体一九世紀的な)意味の参照枠を撤廃し、労働者という本質的に脱国民的・脱意味的で、「形《フォルム》」のみの存在によって置き換えられてしまっている点である。これを考えるならば、ユンガーの反一九世紀、反市民社会を、中世的な対人的「自由と誠実」の再興の試みととらねばならない必然性はない。むしろ労働者が避けがたく「事実的に」絡めとられる「定型 Formel」の拘束の先には、これまでのどの「自由」ともまた異なった、脱個人的かつ脱国民的で、脱意味的でもある新たな「自由」の理念が、これまた個人ではなく集団的規模で推定されているものと考えるのが自然であろう。

これはもはや、特定の政治的プログラムには収まらない、いわば予言的理念、その限りにおいて「美的」ともいえる理念である。

ゆえに機械人間があるわけではない。機械があり人間がある——とはいえ、新たな手段の同時性と新たな人間分際の間には深い関連がある。無論、この関連を掴むためには、時代の鋼鉄の人間の仮面を貫いて見透かすよう努めねばならない。それらの仮面を動かしている形姿を、形而上学を推し定めるためには。[15]

有機的構成とは、機械と人間の融即のようなものではない。生身の人間が機械化されるのではないし、また機械が徐々に人間（あるいはその部分）へと近似してゆくことでもない。問題は両者の形作る界面であり、そこに働く力と、その界面の変化なのである。「ケンタウロス」という神話的イメージで語られることがままあるが、仮にそうだとしても、それは人間―機械の融合的一体化の形象化なのではなく、両者の接合から生じる第三の何かを描き出すものである。ケンタウロス自身は人でも馬でもない。

そのような第三の何かとして、機械と人間の界面上には、新たな「人間分際」が現れるが、この「人間分際」は、それ自身に価値があるものではなく、価値の担い手なのでもない。飽くまでも「人間分際」は、「存在」が表現を得るために用立てられる手段・武器、すなわち「人間分際」は着脱・置換可能な「仮面」を剥ぎ取るための武器・手段なのである。それらを突き動かす「形姿」と、その「形姿」への意思すなわち「力」からなる「形而上学」を見透かさなければならない。とはいえ、「見透かす durch ... hindurchsehen」とはありながら、「形姿」は――それが形姿である限り――実は、鋼鉄の仮面の背後ではなく、仮面よりも手前にある。隠れていて見えないのではなく、あまりに大きく見渡せぬ姿（惑星的規模、とある）でそこにあるので、慣習的な眼差しには映らないのである。

「有機的構成」とは、「人間」を巡るこのように一見特異に思われる概念ではあるが、その系譜学的遡及の試みは、ユンガーが通常位置づけられるのとは全く別の文脈にある論者にも見出すことができる。この論者が一九世紀の「人間学的眠り」と呼ぶものに先立つ一八世紀の「大いなる排除と囲い込み」と同時に進行した「規律化《ディシプリン》」のプロセスがそれである。

身体と操作対象の間のあらゆる接触界面に権力が滑り込んできて、それが身体と操作対象を固く繋留し、「身体／武器」、「身体／道具」、「身体／機械」といった複合体を形作る。[16]

„pouvoir"は「権力」と訳さざるをえないが、フーコーの「権力 pouvoir」論において、特定の集団の他の集団に対する政治的支配や管理・監視は、本質ではなく権力が派生的効果ないし結果としてとる形態のことであろう。ゆえに、求められるのは権力の廃絶や解消ではなく、権力が特定の形をとってしまうことを効果的に回避するための、いわば「迎力」の発動である。直接的「反逆 Widerstand」は、むしろ権力が特定の支配形態を完成させるのに有益な要素でしかない。

繰り返すが、ユンガーの「力 Macht」論とフーコーの「権力 pouvoir」論を同一視する必要はなく、また仮にそうすれば誤りのほうが大きいだろう。しかし、ユンガーの場合と同様に、フーコーの「権力」もまた、身体と物質の「接触界面 la surface de contact」に作用する。インターフェースと呼んでもよい。そこに「権力が滑り込んできて、それが（身体と操作対象を）固く繋留する le pouvoir vient se glisser, il les amarre l'un à l'autre.」とあるが、ここで、接触界面の平滑性と、そこを流れてくるものでありながらその流れに抗するような権力の繋留作用と、どちらがより本質的なのかは議論が分かれそうである。繋留それ自体は、『監獄の誕生』というこの著書の文脈では、一八世紀の政府権力が兵士の身体と道具・機械の間に及ぼした規律の強制である。しかし、それを経て形作られる界面に流れる「権力」には、政治的支配の言説によっても一九世紀人間中心主義の言説によっても計り知れない、別の「人間」ないし「人間」とは別の何かの遠からぬ出現を可能ならしめる「力」もまた潜在しているようにも読める。「規律化」とはむしろ、武器や道具や機械と身体が触れ合ってしまった界面に流れる「力 Macht」の原初的な多方向性に対する旧権力の側の自覚と虞れが生んだ予防的措置ではなかったか。

　ユンガーからフーコーへ、という迂路を敢えて通ったのは、今述べた意味での「別の人間学、ないし人間学の別ナルモノ」の可能性を問う際に必要な概念系譜学的手続きと考えていただきたい。また、そこにおいては、後述するベンヤミンへの架橋的議論が可能となるという予想も共振している。この「別ナルモノ」はもはや「人間」について「何」を問うことはなく、たまさか「人間」として現出し、その姿を不断に変えてゆくものについて、ただ単に「いかに」を繰り返すことになるだろう。具体的には技術的とりわけメディア的環境下において「構想 entwerfen」され、それらに「従属 unterwerfen」し、そして遂には「棄却 verwerfen」される、その様態を記述することになるだろう。ユンガーの『労働者』とは、そのような記述の、すぐれて美的な試みであろう。そしてその試みは、それ自体が「労働者」という現実に存在しつつあるものの両義性に似てゆくことになる。

形姿〔Gestalt〕の形成への意思が〔包括的な生の過程ないし労働の全的性質という——引用者〕この全体に関わってゆけばゆくほど、すなわち型〔Typus〕がその最高の可能性において、つまり労働の全的性質に直接責任を負うものとして、現れれば現れてくるほど、それだけより一層一体的な刻印づけがもう間近に迫っているのだ。

これと密接に関連するのが、混ざり気のない構成を超え出て有機的構成へと歩み入ることであり、精神的 - 動的な計画策定を超え出て動かぬ形《フォルム》へと歩み入ることであり、この形《フォルム》をとることで、形姿はいかなる運動におけるよりも力強く顕現する。人間がおのれの手段との高度な一体として現れるなら、そして我々が既に考察してきた理由で人間に今日この手段を革命的と感じさせてしまう、あの苦痛に満ちた分裂が矯正されるなら、その場合にのみ有機的構成は可能なものとなる。そのときようやく、自然と文明の間の、また有機的世界と機械的世界の間の緊張は解消するのであり、そのときようやく、究極的で、特異でもありまたいかなる歴史的尺度にも匹敵するような形姿の形成について語ることができる。[17]

そのためには、予めの価値づけや解釈を慎むことが重要であり、機械と人間分際との界面において語られる新たな言葉に、単なる無意味な雑音や騒音としてではなく耳を傾けることが何よりもまず肝要なのである。もちろん、そこで例として挙げられるのがマンチェスターの紡績機械の作動音やランゲマルクの機銃の掃射音[18]であるのは、今にしてみればいかにも古風なことである。しかし、意味を欠きながらも精確に刻まれる技術の律動に対する感受性は、そこに新たな何かが生じつつあることと、それとともに何かが終わろうとしつつあることへの予覚を伴ってもいる。

三　「労働 Arbeit」から「遊戯 Spiel」へ――ベンヤミンの「集合体 Kollektivum」

ヴァルター・ベンヤミンもまた、イメージの思考者であることは言をまたない。そして彼においてもまた、「形」の拘束力が関心の中心をなしている。例えばバロック悲劇（Trauerspiel）における、ギリシャ悲劇の形骸化した規則の断片的踏襲や、カフカにおける「俯《うつむ》き」の反復などの指摘が即座に思い浮かぶところであろう。

ベンヤミンにおけるイメージは、まさしく形骸化してしまい意味を欠いているがゆえに、知性に対する刺激として残存する。そして、ここがユンガーとは大きく異なる点であろうが、この知性は形骸化されたフォルムの残存そのものではなく、フォルムを断片化し無意味化する力のほうに反応する。ゆえにベンヤミンの知性は、そもそも意味を欠く形式の直接の拘束力に従うのではない。むしろ、断片化と無意味化という、意味の喪失ないし意味剥奪作用に誠実（Treue）を示す。そこに認められるのは、そのような暴力への積極的＝肯定的態度である。そのテクストもまた、いかに美的であっても理論であり、美的実践とはなりえない。そしてまた、その理論的知性は、意味再現的にではもちろんなく、むしろ意味の新たな生成に向けて働く。この違いを軸として、以下で論を進めてゆきたい。

ベンヤミンは『技術的複製可能性の時代における芸術作品』において、ユンガーと同じく非‐市民的存在に着目し、労働者とはその概念的広がりにおいていささか重複しつつも、しかし微妙に異なる集団として「プロレタリアート Proletariat」を名指し、既存の仕方で制度化されていない集合的知覚の持ち主たる「集合体」としての彼らに「芸術の政治化」を託す。エッセイ「経験と貧困 Erfahrung und Armut」（一九三三年）には、以下に引くよく知られた一節がある。

まだ軌道馬車で通学していた世代が、晴天のもと、雲以外の何もかもが変わり果ててしまった情景に立ち尽くした。そして、破壊的な流れと爆発からなる力の場の只中に立つのは、脆く卑小な人間の身体であった。

技術のこの途方もない展開とともに、ある全く新たな落魄が人間に襲来した。[19]

ユンガーが一種の熱狂とともに前線において戦った一方で、同じ第一次世界大戦後の光景を無惨なまでに描いたもの、と通常は受け止められるものだが、記述対象への価値評価は、後続する議論に鑑みれば、必ずしも負の方向むいているわけではない。かけがえのないものの喪失、という文脈をつい読み込んでしまいがちなのを慎んでよく見れば、ユンガーとさほど異なった観察をなしてはおらず、「脆く卑小な人間の身体」というのもまた、悲観的表現ではない。というのも――

> 経験の貧困――これを恰も、人間が新たな経験を希求しているのであるかのように解してはいけない。そうではなく、人間は経験から解放されることを希求しているのであり、おのれの貧困が――外的な貧困も、とどのつまりは内的な貧困もまた――きれいさっぱりと承認されるがゆえに、その際に品格ある何かが生じるような環境世界を希求しているのである。[20]

伝記的研究に依拠するなら、開戦に際してベンヤミンは少数の非戦派に属し、そのために恩師グスタフ・ヴィネケンと決別し、同じ非戦派だった親友のフリッツ・ハインレを自死で失った等々のことが思い出されはするだろう。しかし、このテクストの段階（ユンガー『労働者』の翌年）では、戦争を断罪する道義性よりも、戦争が図らずももたらした条件を積極的にとらえ返そうとする知的努力がはるかに勝っている。バロック悲劇論をもじれば、「脆く卑小な人間の身体」とは、「人間」と呼ばれる「作品 Werk」が「廃墟として自立する」姿なのである。大戦という出来事は、ここにおいては「技術 Technik」を「歴史的な事実内実」として再考する契機となった劇薬と化している。

一九三〇年代の複製芸術論、とりわけ三六年前後成立の第二稿においては、この「技術」について、より踏み込んだ考察がなされることになるわけだが、そこでは第一の技術と第二の技術、という、後の第三稿では消えてしまった区別が導入されている。

〔弁証法的考察―引用者〕にとって重要なのは、さきの〔魔術に由来する―同〕技術と我々の技術との傾向的差異であって、それは、第一の技術が人間を甚だしく投入するのに対して、第二の技術は可能な限りそうしない、という点に存する。〔……〕第一の技術にとっては、一事が万事であり（そこでは決して取り返しのつかぬ間違いだとか、永遠の身代わりたる犠牲の死だとかが問題なのだ）、〔実験と、飽くことなく実験配列を変化させることとに関連する〕第二の技術にとって、一度は数のうちではない。第二の技術の根源は、人間が初めて、そして無自覚的に機略を用いて自然から距離を取ろうとしはじめたところに求められる。換言すると、その根源は遊戯〔Spiel〕にある。

真剣と遊戯、厳密さと融通無碍とは、いかなる芸術作品にも、その配分の程度は様々であるが、絡み合って現れる。芸術が第一の技術と同じく第二の技術とも結びついていることは、これで既に明らかである。とはいえここで注記しておくべきことは、「自然支配」なるものが、極めて疑わしい仕方でしか第二の技術の目的をなしていないという点である。それが目的となるのは、第一の技術の立場からのことである。第一の技術は実際に自然の支配を目指していた。第二の技術が目指したのはむしろ、自然と人類の競演関係であった。映画は、装置との交わりによって条件づけられ、その役割が日々増大すると言ってよい統覚と反応において人間を訓練するのに役立つ。この装置との交わりが、同時に人間に教え込むのは、この装置に用立てられる奴婢となることが、人類の体制が第二の技術によって切り拓かれる新たな生産の諸力に順応したならば、そこで初めてその装置を介しての解放に場所を譲るであろうことである。

これに対する原註にはこうある――

> この順応を加速することが革命の目的である。革命とは、集合体の神経組織化であり、より正確には、第二の技術におのれの機構〔Organe〕を持つ新たな、歴史上初めて登場する集合体を神経組織化する試みである。この第二の技術という一つのシステムにおいては、社会の原初的な諸力を克服することが自然の原初的諸力と遊ぶことの前提をなすのである。手で掴むことを覚えた子供が、ボールに手を伸ばすのと同じように月に手を伸ばすがごとく、人類もまた、神経組織化の試みにおいて、手の届く目標の他に、差し当たりはユートピア的な目標も念頭に置くのである。というのも、社会に対する諸要求を革命において申し立てるの

は、第二の技術だけではないわけである。この第二の技術が、人間が労働の苦役一般からいや増しに解されてゆくことを目指すという、まさにこのことゆえに、他方において個人は、おのれの遊戯空間＝余地〔Spielraum〕が見渡し得ぬほどに拡大したのを見ることになる。[21]

もちろん、なぜこの部分が最終第三版においては消え去ったのかを考える必要が別途にあるだろう。改訂に際してどのような権力 pouvoir が働いたのか、何らかの憶測が許されるだけであろうが、今日の読者の眼には、第二版において不意に書かれては消えていったこれらの文章が、単に無意味な議論であるとは映らない。むしろ、一度は書き付けられ、書き付けたのと同じその手によって再び消されてしまった、という事実が、却ってこの文章に、目立たぬがゆえに貴重な輝きを与えているとすら思われるのである。

装置との交わりによって、統覚と反応の役割が日々増大する、とはいえ、単に近代都市の人工的環境に住む人々が、第一の技術が進歩するにつれてさらなる順応を強いられ続ける、というような受動性だけを映画に認めているわけではない。むしろ、第一の技術すらをも第二の技術へとずらし用いることで、自らが自発的に、そして自在に接合してゆくために、技術のもたらす刺激を、視覚や聴覚など個々の知覚に限定することなく総合的・統覚的に受け止める修練の機会を映画が与えてくれる、ということであろう。このあたりは、ユンガーの有機的構成、そしてフーコーの接触界面と響き合う観察である。「統覚 Apperzeption」とあるのは、例えばカントの超越論的統覚やヴントの心理学的な統覚概念と同一視する必要はない。それはいわば知覚主体と知覚される事物、ベンヤミンの文脈では身体と装置との間の界面(フーコーに拠るなら「接触界面」)を統御する作用と取るべきで、「反応 Reaktion」とは、それを行為へともたらす作用である。フーコーの論じる「権力 pouvoir」が、いうなればここでは既に「統覚的権力」とでもいうべきかたちで先取りされている。さらにベンヤミンにおいては、この権力への従属、すなわち「装置に用立てられる奴婢となる」ことが、むしろその同じ装置を介しての解放への訓練をなすのである。ゆえに、「神経組織化」と差し当たり訳した„Innervation"もまた、単に中枢的な統括システムによる組織を想像するのは誤りだと思う。また、この「神経組織化」によって、個々人が行為や活動、とりわけ遊戯(Spiel)の不可分的一体であることをやめ、集合体的な遊戯秩序が、その都度変更・変容可能な実験を通じて、広大無辺の余地＝遊戯空間(Spielraum)において形作られてゆくことになる。従来の「人間」概念も、「人間とは何か」という問いも、ここで既に遠く背後に置き去りにされている。そのような問いから遠く隔たったところで、むしろ人間には、人間と人間ならざるものとの間の「界面」を作り出してはやまず作り直す、ある「力 Vermögen」が見出される。それが「模倣＝ミメーシス Mimesis」である。ミメーシスもまた、接触界面において作用する力である。

先の引用における、装置との交わりは、これまたユンガーと近接する点だが、人間にとって「原初的 elemantar」な力に基づくものでもある。遊戯とは、「仮象 Schein」とともに、ミメーシス的能力の両極の一方をなす。そして、アウラの縮減すなわち仮象の美の芸術作品における無効化に伴い、芸術には「遊戯」のみが残される。

模倣する者は、おのれのすることを、ただ見かけの上でするのである。しかも、最古の模倣は、たった一つの素材しか知らなかった。すなわち模倣する者自身の肉体である。舞踏と言語、すなわち身体の身振りと唇を用いた身振りとが、ミメーシスの最初期の顕現である。——模倣する者は模倣というおのれの行為をただ見かけの上でする。こう言ってもよい。彼は模倣を遊ぶのだ、と。ここで、ミメーシスを支配する極性に突き当たる。ミメーシスにおいては、仮象と遊戯という、芸術の両側面が、まるで芽吹いたばかりの葉のように相互に折り重なって微睡んでいる。もちろん、この極性に弁証法家が関心を寄せるのは、それが歴史的な役割を果たすものである場合に限ってのことであるが、実際これはそのような役割を果たすものなのである。しかもそれは、第一の技術と第二の技術との間の歴史的な対決によって規定された役割である。すなわち、仮象とは、第一の技術による魔術的な手続方式全てのうちでも、最も抽象的で、それゆえ最も持続性のある図式であり、遊戯は第二の技術の実験的な手続方式全ての、尽きることなき蓄積庫である。〔……〕芸術作品における仮象の縮減、つまりアウラの退嬰と共起したのは、遊戯-空間の途方もない拡大である。最も広大な遊戯空間が拓かれたのは映画においてである。映画においては、仮象的契機は、遊戯的契機のために、完全に退いてしまった。写真が祭儀的価値に対して獲得していた位置づけは、これによって途方もなく確保されたのである。映画において仮象的契機は、第二の技術と同盟を結んでいる遊戯的契機に場所を譲り渡してしまった。[22]

ここで、「労働」と「遊戯」という対立が前景化する。ユンガーが前者に拠って、意味を欠く人間行為の帰趨を描き出しながら、それでもなお「支配 Herrschaft」という、基本的には「政治 Politik」の理念の実現を展望した一方で、ベンヤミンは、労働には第一の技術の現勢化を認めるのみで、遊戯という、これまたそれ自体としては無償無意味な芸術理念の自己運動に信を託す。意味を欠いたフォルムへの従属と無償の模倣——両者の間には、隔たりと近さの両方が認められねばならないだろう。政治か芸術か、という問いは、そのままの表現ではまさしく仮象問題（Scheinproblem）にしかならないであろうが、ほぼ同じ事柄を論じながら、ユンガーとベンヤミンという両者が、かくも遠ざかって見えてしまうことのほうが、実は重大な問題なのであり、これを修正しないことには、「美的政治としての政治的美学」（ファシズム）という、これまた巨大な仮象に幻惑されてしまうことになるであろう。問題は、どちらかがファシストでどちらかがコミュニスト、というような処にあるのではない。この両者の接近を真剣に捉え直そうとするならば、ここにはある「別の人間学 eine andere Anthropologie」ないし、「人間についての人間学とは別の語り eine andere Rede der Menschen als die Anthropologie」を予感すべきであろう。というより、

「人間」について語ることが今日なお求められるのだとすれば、その語りはこの両者の間のどこかで交わされているのである。[23]

［註］

1 エルンスト・ユンガー『労働者　支配と形態』（川合全弘訳、月曜社）訳文は引用者。Ernst Jünger: Der Arbeiter. Herrschaft und Gestalt. In: Ernst Jünger: Sämtliche Werke in zweiundzwanzig Bänden. Zweite Abteilung. Essays II, Band 8. Der Arbeiter. Stuttgart (Klett-Cotta) 1981. S. 13.
2 Ebd., S. 71f.
3 Ebd., S. 19.
4 むろん、一見自由な芸術家の表現行為を無意識的に拘束する「定型」と、秩序の強いるフォルムへの自発的従属が可能ならしめる力の自在な発揮とは、方向性として逆ではある。しかし「自由」と「拘束」とが排他的なものではないことに対する自覚をユンガーとヴァールブルクという両者が共有していたとはいえるだろう。Pathosformel については、差し当たり以下に詳しい。――Aby Warburg: Dürer und die italienische Antike. In: ders.:Werke in einem Band. Auf der Grundlage der Manuskripte und Handexemplare. Hrsg. v. Martin Treml, Sigrid Weigel u. Perdita Ladwig, Berlin 2010, S. 176ff.
5 Ebd., S. 66.
6 Ebd., S. 80. 強調原文。
7 Ebd., S. 94f.
8 Ebd., S. 78.
9 接尾辞 "-tum" には、またしても身分制的含意が読み取れよう。ゆえにここでは「Menschentum ＝人間分際」という、やや奇矯な訳語を採用する。
10 Historisches Wörterbuch der Philosophie, Art. Arbeit, Bd. I, S. 480ff.
11 Jünger: Der Arbeiter, a.a.O., S. 115.

12 Ebd., S. 75.

13 Ebd., S. 123f.

14 フーゴー・フォン・ホーフマンスタール「国民の精神的空間としての著作」『ホフマンスタール選集3』（富士川英夫他訳、河出書房新社）訳文は表題を含め引用者。Hugo von Hofmannsthal: Das Schrifttum als geistiger Raum der Nation In: ders.: Gesammelte Werke in Einzelausgaben. Prosa IV, S. 390ff. ここではとりわけ S. 404f.

15 Ebd., S. 134.

16 ミシェル・フーコー『監獄の誕生—監視と処罰—』（田村俶訳、新潮社）訳文は引用者。Michel Foucault: Überwachen und Strafen. Die Geburt des Gefängnisses. übers. v. Walter Seitter, Frankfurt/M. (Suhrkamp) 1994, S. 197.

17 Jünger: Der Arbeiter, a.a.O., S. 231.

18 Ebd., S. 141.

19 ヴァルター・ベンヤミン「経験と貧困」『ベンヤミン・コレクション2　エッセイの思想』（浅井健二郎他訳、ちくま文庫）訳文は引用者。Walter Benjamin: Erfahrung und Armut. In: Gesammelte Schriften. Hrsg. v. Rolf Tiedemann u. Hermann Schweppenhäuser, Frankfurt/M. (Suhrkamp) 1972-91, Bd. II, S. 214.

20 Ebd., S. 218.

21 ヴァルター・ベンヤミン「複製技術の時代における芸術作品（第二版）」（『ボードレール　他五篇　ベンヤミンの仕事2』（野村修訳、岩波文庫）所収。訳文は表題も含め引用者。Ders.: Das Kunstwerk im Zeitalter seiner technischen Reproduzierbarkeit, zweite Fassung, a.a.O., Bd. VI, S. 359f. 強調原文。

22 前掲書。Ebd., Bd.VII, S. 368.

23 あえて補うなら、ユンガーがそれでも主に一九世紀的な動学・熱力学的パラダイムで労働をとらえていたのに対して、ベンヤミンは「神経組織化 Innervation」というタームからしても、ネットワーク化を武器とした労働の遊戯への組み替えを予感していたように見える。

あとがき

「新しい人間」をつくるための設計図を描いてみようというのが本書の目的だった。しかしただ「新しい」だけでよければ、ドイツ文学・哲学を引きあいに出すよりも、コンピュータや生化学の方が、もっとユニークな人間のイノヴェーション法を示してくれたはずである。そうした現代の技術革新が造るのは自然を超越した人間、すなわち巨大な情報網の中で生き、脳細胞の容量を越えた膨大な知識を駆使し、フィジカルな適応力を遥かに越えて環境に適用できるようになった新しい人間だといえよう。しかしわたしたちはそれによって自然を超越した存在に近づいているのだろうか。〈超〉人化していることは事実だろうが、それは「更新」ではなくむしろ、「緩慢な老い」という妥協であり、所詮は自然が課す鉄則へのささやかな抵抗に過ぎないのではないか。宗教学者のエリアーデは、加入礼という宗教体験の構造が現代人の意識にも刻印されていて、それが今もわたしたちが苦難と死を体験して初めて、別の創造的人生に移行できると考えている理由だとしている。技術が自然と格闘してわずかに生存時間を延ばし、メモリを増設する間に、真の新しい人間は「まったくの他者に」「霊的に生まれかわる」とエリアーデは言う。そこでは人は自然的人間であることをやめて、超自然者に似たもの、すなわち精神的な超・人間（トランス・ヒューマン）となる。それは文学や哲学を通した「内的で詩的な体験」によって得られるというのが、本書の八人の著者に共通するメッセージであった。「新しい生」にとって「読むこと」は「加入礼」である。文系科学者が描く設計図の価値はここにあるだろう。それがドイツ文学でなければならなかったのは、ドイツ精神史がまさに物質の背後にひかえる精神的・霊的な存在を相手にする運動だからであり、またそこで見出したものをたえず批判的に乗り越えようとした活動だったからである。繰り返し乗り越えられ、書きかえられるドイツの文学と哲学は再生する新しい人間像を描くのに最もふさわしいといえる。

本書の出発点となったのは、平成二四年一〇月の日本独文学会秋季大会でのシンポジウム『再生―進歩―生存：ドイツ思想史における「超人間化」』（於中央大学）で、今泉、清水、大宮、坂本、香田がおこなった研究発表である。その時点ではまだ断片しか見えていなかった新しい人間像が、北島、富田、石田というさらに強力な論客を迎えて全体像を結ぶことができたことはまさに僥倖としかいいようがない。難しいテーマに挑んでいただいた執筆者の方々にはこの場をかりて感謝の気持ちをお伝えしたい。

また青灯社の辻一三さんには無理を承知でお願いして、本書の出版をお引き受けいただいた。研究書としても啓蒙書としても十分な内容をもった本ができたことで、いくらかご恩に報いられたのではないかと自負している。心からお礼申し上げたい。

また編集部の山田愛さんにも作業を通じていろいろとお世話になった。心からの謝意を表したい。

平成二七年四月一一日

執筆者を代表して　香田芳樹

［執筆者紹介］（執筆順）

富田　裕（とみた・ひろし）
中央大学商学部兼任講師。上智大学大学院文学研究科博士後期課程単位取得満期退学。著書『静かな細い響き—或る散策者の歩み』（紘燈社）、共訳『ヨッヘン・クレッパー宗教詩集「キリエ」』（教文館）等。

坂本 貴志（さかもと・たかし）
立教大学文学部教授。東京大学大学院人文社会系研究科博士課程修了。著書『秘教的伝統とドイツ近代—ヘルメス、オルフェウス、ピュタゴラスの文化史的変奏—』（ぷねうま舎）。

今泉 文子（いまいずみ・ふみこ）
立正大学名誉教授。東京大学大学院人文社会系研究科博士課程単位取得満期退学。著書『幻想文学空間』（ありな書房）、『鏡の中のロマン主義』（勁草書房）、『ロマン主義の誕生』（平凡社）、『ミュンヘン　倒錯の都』（筑摩書房）、翻訳書『ノヴァーリス作品集』全三巻、『ドイツ幻想小説傑作選』（以上、筑摩書房）等。

清水 真木（しみず・まき）
明治大学商学部教授。東京大学大学院人文社会系研究科博士課程修了。著書『岐路に立つニーチェ 二つのペシミズムの間で』（法政大学出版局）、『知の教科書　ニーチェ』（講談社選書メチエ）、『友情を疑う 親しさという牢獄』、『忘れられた哲学者　土田杏村と文化への問い』（以上、中公新書）、『これが「教養」だ』（新潮新書）、『感情とは何か　プラトンからアーレントまで』（ちくま新書）等。

石田 雄一（いしだ・ゆういち）
中央大学法学部教授。東京大学大学院人文社会系研究科博士課程修了。

北島 玲子（きたじま・れいこ）
上智大学文学部教授。大阪大学文学研究科博士課程単位取得満期退学。著書『終わりなき省察の行方—ローベルト・ムージルの小説』（上智大学出版局）、共著『幻想のディスクール—ロマン派以降のドイツ文学』（鳥影社）、共訳『ムージル・エッセンス—魂と厳密性』（中央大学出版局）等。

大宮 勘一郎（おおみや・かんいちろう）
東京大学大学院人文社会系研究科教授。東京大学大学院総合文化研究科博士課程満期退学。著書『ベンヤミンの通行路』（未來社）、共著『纏う—表層の戯れの彼方に』（水声社）、共編著 "Figuren des Transgressiven — das Ende und der Gast — "（Iudicium）等。

［編著者］香田 芳樹（こうだ・よしき） 慶應義塾大学文学部教授。広島大学大学院博士課程、フライブルク大学（スイス）博士課程修了。著書『マイスター・エックハルト 生涯と著作』（創文社）、翻訳書『マクデブルクのメヒティルト 神性の流れる光』（創文社）等。

〈新しい人間〉の設計図
ドイツ文学・哲学から読む

2015年5月25日　第1刷発行

編著者　香田芳樹

発行者　辻　一三

発行所　株式会社青灯社
東京都新宿区新宿 1－4－13
郵便番号 160－0022
電話 03－5368－6923（編集）
03－5368－6550（販売）
URL http://www.seitosha-p.co.jp
振替　00120－8－260856

印刷・製本　株式会社シナノ

Printed in Japan
ISBN978－4－86228－080－0 C1010

小社ロゴは、田中恭吉「ろうそく」（和歌山県立近代美術館所蔵）をもとに、菊地信義氏が作成

●青灯社の本●

普天間移設 日米の深層
琉球新報「日米廻り舞台」取材班
定価1400円＋税

ふたたびの〈戦前〉
——軍隊体験者の反省とこれから
石田 雄
定価1600円＋税

自分で考える集団的自衛権
——若者と国家
柳澤協二
定価1400円＋税

脳は出会いで育つ
——「脳科学と教育」入門
小泉英明
定価2000円＋税

知・情・意の神経心理学
山鳥 重
定価1800円＋税

16歳からの〈こころ〉学
——「あなた」と「わたし」と「世界」をめぐって
高岡 健
定価1600円＋税

残したい日本語
森 朝男／古橋信孝
定価1600円＋税

「二重言語国家・日本」の歴史
石川九楊
定価2200円＋税

9条がつくる脱アメリカ型国家
——財界リーダーの提言
品川正治
定価1500円＋税

新・学歴社会がはじまる
——分断される子どもたち
尾木直樹
定価1800円＋税

子どもが自立する学校
——奇跡を生んだ実践の秘密
尾木直樹 編著
定価2000円＋税

神と黄金（上・下）
——イギリス・アメリカはなぜ近現代世界を支配できたのか
ウォルター・ラッセル・ミード
寺下滝郎 訳
定価各3200円＋税

毛沢東 最後の革命（上・下）
ロデリック・マクファーカー
マイケル・シェーンハルス
朝倉和子 訳
定価各3800円＋税

「うたかたの恋」の真実
——ハプスブルク皇太子心中事件
仲 晃
定価2000円＋税

魂の脱植民地化とは何か
深尾葉子
定価2500円＋税

枠組み外しの旅
——「個性化」が変える福祉社会
竹端 寛
定価2500円＋税

合理的な神秘主義
——生きるための思想史
安富 歩
定価2500円＋税

生きる技法
安富 歩
定価1500円＋税

他力の思想
——仏陀から植木等まで
山本伸裕
定価2200円＋税

理性の暴力
——日本社会の病理学
古賀 徹
定価2800円＋税

自閉症者の魂の軌跡
——東アジアの「余白」を生きる
真鍋祐子
定価2500円＋税